中國學術思想

研究輯刊

十 二 編

林 慶 彰 主編

第 1 冊

《十二編》總目

編 輯 部 編

馬王堆帛書〈易之義〉校釋與思想研究

廖 伯 娥 著

花木蘭文化出版社

國家圖書館出版品預行編目資料

馬王堆帛書〈易之義〉校釋與思想研究／廖伯娥 著－初版－
新北市：花木蘭文化出版社，2011〔民100〕
序 2+ 目 6+222 面；19×26 公分
（中國學術思想研究輯刊 十二編；第 1 冊）
ISBN：978-986-254-643-7（精裝）
1. 易經　2. 研究考訂
030.8　　　　　　　　　　　　　　　　　100015759

ISBN-978-986-254-643-7

9 789862 546437

中國學術思想研究輯刊
十二編　第一　冊　　　　　　ISBN：978-986-254-643-7

馬王堆帛書〈易之義〉校釋與思想研究

作　　　者	廖伯娥
主　　　編	林慶彰
總 編 輯	杜潔祥
出　　　版	花木蘭文化出版社
發 行 所	花木蘭文化出版社
發 行 人	高小娟
聯絡地址	新北市永和區中正路五九五號七樓
	電話：02-2923-1455／傳真：02-2923-1452
網　　　址	http://www.huamulan.tw 信箱 sut81518@gmail.com
印　　　刷	普羅文化出版廣告事業
封面設計	劉開工作室
初　　　版	2011 年 9 月
定　　　價	十二編 55 冊（精裝）新台幣 90,000 元

《十二編》總目

編輯部　編

《中國學術思想研究輯刊》十二編　書目

魏晉學術思想研究專輯

宋元學術思想研究專輯

明代學術思想研究專輯

民國學術思想研究專輯

《中國學術思想研究輯刊》十二編
各書作者簡介・提要・目次

第一冊　馬王堆帛書〈易之義〉校釋與思想研究

作者簡介

廖伯娥，1970 年生，台灣南投草屯人，國立政治大學中國文學系學士、國立台灣師範大學國文研究所碩士。自幼在父親薰陶下，對中國文學具極濃厚興趣；在黃慶萱教授的引領下，對易經義理之探究，亦頗有心得。曾先後任教於國立新莊高級中學、台北市立北投國民中學，現於台北市立敦化國民中學任教。

提　要

西元 1973 年底至 1974 年春，於中國大陸長沙市東郊掘出漢墓三座。其中，第三號墓蘊藏豐富的文獻史料，有助於探析漢初乃至先秦時代之學術思想取向。〈易之義〉即為其中探究《易經》要義的一篇。

馬王堆漢墓中有關《易》說文獻，包括《易經》一篇及〈二三子〉、〈繫辭〉、〈易之義〉、〈要〉、〈繆和〉、〈昭力〉六篇解經作品。

本論文係就馬王堆帛書《易傳》中之〈易之義〉作全面性研究。研究方法乃先針對陳松長、廖名春、鄧球柏三位之釋文予以辨析，復就〈易之義〉與通行本〈繫辭傳下〉之相似內容加以比較，權衡優劣，以為後文思想探究之基礎。思想論述部分則就通篇所及之範疇予以比較，述其異同，並佐以史籍所載，加以系統分析，以觀全篇思想核心。本論題雖以〈易之義〉為主體，惟帛書《易傳》各篇所述與〈易之義〉關係密切，故於論證時對其多有引用，帛書《易傳》各篇採用之順序，係遵循帛書編列之次：〈二三子〉、〈繫辭〉、〈易之義〉、〈要〉、

〈繆和〉以及〈昭力〉，以維持帛書原貌。惟本論文以〈易之義〉思想爲探討主軸，故於各章節引用帛書《易傳》加以申論時，改以〈易之義〉居首，以彰顯其思想趨向。

目　次

第二冊　邵康節先天易學之歷史哲學研究

作者簡介

　　張新智，1967 年生，臺灣省臺中市人。國立政治大學中國文學研究所博士、碩士、中國文學系學士、兼修教育輔系。撰有學位論文：博士論文〈子平學理論之研究〉、碩士論文〈邵康節先天易學之歷史哲學研究〉；另有多篇學術論文散見各期刊。現爲弘光科技大學通識學院專任副教授。

　　研究專長：術數史研究、易學史研究、端硯鑑賞。

提　要

　　方東美曾云：「邵康節的哲學思想未能繼續發揚光大是中國文化的憾事。」（《新儒家哲學十八講》）筆者深有慨於此，思圖發潛德之幽光，是以不揣鄙陋，試從哲學思考的向度，研求邵康節「先天易學」之「歷史哲學」的思維模式及其理論意義。全文共計九章，約七萬餘言。茲撮要列述如下：

　　第一章：緒論。說明本文的研究動機，研究範圍，以及研究方法。第二章：「觀物」概說。旨在提供對其「觀物」思想的基本認識，分從界義、方法、目的，予以概略之說明。第三章：「觀物」析論。探討其由「觀物」而建構的形上體系，及其如何證成「人爲萬物之靈」及「天人合一」理念。第四章：「先天易學」概說。分由淵源，釋名、特色三端，概要說明其「先天易學」。第五章：「先天易學」析論。從論卦之生成、卦之方位、與實然世界之對應等三方面探討其思想要旨。第六章；「歷史哲學」概說。分從釋名、時間結構之分析、「經世一元消長之數圖」的探討，提供對其「歷史哲學」的基本認識。第七章：「歷史哲學」析論。辨析其易學結構如何對應於干支紀年、歷史治亂的分類與判準、以及此間所呈顯的積極意義。第八章：批評與討論。鑑於歷來學者對其哲學思想多有批判，在此統括相關意見，分成四類予以商榷。第九章：結論。總結全文之研究成果，並略附筆者淺見。

目　次

第三、四冊　方以智易學形上思想研究

作者簡介

　　沈信甫，私立輔仁大學生活應用科學系、輔系中文畢（1997~2000），輔大中研所碩士畢（2002~2006），國立臺灣師範大學國文研究所博士候選人（2008~）。現為新北市黎明技術學院兼任講師、桃園縣私立光啓高中日校代課老師。

　　單篇論文著作：

1. 《輔大中研所學刊》第二十五期，〈郝大通《太古集》的道教象數易圖詮釋——以形上宇宙化生為中心的探討〉，2011 年 4 月，頁 173-194。
2. 《第四屆海峽兩岸青年易學論文發表會大會論文集》，〈《周易》〈咸〉卦感應思維探析〉，2003 年 11 月，頁 43-62。

提　要

　　本書題為方以智易學形上思想研究，以方孔炤父子代表著作《周易時論合編》為探討的中心，希冀從原典的詮釋角度一窺方以智易學思想，並且發掘有待深入探究的相關詮釋議題。其內容主要分成五個部分：

　　（一）緒論：旨在說明本書的研究緣由與目標、前人研究成果回顧、問題提出、研究方法與架構，以及研究範圍與意義等。（二）第二章：旨在探討方以智生平、著述、家學與師承，以及其思想規模與學術分期等。（三）第三章：旨在探討方以智易學的「三極說」——以無極、太極、有極三者為中心所展開的論述；其次，在理學思想上，闡述其易學「三理說」，分別從至理、物理、宰理等三個面向作一通釋；接著，論及「三極說」與「三理說」的涵蘊關係，以「費隱」釋義作為兩者間的聯繫，展開一綜合論述，並且說明在此涵蘊關係下的認知活動及其方式。（四）第四章：旨在探討方以智易學的宇宙生成根源及其意涵，以「大一」的概念作為宇宙生成根源，而此一概念與太極具有相同

的意涵；其次，就宇宙生成過程及其內涵言，揭示出「太極－兩儀－四象」的宇宙間架，以及陰陽、乾坤、變等範疇的內涵；再者，論述方以智易學的宇宙結構論，可以細分爲「哲學」與「科學」的兩重面向，最後作一綜合論述。（五）結論：第五章，旨在歸結本書的研究成果，作一扼要的彙整與說明，並且提出吾人將來可進一步研究的發展方向。

目　次

圖及表目錄

第五冊　清儒黃式三、黃以周父子易學研究

作者簡介

　　項世勳，國立高雄師範大學國文系學士、國立臺灣師範大學國文研究所碩士。先後曾任彰化縣立二林高中、國立永靖高工、國立彰化師範大學附屬高級工業職業學校國文教師。發表的學術論文有〈試論黃以周如何以「禮」貫串內外之學——以《經訓比義》引述《禮記》部分為討論中心〉（國立高雄師範大學《國文學報》第六期），文藝作品則發表於98高雄市「青年文學徵文」散文集與新詩集等。

提　要

　　清儒黃式三、黃以周父子除了在禮學上有高度成就外，在易學方面，也有多本專書流傳於世。後人易學提要，如胡玉縉《續四庫提要三種》、盧松安《易盧易學書目》、吳承仕《續修四庫全書總目提要》等，都給予肯定評價。而唐文治在〈黃元同先生學案〉也提到：「近世學者但知先生禮學之精邃，未能知其易學之閎深也。」於是筆者就下列幾面向來探究黃式三、黃以周父子的易學內涵。

　　第一章〈緒論〉，說明本論文的研究目的、文獻探討與論文架構。第二章〈黃式三、黃以周父子之生平考述〉，先後介紹黃式三、黃以周的家學、師承與交遊情形，並再介紹黃氏父子精研《周易》的歷程，與黃以周在南菁書院講學的經過。此外，也將黃式三、黃以周與清代浙東學術之淵源關係，作一探討、論述。第三章〈黃式三、黃以周父子之著述要錄〉，簡要列目黃氏父子的所有著作，並考錄其易學著作，以及分析黃氏父子易學著作的體例。

　　第四章〈黃式三易學探析〉，在第一節「釋易方法」，可看出黃式三本於《易經》，而以《易傳》為翼，並再輔以歷代《易》注與經史子集等各家說法的治《易》方法；第二節「易例發凡」，紬繹出黃式三的《易》例見解；第三節「易理闡發」，將黃式三的易學論述，從畫卦之初到最終的天人相貫之境，作一層遞探討；第四節「易學要點」，整理黃式三的治《易》趨向，歸結出「兼具象數義理以釋易」、「善於發揮易傳」、「善以卦變說易」三要點來論述。

　　第五章〈黃以周易學探析〉，第一節「易疏、案語析論」，整理出黃以周共有六類疏證《易》注的方式；第二節「博徵釋易探討」，黃以周廣泛吸收群經、史書、諸子、小學等內容來疏證發揮《易》理，從中可得知黃以周易學的精深與學識的廣博；第三節「易學內涵」，論述黃以周《經訓比義》引《易》部分，並再就其易學著作中的論說要點——「論消息」、「論卦變」，作一闡述。

　　第六章〈黃式三、黃以周父子易學比較分析〉，在第四、五章的基礎上，進一步比較分析黃氏父子的易學內容。第一節「黃式三、黃以周父子易學承繼述證」，除可明黃氏家學的傳授外，亦可對清代家學之興盛、私學之蓬勃，作一家之佐證；第二節「黃式三、黃以周父子易學『實事求是』探討」，從黃氏父子的治《易》方法，可觀得黃氏父子「曷為學分漢宋也乎」的反思。其中由黃氏父子治《易》兼具象數、義理，以及對於前代《易》注的辨析，可見其「實事求是」的治學態度；第三節「黃式三、黃以周父子卦變釋易探討」，黃氏父子治《易》同樣善以卦變來發揮《易》理，兩人在卦變上有承繼的關係；第四節「黃式三、黃以周父子引史述易比較」，黃氏父子受浙東史學影響，同樣善以史學來發揮《易》理，但同中有異——黃式三善以史事來發揮《易》理，黃以周側重在發揮史書中關於《周易》的論述；第五節「黃式三、黃以周父子易禮關係探討」，簡要介紹黃氏父子禮學上的成就，以及探究黃以周引《禮》治《易》的情形。

　　第七章〈結論〉，總結本論文要點，並且比較黃氏父子治《易》方法與清代浙東學者治經方法，以此顯明黃氏父子治《易》要點以及他們與浙東學術的關係。最後，說明本論文的限制性與發展性，以利後續研究之進行。

目　次

第六冊　古史辨《周易》研究評議

作者簡介

　　黃惠香，國立臺灣師範大學國文系、國文研究所碩士畢業。現任教於國立台中女中。

　　本書爲九十六學年度畢業之碩士論文，由賴貴三博士指導。

提　要

　　本書欲對顧頡剛所引領之古史辨思潮，在《周易》研究中呈現的成果與樣

貌進行評議，研究對象以《古史辨》第三冊上編爲中心，旁及相關著作，本書內容概分爲七章：

第一章緒論，簡釋本書命題，並進行文獻評述，表明研究動機，以及略述古史辨運動以概括背景，最後註明寫作方式。

第二章，論古史辨對《周易》研究方向的引導。由於古史辨本身具有觀念革命的性質，因此先將其所受源流、時代背景、治學方式等說明，並且突顯古史辨定調在破除經書權威，重視史料學與文獻考究，其《周易》研究最主要的觀點，乃在於「《易》爲卜筮之書」與「經傳分觀」二者。

第三章，論古史辨與《周易》古史研究。古史辨對現代易學有一突出的貢獻，即是將古史和《周易》的連結加深、加強。本章先從〈易傳〉即有的「引史證易」的傳統談起，而後提出顧頡剛對「易中有史」的貢獻，以及余永梁、李鏡池對此一方向的耕耘和李氏對「易即古史」概念的發展。

第四章，論古史辨對「商文化和《周易》關係」之探討。古史辨學者前有未有的關注《周易》的起源，尤其殷墟甲骨的出土更激發此類研究的興盛，至今猶未衰歇。即使數字卦的確認、周原甲骨的發現、王家台秦簡《歸藏》的出土，仍難以回答古史辨當時提出的問題。特以此章識之。第二章和第三章的次序安排，亦欲借以彰顯古史辨對歷史背景知識引入《周易》研究的用心。

第五章，論古史辨對《周易》經文的析論。

第六章，論古史辨對〈易傳〉的看法。由第五和第六章的章題上表明，古史辨對於《周易》經傳的價值評斷並不等同，成見先行，就造成了古史辨的缺憾，有功於「經」，而有過於「傳」。筆者並於兩章結論處略抒所得，以求教於方家。

第七章結論，述古史辨《周易》研究上的成就和局限。以此總結。

目　次

第七冊　《尚書・洪範》考辨與解釋

作者簡介

　　黃忠慎，1984 年國立政治大學中國文學研究所博士。1986 年進入靜宜大學服務，擔任中文系專任副教授，1991 年至國立彰化師範大學國文系專任，1994 年升等為教授。2001 年 7 月至 2004 年 6 月擔任彰化師範大學國文系主任。

研究領域爲《詩經》學、《尚書》學、四書學、經學史等。著有《尚書洪範研究》、《惠周惕詩說析評》、《四書引論》、《朱子詩經學新探》、《嚴粲詩緝新探》、《詩經全注》、《范處義詩補傳與王質詩總聞比較研究》等書。曾獲國科會優等研究獎（1994年）、彰化師大文學院優良著作獎（2004年）、彰化師大傑出研究教師獎（2010年）。

提　要

　　〈洪範〉是《尚書》中的一篇名作，相傳是周武王滅商之後，箕子向周武王陳述「天地之大法」的記錄，文中提出了帝王治理國家必須遵守的九種統治大法，此即著名的「洪範九疇」。

　　一般認爲，「〈洪範〉九疇」的提出，意在神化君權，並提高君主自身的警惕性。此一治國大法深受周王的重視，並加以奉行，其後對後來的統治階級也發生了某種程度的引導作用。

　　不過，〈洪範〉究竟完成於何時，歷來的學者有些爭議。有謂作於西周之初者，有謂作於春秋時代者，有謂作於戰國之前者，有謂作於戰國初年者，有謂作於戰國以後、秦統一之前者，有謂戰國末年晚出者，異說之多，不一而足；此外，〈洪範〉的字句解釋及其所蘊含的思想細節，研究者的見解也不盡相同。當然，這些都是文本詮釋的正常現象。

　　本書針對學者對於〈洪範〉完成的時代之不同意見，進行檢視與考辨；對於〈洪範〉所出現的異文，也有所蒐證；最後則是以集釋的方式將前賢對於文字的解釋予以蒐集、整合。希望能以此對於〈洪範〉學有基本的貢獻。

目　次

第八、九冊　《詩經》男性人物形象研究

作者簡介

譚莊蘭，目前任教於台中市之國民中學，凡一十七年，秉兢兢業業之教育熱忱，懷夙夜匪懈之學習心態，素得學生之欽敬仰賴，同僚之佩服請益。自民國八十三年畢業於國立台灣師範大學，承受業師長　余培林教授之感召，除用心教學外，對《詩經》之研究不遺餘力。曾於中國文化月刊、台中縣教師研究論文比賽發表學術論文，顯見研究能力堪稱傑出。持「教，然後知困；學，然後知不足」之理念，於九十四年研修於東海大學中文研究所，師事　呂珍玉教授，進行《詩經》之深入探討與研究，藉由文學、政治、文化之視角，完成《詩經男性人物形象研究》論文，深獲呂教授之嘉許，並於國家圖書館廣受點閱與下載，實是當前《詩經》研究方面之佳作。

提　要

《詩經》是中國最古老的詩歌總集，它所以能夠流傳至今數千年而不墜，

除了因爲具有音樂性，易於傳唱之外，最主要是因爲它有動人的力量，而這個動人的力量即來自於《詩經》中的人物所傳達出來的情感思想，以及由其人格特質所樹立出來的典範，所以，吾人可以說：《詩經》中的人物是詩的靈魂。是以考察《詩經》中男性人物形象的塑造，則能呈現出周代獨特的政治、歷史、文化內涵。本文各章內容如下：第一章爲緒論。說明本文的研究動機與研究目的；男性人物形象義界與研究範圍；研究架構與研究方法等。第二章爲《詩經》中單一人物形象的探析。以神話人物、歷史人物及典型人物等作爲研究對象，以《詩經》文本爲主，再兼採經史子集中的相關資料，以使人物形象的呈現更爲完足，並藉此凸顯各人物形象的特色。第三章爲《詩經》專有名稱人物形象的探討。選取常被詩人作爲諷刺對象的「彼其之子」以及爲詩人所鍾愛的「君子」，分別探析其形象。第四章爲《詩經》中的群像圖。選取最能凸顯周代政治、歷史、文化特色的王會諸侯圖、田獵圖、祭祀圖、宴飲圖等四大類；並考察詩人對於「群像圖」是如何剪裁內容、鋪陳事件、描述過程、形塑角色、安排場景、營造氣氛等。第五章爲《詩經》中男性人物形象的塑造技巧。從男性人物的外在描寫、內在描寫，環境（景物）烘托或氣氛營造以及其他塑造技巧等方面來論述。第六章爲《詩經》中男性人物形象所反映周代政治、文化內涵及其文獻史料價值的探討。第七章爲結論。提出全文研究成果及未來研究期許。

綜上所述，透過《詩經》中男性人物形象的考察，吾人除了可以了解《詩經》中各類型的男性人物形象外，還可藉此得知《詩經》男性人物形象的形塑技巧、周人的天命觀、優秀的領導哲學、領導策略以及重視人民的理念等。並發現《詩經》中男性人物形象所呈現出來的周文化內涵是以「德」作爲貴族該有的風範，以「禮」爲其核心價值，以「和」爲周文化最高的境界。此外，《詩經》文獻史料的價值也是不容忽視的一環，而史料的接受與詮釋問題更是值得學者重視。

目　次

上　冊

第十、十一冊　《禮記》氣論思想研究

作者簡介

　　賴昇宏，中國文化大學中國文學研究所博士班畢業，現兼任中國文化大

學、中原大學助理教授。主要研究有《禮記》、宋明理學等，撰有《《禮記》氣論思想研究》、《湛甘泉理學思想研究》等專著。另有單篇論文〈論呂氏春秋〈十二紀〉之公義〉、〈《禮記‧禮運》 論人之氣性義〉等。

提　要

漢代乃氣論思想盛行的時代，故漢儒如后倉、戴聖諸禮家，「由氣說禮」建立《禮記》的氣論思想，成爲漢儒論禮的特色。筆者嘗試做全面的檢索，並將《禮記》氣論思想的特色「由氣說禮」，放在先秦氣論的發展、漢儒論禮之脈絡及歷代禮家之論禮中，希望藉由此三條氣論脈絡的宏觀下，呈現出《禮記》氣論思想的價值。

第一章：論研究動機與目的，研究範圍與方法，整理前人研究成果，並界定研究範圍及目標。第二章　論先秦氣論思想的發展。第三章：論《禮記》的成書及其氣論諸篇的背景。第四章：論〈中庸〉「天人合德」觀念，實爲《禮記》氣論思想的開創奠基者。第五章：論〈月令〉的自然氣化論。第六章：論〈鄉飲酒義〉的氣論思想。第七章：論〈祭義〉之氣化鬼神觀，〈祭義〉論及「精神」、「魂魄」、「鬼神」諸範疇，在氣化思想中屬氣化成形聚散的問題。第八章：論〈樂記〉的禮樂氣化論，〈樂記〉以「天地之和」與「天地之序」論禮樂的天道義，由「人情之節」與「人心之感」論禮樂的心性義，由禮樂實踐以論成德，由「禮樂刑政」以論「揖讓而治」，具《禮記》氣論思想的成熟理論。第九章：〈禮運〉、〈禮器〉、〈郊特牲〉的氣化論，〈禮運〉者，記「禮」乃承天之道，以治人之情，以達天下國家之「大順說」；〈禮器〉者，言禮當以「時、順、體、宜、稱」爲節，而歸本於忠信，是與〈禮運〉相爲表裡，論禮之內外義；〈郊特牲〉者，雜記郊、社、冠、昏之禮，乃禮之運用於天下國家者，故三篇在氣化思想上有其相承性，先由天以論人，由外以論內，由理論以至實踐，可視爲一家之言，有其完整之氣化論，故合而論之。第十章：論《禮記》的氣論思想，一是論《禮記》本身氣論諸篇的關連性，提出其發展爲綱領期、分解期與整體期三階段。一是合《禮記》氣論諸篇以論其共同性，提出：禮樂義的氣化天道觀，氣化人情的禮樂化，成德之道：天人學行禮樂之一體，禮樂之治的理想四種特色，最後提出「由氣說禮」主張。第十一章：論《禮記》氣論思想與漢儒論「禮」之學的辯證。第十二章：論歷代禮家「由氣說禮」之思想脈絡，以證「由氣說禮」乃爲後世禮家論禮之一項特色。第十三章：論《禮記》氣論思想的定位與價值。主要

以三條脈絡來定位《禮記》氣論思想的價值，一、由先秦氣論思想的發展與先秦儒家禮樂思想的發展脈絡來看《禮記》氣論思想之所承，二、由漢儒論禮諸家之脈絡，來觀察《禮記》氣論思想有所承亦有所傳。三、由《禮記》氣論「由氣說禮」的思想特色，下落於歷代禮家之論禮諸說，以考其影響。由以上三條脈絡，來衡定《禮記》氣論思想的定位與價值。

目　次

第十二冊　劉師培「春秋左傳學」之研究

作者簡介

宋惠如，台灣省花蓮縣人。國立中央大學中國文學研究所碩士畢業，碩士論文：《劉師培「春秋左傳學」之研究》。輔仁大學中國文學系博士畢業，博士論文：《晚清民初經學思想的轉變——以章太炎「春秋左傳學」爲中心》。研究以經學史、近現代經學思想、春秋學爲主。

提　要

《春秋》爲六經之一，而解釋《春秋》大義的傳文有三部，《公羊》、《穀梁》和《左傳》。其中《公羊》和《穀梁》性質爲傳經的著作，爲人所肯定而確信不疑，但是《左傳》傳解《春秋》經義的性質，從漢代至今一直爲人所懷疑，不斷的有關於《左傳》性質的論辯。本論文探討清末民初學者劉師培對於《春秋左傳》學的研究。

劉師培詳細的說明《春秋》與《左傳》的關係，證明《左傳》的傳經性質，並系統的提舉《左傳》的經解方式。然而今文學家將《左傳》歸類爲史學著作，從《左傳》經籍來歷與傳承，懷疑《左傳》的傳經性質。而且，今文學家根據晉代杜預的《春秋》觀與《左傳》的研究成果，提出對古文經和古文經學的各種見解，將古文學家歸爲史學派。但是今文學家根據的杜預說法所提出的見解，是否恰當的代表了古文家的主張？劉師培也針對這些問題提出他的看法。

目　次

第十三冊　《中庸》的中和思想研究

作者簡介

　　張佑禎，台灣新竹縣人，1984 年生，2010 年畢業於東吳大學哲學研究所，以哲學研究與教學爲志，曾任國科會補助之「英文中國哲學讀書會」研究助理。相關攻讀領域爲「中國哲學史」、「倫理學」、「價值論」、「社會哲學」、「政治哲學」、「先秦儒家哲學」、「先秦法家哲學」、「宋明哲學」、「當代新儒家哲學」、「儒家倫理學比較研究」等，主要關懷主題爲「如何能符合社會的基本生存？」、「傳統價值理想是否有助社會的基本生存？」等，著有〈從務力的社會觀論韓非子國富兵強思想〉等論文。

提　要

　　本文闡釋「中和」在《中庸》的意義，與蘊含之價值理想，並嘗試建構以「中和」爲基礎之價值理論，進而呈現中和思想之現代意義。「中和」在《中庸》包含人倫思想與形上思想，從人倫思想，「中」代表行爲最適當之狀態，「和」代表人際關係和諧，此是繼承孔子而來；從形上思想，「中」代表宇宙根本，「和」代表普及天下之道理，在人而言，「中和」意味著人的本性及符合節度之情感；此爲子思學派所發展。

中和思想涉及之形上本根，指出客觀價值根源。中和思想涉及之人性價值論，指出主體價值根源，表現主體價值需求；順著價值根源，規範內在動機，並將善道推向外在世界，指出在內外具體情境的實踐。宋明理學亦持續探討此種人格典範。

中和思想要求外、內符合價值善，並通向宇宙整體，此是高度價值要求，表現出價值理想，在缺乏價值判斷的現代社會，中和思想可標舉價值評判標準，其價值理想可作為現代社會的人格典範。

目　次

《孝經》孝治思想研究

作者簡介

林佩儒，民國 88 年政治大學文學碩士，論文主題「《孝經》孝治思想研究」，爾後於任職之馬偕醫護管理專科學校陸續發表多篇以孝道思想為研究

核心之期刊論文。民國 99 年於淡江大學取得文學博士學位，研究主題為「先秦德福觀研究」。

提　要

　　《孝經》每每被視為一部談論家庭孝道之書，而被歸為純粹家族倫理之專著，然細觀《孝經》之篇章安排及內容，孝道在《孝經》的闡述脈絡中，似乎是置於政治領域而得到它的意義和價值的。說得更明確些，《孝經》真實的撰作要旨，其實是主張以孝治天下的政治思想。但前人對於《孝經》的孝治思想，鮮少進行全面而嚴格的檢查，致使這支自漢代之後影響中國政治甚為深遠的孝治思想，不但無法得其應有之地位，同時也使得《孝經》在後人時以倫理、時以政治為標準的不同檢視下，始終無法有一致的評價。本論文便是這樣一種努力，期望透過對《孝經》孝治思想體系的釐清與探討，以還原《孝經》及其核心思想——孝治思想應有歷史定位與公允的評斷。

　　本論文共分為四章及結論，第一章首先先從文體形式、概念演進的順序、分類標準以及後人徵引等方面，對《孝經》成書年代進行一個合理的範圍釐定。其次，在確認並拈出《孝經》一書的核心思想為孝治思後，進一步將孝治思想納入儒家德治主義的範疇中，而確定孝治思想的根本性質。

　　接著，第二章分別從社會背景及思想淵源兩方面，論述《孝經》孝治思想之形成。《孝經》孝治思想之問世，是按著儒家德治思想的基本路數，在周朝末年封建宗法制度崩潰、而民間社會仍重視親親精神的特定時代氛圍中，擇定自西周以來已逐漸隱含政治力量的孝德，發展而為孝治思想。

　　而在探討了《孝經》孝治思想之所以產生的外緣條件與思想淵源後，第三章則闡述孝治思想的實質內涵，這包括孝治思想的理論基礎和實際運作的具體步驟。在理論基礎方面，《孝經》孝治思想基本上是立論於性善論，除此之外，《孝經》亦將孝道的根源推而歸於天道，使孝治主義有了形上論的基礎，並從天道的角度保障了孝治的成效。而在具體運作的步驟方面，《孝經》的孝治主義則是透過君王盡孝、實施孝德教化以及要求天下人行孝等三個步驟而得到完全的施展。

　　第四章則從天子孝道之重要性以及「忠」「孝」兩德目交互融滲等兩個角度，闡揚《孝經》孝治思想的重要特色，並由此剖析《孝經》之能受到歷代君王極端重視的根本因素。

　　最後，在結論部分，本論文除了提出「以孝治思想為核心思想的《孝經》，

不是一部具有政治傾向的倫理性著作，而是一部具有倫理色彩的政治理論專著」的看法外，亦更進一步嚴格檢視孝治思想在當世的實際成效，以闡明《孝經》作者在戰國末期提出孝治主張的深刻用心，並冀望藉由此給予《孝經》孝治思想一個最眞實的歷史定位及最公允的歷史評價。

目　次

第十四冊　原氣

作者簡介

　　莊耀郎，台灣省苗栗縣人。台灣師範大學國文研究所文學博士。曾任小學、中學教師，台灣師大國文系助教、講師、副教授、教授等職務，現任世新大學中文系教授。專研領域在於魏晉玄學、老莊哲學、中國哲學史、中國美學與書法。撰有《原氣》、《王弼玄學》、《郭象玄學》等專著，及相關論文三十餘篇。

提　要

　　《原氣》一文乃以觀念史的方式處理「氣」此一概念在先秦至六朝階段的涵義之發生、流衍及轉變，並討論它呈現在道德性、自然性、知識性與藝術性

四大領域中所逐漸積澱而凝固的過程與現象。

氣的存在有其必然性，大凡人類歷史文化的活動，文明的創造，都要落實在氣來實現它。歷來論氣的進路有二：一為逆氣，一為順氣。逆氣者，乃在氣上冒出一德性之主宰，用以安定吾人的生命，貞定人生的方向，和價值理想的實踐，無論「德性」的內容歸屬於儒家的仁義禮智，或屬於道家的無為自然，都可說是此一進路的討論。順氣者，乃順著氣所涵之豐盈的內容，展開生命特殊性的一面，凡事功的建立，文學藝術的創造，而展現出生命的強度，成就文化的多元面貌，如《人物志》所揭示的才性名理，文學藝術的運用，都屬於此一進路。至於就著自然生命的保生、養生而展開的醫學理論，以及就客觀自然界氣的流行現象的探究，雖屬於知識義，也都將它歸在順氣的進路下討論。

本文所涉及的層面廣泛，時代久遠，典籍繁多，是針對氣的概念發展作系統整理的一本論文，對於氣所涉及四大領域中相關的概念的義蘊、源流和發展，都給予條理的說明。

目　次

第十五冊 原始儒家「無爲而治」思想發展譜系及其中心意義重構

作者簡介

陳靜容，臺灣屏東縣人。國立東華大學中文博士，於先秦、魏晉思想用功頗深。曾於東華大學、慈濟技術學院、高雄大學、高雄第一應用科技大學、屏東科技大學、文藻外語學院等校擔任兼任教師。著有：〈由儒家「無爲」研究之評議重新檢視此觀念於原始儒家思想中的意義〉、〈六朝文學觀念中「身體」所具「詮釋性向」之考察〉、〈「觀看自我」的藝術 試論魏晉時人「身體思維」的釋放與轉向〉等多篇學術論文。

提　要

本研究以「先秦原始儒家之『無爲而治』自有其符合儒家系統性格的思想性並有思想上明確的承續脈絡」爲主要基本假定，實際由比較法切入「挈領提綱」，通過儒、道與儒、法「無爲」主張的基本比較，對顯廓清儒家「無爲而治」思想之外延；而後進行細緻的文本分析，由直接史料的深度詮釋進一步擬構出原始儒家「無爲而治」之基礎詮釋框架，亟欲由「並時性」的思想內部結

構處理著手，輔以「歷時性」的「源／流」關係考察，建立儒家「無為而治」之發展譜系與中心意義，並同時在此基礎框架的客觀理解視域中，進一步思考原始儒家「無為而治」思想之政教效應與內部理路建構，完成主客「視域融合」的有效詮釋與「中心意義」的系統性理論創構。

原始儒家「無為而治」之整體義涵內容與中心意義的完整揭示，除可解開思想史上一個懸而未決的概念癥結外，尚得以通過此研究成果進一步照應此議題研究於現代詮釋學上的理論意義；亦即原始儒家「無為而治」之思想義涵與中心意義的闡發，實是通過一「部份」與「整體」之詮釋循環而產生，因儒家積極實踐的特殊思想性格使然，所謂原始儒家「無為而治」的意義與價值必得由「在世存有」處即「用」而顯「體」，如此一來，「無為而治」雖似預設為一理念上的價值存有，實際上卻是儒家思想的總體運作，即此而扮演儒家思想的「基模」角色，轉而與儒家思想成為「部份」與「整體」的映照。

目　次

第十六、十七冊　先秦諸子之人格類型論

作者簡介

王季香，台灣台南縣人。民國 75 年畢業於高雄師大國文研究所，隨即任教文藻外語學院，民國 80 年赴法國巴黎實踐研究院文獻研究所從事漢學研究兩年，獲博士預備文憑。回國後，重返文藻校園執教，並於民國 88 年至國立中山大學中國文學研究所攻讀博士，民國 93 年取得博士學位，現任高雄私立文藻外語學院應用華語文系副教授。著有《王船山格物致知論》及多篇學術論文。本書《先秦諸子之人格類型論》為其博士論文，曾榮獲中山大學 92 學年度優秀畢業博士論文獎。

提　要

「先秦諸子之人格類型論」，係以先秦諸子的相關文本為素材，意圖探討先秦諸子對人格類型的劃分。旨在藉由「人格類型」的視角，一來抉發其人格世界之美，由此逆探諸子各家學說思想；二來提供全人的人觀，宿昔的典型，以為現代人嚮往，好讓我們在疏通「古道」的同時照見屬於自己文化的「顏色」，找到活出真正自我的「真相」。再者省驗先哲之論，提供與現代心理學比觀的依據，希望透過中西人格類型的比觀和會通，進而吸納西土的人格理論，以為

創建國情化、本土化的人格心理學找到一個基點。

　　全書共分八章。第一章緒論，分別說明研究動機緣起，而聚焦到大陸學界「人學」、「人才學」研究的概況及其利弊得失，再折入近人的相關文獻研究並略作評議，從而導出「先秦諸子之人格類型論」的研究對象範圍、研究方法及目的。第二章首先界定「人格」的涵義與西方心理學對人格類型的劃分，接著析論四個西方人格心理學思潮的人格類型，並比勘心理學家的傳記和人格理論，找出心理學家的人格理論所折射出來的理想人格。第三章略論先秦諸子劃分人格類型的方法。第四到第六章乃通過歷時性和共時性的結構分析比較文獻資料，分就道德修養、心靈涵養和才能事功三方面，論述先秦四家七子各自不同的人格類型層次。第七章不僅打破「家」的觀念，綜納分析比較四家七子的人格類型論述，由各家諸子賞鑒、臧否人物中挖掘其所反映的思想觀點和知識架構。更跨越國界文化，會通比較中西方人格類型論，進而窺探中西方不同的人觀所反映的文化顯影。第八章結論，除了總結各章大要外，抑且貫通歷史，略述先秦諸子人格類型說對後世品人之學的影響。並基於中國思想不離現實人生，對治時代問題而發的思想基調，特就時代意義與應用價值申說本研究對現代社會的作用，終以未來研究展望做結。

目　次

第十八、十九冊　老子《道德經》與《論語》教育思想之比較

作者簡介

　　張峻源，臺中市人，現擔任臺中市國民小學教師。

提　要

　　本論文之研究目的有三：1. 探討老子《道德經》與《論語》二者教育思想之蘊含與主張。2. 分析老子《道德經》與《論語》二者教育思想體系之異同所在。3. 總結老子《道德經》與《論語》二者教育思想之主張。

　　本論文乃針對老子《道德經》與《論語》之教育哲學思想予以「以古觀今、以今摩古」之對比與詮釋分析。全文共分五章：第一章闡明撰寫本文之動機與研究方法、目的。第二章就老子《道德經》與《論語》二書之作者內容、及其時、空背景因素、思想內涵分別探討並比較。第三、四章則分別就老子《道德經》與《論語》二書各自探討其教育意義、目的、內容、方法等實質教育內涵。

第五章則就老子《道德經》與《論語》二書教育思想之異同加以分析比較，並於最後提出本書總結。

　　本論文之研究結果發現到：1. 均係對周文化思考的對反；2. 均對教育提出「積極肯定」之主張；3. 同樣注重「人」的實踐與「天下有道」、「天人合一」之理想境地；4. 雖老子、孔子分別具消極、積極之教育意涵，而則注重「身教」勝於「言教」、「精神」勝於「物質」、與道德之「自覺、反省、實踐」態度卻仍一致。5. 兩者皆注重「因材施教」、「知行合一」、「勤而行之」、「循序漸進」與教育之大愛，更要人真正能「轉識成智」。

目　次

第二十冊　《老子》「正言若反」之解釋與重建

作者簡介

　　曾珮琦，台北大學中國語文學士、淡江大學中文碩士，現就讀中央大學中文博士班。99 年板橋社區大學儲備講師。研究領域以先秦諸子、當代新儒學、中國思想史爲主。曾發表〈論牟宗三先生對《老子》「正言若反」的解釋進路〉一文，刊載於《鵝湖月刊》第 383 期，2007 年 5 月。

提　要

　　本文的目的在於：嘗試對《老子》「正言若反」一詞進行意義的理解與解釋的工作。尋找這個詞彙在《老子》中的定位，並以此展開《老子》的義理研究工作。

　　本文採用古典解釋學的方法，從語意分析與義理分析的角度，展開「正言若反」的哲學分析。發現「正言若反」包含了三個問題：第一，「道」的表述問題。「道」是不能使用語言來表達，因爲語言是有限的，無法表達無限的「道」。但是離開語言《老子》亦無法表達其思想，因此《老子》仍必須使用語言來表達「道」。所以，他設計了「正言若反」這種特殊的表達方式，試圖超越語言的有限性，指向不可言說的「道」。第二，工夫論的問題。當「反」解做「返

回」的意義時，所表示的意義是返回主觀心境做修養工夫，唯有透過主體修證才能體現「道」的境界。第三，政治哲學的問題。「正言若反」一詞所出現的語言脈絡，討論的是如何成為一國之君的問題，這是屬於政治哲學的問題。且在《老子》其他討論政治哲學的篇章中，也多以「正言若反」的方式來表達。所以，「正言若反」也包含了政治哲學的問題。

　　本文的研究成果：首先，透過《老子‧七十八章》的分析，釐清「正言若反」一詞的意義，及其所涵蘊的問題性質。其次，證成「正言若反」是解讀《老子》的關鍵性鑰匙。

目　次

《老》《莊》生死觀研究

作者簡介

　　蘇慧萍，目前為國立高雄師範大學國文研究所博士候選人，並為慈惠醫護管理專科學校專任講師。曾發表：〈阮籍生死觀研究〉、〈嵇康生命觀研究〉、〈論羅欽順的理氣思想〉、〈論《老子指歸》與《老子道德經河上公章句》的天道思想〉、〈《老子道德經河上公章句》的聖人論〉、〈《列子》生命美學的思想〉、〈《莊子》生命美學的思想〉、〈阮籍生命美學的思想〉、〈論《莊子》知識論的思想進路與究竟意義〉等單篇論文。

提　要

　　德國哲學家馬丁‧海德格曾言：「死，則作為此在藉以向其死亡存在的存在方式的名稱」其「連常人本身也一向已經被規定為向死亡存在了」的死亡理論，誠清楚的說明了，人終會走向死亡，生命的形成，即終向死亡而存在。基於此，筆者欲藉現代的「生死學」觀點，去探索如何讓自我面對死亡，並得善盡而死的安身立命之道，而此生與死的哲學問題上，《老》《莊》所呈現的生死智慧，正彰顯了此一生死問題的深層向度，此深化的哲思，不僅自然的化解了常人對於死亡的恐懼，亦超脫了悅生惡死的拘格，而得自在的悠游於生命深度的無礙境界。首先，本論文試圖以道家《老子》時代憂患意識的深切感受為要，探究其生死思想的中心，誠應回歸於其「道」論的價值統攝，其思想所呈現的生死觀，即是順道自然，並內化成無所強為的涵養為其中心理念，因此聚焦四部份論述：一為踐道原則；二為不道早已；三為養生之道；四為養生效驗；五為養生境界；在「柔弱」、「處下」、「不爭」、「清靜寡欲」、「知止知足」等養生之道基礎上，證成《老子》八項經養生之道而成的效驗──嬰兒、樸、愚、無不為、長生久視、全己利人、新成、無遺身殃。此八項養生的效驗，當能讓吾人體認《老子》生死觀的重心所在，以為何謂生命的逆向思考。繼之，本論文第二部份以《莊子》「道」與「生死」的相應詮解，為本章立論的重點，期會通《莊子》生死觀的真正意涵所在。《莊子》的道論，大體而言，一為客觀的

形上實體，一是主觀的心靈實踐，以探究《莊子》的生死觀，重視的是精神與「道」相應而逍遙自任，無所拘限，而能使自我精神臻至眞人等最高境界，忘卻生死。《莊子》以精神生命爲養生效驗依則所在，而其養生效驗，則可析分爲「保持內心的寧靜，不爲外境所搖蕩」、「形體與精神，無所勞累與虧損」、「外物無法傷害」、「保身、全生、盡年」、「入於純一境界」、「長生」等項，以爲其護養精神生命的實踐成果。最終，本論文的研究目標，就《老子》最終的養生效驗而言，則是依「道」養生，因爲善養生者，應能依道修養，與物無爭，並能善於與萬物和處，如是，當能臻至無死地之效驗，並成就《老子》中人格的典範——聖人，此實因聖人整合了既形上而又內在的「道」，根本實現了生命的終極意義。《莊子》所言養生之道，首要於順乎自然之法，因順乎自然，自能保全形軀而無強爲之禍，亦因善養自然形軀生命，自能享盡自然天與之壽年，因此藉由「仰天而噓」、「坐忘」等養生方法，以使心靈黜棄聰明，離形去智，與大道相通，忘乎形體而得精神生命的逍遙自在，如是眞實悟道，不矜固自我形軀，則能免於形軀之累，而益於精神生命的逍遙自適，因此《莊子》中養生的至高境界，即誠如「至人」、「神人」、「聖人」、「眞人」般的逍遙自在，其要旨所在，只是無私無己，超越世俗外在之相，以應無窮之境，如是精神清明無待，自能達致涵養精神生命的超越境界。

目　次

第二一冊　《列子》與《莊子》論夢之比較研究

作者簡介

黃素嬌，彰化縣人，畢業於國立台灣師範大學國文學系，國立彰化師範大學國文研究所碩士班。現職爲國中國文教師。

提　要

本論文的研究重心，主要放在深究《列子》與《莊子》書中有關夢的論述，並嘗試比較其異同，期能瞭解兩者對於夢的認識及藉夢寓理方面的異同。在研究方法方面，首重文本之研讀與理解，其次則以相關之評點、研究著作、論文等資料，作爲論文撰寫的參考；在分析夢例方面，酌用佛洛依德的「夢是願望的達成」，及榮格的「集體潛意識」、「原型」等現代夢的理論作爲考察夢境成因及夢境內容的依據；在比較《列子》與《莊子》論夢之文字時，主要從形式、內容方面來進行同異之探討。

本文共分爲六章：第一章〈緒論〉，說明研究緣起、研究範圍與方法，並整理前人的研究成果。第二章〈進入夢的世界〉，本章首先探究「夢」字的原始造意；其次將人類對夢的認識，分爲占夢迷信、理性探索、科學觀察等三個階段來加以介紹；最後則以「文本之夢」爲題，討論作家紛紛汲取「夢」爲創作題材的原因。第三章〈《列子》論夢〉，本章針對《列子》一書涉及夢理論和夢寓言之處，作全面的分析與探討，其中又分別以「夢有六候」、「夢覺之辨」、「夢遊理想國」等三個主題，來觀察《列子》書中的夢理論與夢寓言。第四章〈《莊子》論夢〉，本章針對《莊子》一書涉及夢理論和夢寓言之處，作全面的審視與分析，其中又分別以「夢與不夢」、「蝴蝶夢」、「『非人』形象透過夢境表達意見」、「其他」等四個主題，來探討《莊子》書中的夢理論與夢寓言。第五章〈《列子》與《莊子》論夢之比較〉，本章從「夢的產生」、「夢覺問題」、「敘述特徵」等三個方面來比較《列子》與《莊子》書中所出現的夢理論與夢寓言。第六章〈結論〉，總結本論文的研究成果，並進行研究檢討。

本文的研究發現，《列子》與《莊子》書中有關夢的論述，雖有部分思想

或內容是極爲相似的；但若進一步深入探究，就會發現它們對於夢的基本關注是不同的，如《列子》主要是從冷靜、理智的角度來分析夢的特性、夢覺問題等；而《莊子》則多偏重在夢覺問題的哲學思辨，以及創造充滿「物化」色彩的夢寓言。因此，我們可以說《列子》之論夢，其主要貢獻是建立了理論化與系統化的夢研究模式，而其對於夢因的多面性探討，即使從現在看來，也是極具參考價值的。至於《莊子》之論夢，其最有價值之處則在於作者運用了文學虛構手法來創造不同的夢境情節，並藉此表達作者的思想情感，使得人類對於夢的關注，從單純的夢象意義探索，進入到夢象描寫藝術的文學殿堂，也正因爲如此，所以莊子才會被視爲中國「夢象藝術」的創始人。

目　次

第二二冊　《莊子》「典範人格」義蘊的詮釋與重構

作者簡介

　　江毓奇　台北市立教育大學中語所博士班，淡江大學中文所碩士班畢業，主要研究趣向為傳統「經史學」與「諸子學」之思維方式，及其詮釋模式之間的繼承、轉化與再構等相關論題。目前主要的著作與論文有《《莊子》「典範人格」義蘊的詮釋與重構》、〈論南北朝儒典「疏」學形成的經驗基礎與詮釋思維〉、〈《四庫全書總目》之「春秋學譜系」蘊涵之思維方式〉、〈論錢穆對於「漢代經今古文」論爭所蘊涵問題之處理〉等。

提　要

　　本論文以「《莊子》『典範人格』義蘊的詮釋與重構」為題，旨在從《莊子》文本的探索中，對應於「歷來相關研究成果」提出「反思性」與「融貫性」的詮釋問題。依此，回顧「歷來相關研究成果」大體可分為兩種取向：Ⅰ、以單一「典範人格」為研究對象，從不同的「視域」進行「最高層次之形上詮釋」；Ⅱ、以諸「典範人格」為研究對象，進行總體分析與觀察，但多僅以「體道境界」的差別思考其同異問題。對此，就《莊子》文脈之動態性義涵觀之，諸「典範人格」實多有「單出」、「換用」與「並列連用」等情形，而筆者則借由一系列「問題」的思索與探問，嘗試突顯其「歷史性」與「普遍性」之間的思考關係、「微觀」與「宏觀」下的層次性差異與立體性聯繫，以重新探討「歷來相關研究成果」所涉及與尚未涉及的相關問題。

　　對此，本論文之研究目的主要包涵了三個階段：（1）首先，從「思考的歷史性」出發，藉由《莊子》文本蘊涵之線索與提示，嘗試建構出理解「莊子」諸「典範人格」，即「至人」、
　　「神人」、「聖人」與「真人」之歷史情境及其相關的意義問題；（2）其次，根據（1）之成果，回到《莊子》文本諸脈絡，透過「單出」、「換用」、「並列連用」等觀測角度的相互支援，詮釋諸「典範人格」之「微觀」與「宏觀」性義涵；（3）進一步又從其「差異」與「同一」的關係中，回歸其「普遍性之思考」，以揭顯其內在之體系性問題與解構性意義。

　　順此，在第一個階段的導引性建構中，筆者透過「以物易其性」、「好知而亂天下」、「以賞罰為事」、「儒、墨之是非」與「楊、墨之駢枝」等文本提示，在「周文疲弊」與「道術將為天下裂」之二重宏觀的語境中，嘗試微觀的分疏

與架構出一組「二層五段」之動態相續的反思性問題，以突顯出《莊子》文本內在的「歷史情境」與「問題意識」，以及諸「典範人格」立基於「通」的歷史意義。

繼而，在第二階段的分析詮釋中，筆者則藉由：（一）「單出」的情境，釐析不同名相之「典範人格」於不同文脈中分別涉及了哪些思想史脈絡與議題，以回應「二層五段」之導引性問題而勾勒其歷史圖像，並演繹出諸「典範人格」在「莊子」對於「普遍性」問題思考的線索與意義；（二）順此，對於「換用」之情境應如何詮釋的問題，筆者則嘗試提出「中介性質之導引」、「對各類人物之評價性符號」、「兼具『中介性質之導引』與『對各類人物之評價性符號』」與「內涵彼此相蘊」等概念，以解釋諸「典範人格」在同一脈絡情境中，分別表徵之不同的意義與作用；（三）繼此，根據本文的分析，諸「典範人格」在「並列連用」的情境中，微觀的看固有其脈絡上的分殊義，但整體的看不僅呈顯出「莊子」對於「普遍性」問題的思維，亦隱涵了諸「典範人格」在總體關係問題上的「宏觀性基準」。

依此，到了第三階段的重構與解構，筆者方以「己」、「功」、「名」、「知」等宏觀性關鍵字句，討論並總攝上論成果中，諸「典範人格」於相同或不同脈絡之各別意義與作用。同時，也環顧「其一也一，其不一也一」與「道未始有封、言未始有常」等「莊子」思維內容與方式，以作為諸「典範人格」之「宏觀」與「微觀」問題在聯繫上的思考基點。準此，筆者認為『『己→名』『名→功』『功→己』／『知』，實循環而有機地共構出諸「典範人格」在總體關懷上的「一體四相」。如此，「微觀」的見其「差異」，則「至人」、「神人」、「聖人」與「眞人」，皆分別彰顯了「己」、「功」、「名」、「知」等不同面向的實踐問題與工夫意義；但「宏觀」的察其「同一」，其「無己」、「無功」、「無名」、「眞知」，亦同屬體「道」之「境界」而同時解構並超越了「一體四相」之諸問題。

目　次

第二三冊　管子思想研究

作者簡介

　　徐漢昌，國立政治大學中國文學博士，曾擔任多所中南部大專院校專兼任
教職，並兼任系主任、院長等工作。教學與研究偏重於先秦與兩漢學術，其他

著作有：《韓非的法學與文學》、《韓非子釋要》、《鹽鐵論研究》、《先秦諸子》、《先秦學術問學集》等。

提　要

　　本書分三部分，除評價管仲、考證《管子》相關問題外，著重《管子》一書之學說闡述。依託其學於《管子》中者，非一人、一時、一家，實難以就學術宗派角度論《管子》一書之內容，故析論《管子》中所含道家與陰陽家思想後，即就政治、法律、經濟、教育、軍事諸目，論述其學說與特色。復以管仲爲一政治家，以事功著稱，而非學術之宗師，依託於管仲者，必期望其學能落實於現實之政務，故本書於析論《管子》內容時，依上述各現實之政務爲目，加以闡述。

目　次

第二四冊　韓非政治思想探析

作者簡介

　　管力吾，湖南桃源人，1938 年生。海軍官校 51 年班，美國田納西大學電機碩士。服務海軍 28 年，之後任教東方技術學院 13 年，與理工結緣近 50 載。自幼喜好中國文學，軍職、教職期間，在學術性刊物上寫稿未曾間輟。2007 年考取國立屏東教育大學中國語文系碩士班，現爲國立高雄師範大學國文系博士生。

提　要

　　韓非爲戰國末期的大思想家與法家的集大成者，《韓非子》內容經緯萬端，但政治思想則爲其精華所在。韓非之政治思想，以法、術、勢爲基素，亦以法、

術、勢為主幹。法、術、勢之間，有其分立的獨特性，亦有其融合的必然性。本書共分六章，首章陳述研究之動機、目的及研究之範圍與方法。言政治首先針對者即為人性，第二章析論韓非「好利自為」的人性觀——並非眾家所認定之性惡論——以及韓非以此為自己政治思想立論的不可撼動性。三、四兩章為本文之主旨所在，第三章首以法體、法性和法用說明韓非的法治思想，次以術之性能、術之運用、術之兩面性，說明韓非之用術思想，再以主道、集權和操柄，闡述韓非的勢治理論。第四章除論述《韓非子》中以法為主體的法家思想之外，並以法、術、勢的邏輯結合，推論出其三位一體的結合，實質上只是人設之勢與督責之術的結合及人設之勢與察姦之術的兩種結合方式。第五章為韓非政治思想之析疑。除透析撻伐韓非思想造成焚書阬儒結果之真相外，並對韓非思想在「任法」與「法治」上之分野予以判析。終論則為韓非分離政治與道德思想的度越諸子之處。第六章為二至五章內容的綜合論述，並提列研究發現與後續研究之展望。

目　次

第二五冊　戰國時期道家與法家之「道—法」思想研究

作者簡介

　　伍振勳，一九六五年生，國立臺灣大學中國文學研究所碩士，國立清華大學中國文學研究所博士。現任國立臺灣大學中國文學系助理教授。研究領域：先秦諸子、儒家思想。專著有：《戰國時期道家與法家之「道—法」思想研究》(國立臺灣大學碩士論文)、《語言、社會與歷史意識——荀子思想探義》(原題《荀子「天生人成」思想的意義新探》，國立清華大學博士論文)；期刊論文，〈荀子的「身、禮一體」觀——從「自然的身體」到「禮義的身體」〉、〈兩種「通明意識」——莊子、荀子的比較〉、〈從語言、社會面向解讀荀子的「化性起偽」說〉、〈聖人敘事與神聖典範：《史記・孔子世家》析論〉、《《荀子・正名》釋義——語意學的詮釋取徑〉等篇。

提　要

　　本書的主要內容乃是針對戰國時期「黃老」道家和法家的文獻，包括《老子》、《經法》等四篇佚書(黃老帛書)、「《管子》四篇」、《慎子》、《商君書》、《韓非子》等書當中有關「道 法」聯繫的論點加以探析考察，一方面凸顯道家與法家學術的關連性，著重揭出兩家思想的發展脈絡；一方面則強調道家與法家所提「道 法」聯繫之論點有其共通性，並嘗試詮釋這一論點在道論、法理、支配理論三個方面的理論意義。

目　次

荀子之人性論與理想社會之研究

作者簡介

　　鍾曉彤，民國 71 年生。私立東吳大學哲學碩士，碩士論文《荀子的人性論與理想社會研究》。2010 年 8 月結束國科會專任助理的工作，2011 年欲赴美繼續深造。目前研究範圍以先秦儒家荀子思想爲主，日後將擴展到宋、清儒學，以及當代新儒家。

提　要

　　本論文目的在證成荀子以心作爲道德實踐的主體，並且成功開展一條更容易實踐的道德理論。證成的方式是以荀子的人性論與理想社會的關係作爲研究主體，探討荀子是否能從人性論中合理的建構理想社會，以實踐他的道德理想。因此在第二章與第三章中，將分別剖析荀子的人性論與理想社會的結構，在第四章中，透過層層比較人性論與理想社會的關係，以證明荀子能以心知禮的方式，走出另一條不同於孟子的道德實踐之路。本論文將指出道德內在性並非是完成道德實踐的唯一路徑。雖然荀子的心缺少當下自覺悟德的能力，但是卻具有自我主宰的主動力以及超越性的能力，筆者認爲這足以建構不同於孟子的道德實踐理論。

目　次

第二六冊　清代荀子學研究

作者簡介

　　田富美，1971 年生於台北市。東吳大學中文系學士，國立政治大學中文研究所碩士、博士。現任銘傳大學應用中國文學系助理教授，專研荀學與清代學術思想。碩士論文為《法言思想研究》，博士論文為《清代荀子學研究》；另有〈論顧炎武「經學即理學」之意涵〉、〈續補元代藝文志研究述略〉、〈《古逸叢書》研究述略〉、〈常璩《華陽國志》研究述略〉、〈清儒心性論中潛藏的荀學理路〉、〈方東樹反乾嘉漢學之探析〉、〈焦循的論語詮釋〉、〈焦循對乾嘉漢學之評議〉、〈擇是而存──黃式三《論語後案》漢、宋兼采辨〉等單篇論文。

提 要

　　從宏觀的角度來看待儒學，跳脫以孟學爲儒家唯一價值的衡量標準來看待荀子思想及荀學的流衍，是本文論述的基本態度。全文可分成兩部分論說。首先釐清荀子思想中最受矚目及爭議之議題，即：天人之分、人之性惡及法後王，作爲論證清代思想的對照範式。整體而言，荀子思想所關懷的是人在具體經驗世界中的安頓問題，因而其追求的目標是「盡倫」、「盡制」的聖王，相對於孟子言盡心知性以知天的超越、內在性格，其理路有顯著不同。

　　其次論述清代的荀學。包括兩個層面：一是清儒校釋《荀子》書的著作及荀子學說的評論。基本上，清人校釋《荀子》是在「以子證經」的前提下所衍生；同時，清儒在尊經及經典傳承的體系研究中肯定了荀子，使荀學得以擺脫「異端」之名而回復於儒家之列；且《荀子》書的整理，也使得荀學獲得重新被檢視的契機，具有一定的意義。清儒試圖對宋明以來非議荀子思想的議題提出新的解釋，包括性惡、非思孟、法後王等論題，然而，這些迴護荀子的論述卻受限於以孟學爲學術唯一準則的意識型態所囿，往往只是在以孟學爲主體的思考下調和孟、荀差異，在深究荀子思想體系上的論述上則相對貧乏。因此，清人考校《荀子》書、評述荀學，雖具價值，但並不能全部概括清代荀學的內涵。

　　清代荀學的另一層面，是以顧炎武、戴震、焦循、凌廷堪、阮元爲主軸的清儒，在「以氣爲本」的基礎上所建立的心性論以及成德工夫論所呈現的荀學理路。清儒在「以氣爲本」的立場下，肯定了人性中情、欲存在的正面意義，而理義即內在於欲、情之中；心知本具有思辨、擇取理義之能，人們透過以問學爲主的修養工夫加以擴充培養之後，便能衡定人欲人情合宜的進退得失，由個人所欲所情推及至群體，能通達天下人之情，遂天下人之欲，使之無所差謬、不爽失，即是理義。在此理路下所呈顯的成德工夫，一方面重視經典及文獻史料之價值，強調由文字訓詁以明理義的問學；另一面，由於所論理義的內涵是群體生養之欲的滿足、情感過與不及的調節與疏通，故而講求人我間言行事爲依據準則的禮學興起，清儒藉由禮制的考證、禮意的論辯重新核定社會禮儀秩序，作爲修己治人之具。

　　分析了清儒的人性論及成德工夫論後，對照荀子所論人性的內涵及道德修養的主張，不難發現二者思想理路是一致的：包括以欲望情感及心知爲人性本質，強調培養智識在成就道德上的重要性，倡議禮儀法度以調節人欲人情等，均呈現了強烈的荀學色彩。只是，清儒並沒有意識到其理路與荀學同途；批判

宋明理學，卻認同理學家所建構以孟子爲孔子思想正統繼承者的道統觀，戴震作《孟子字義疏證》、焦循作《孟子正義》，自詡爲孟學眞正傳人，欲取代宋明理學在儒家道統的傳承地位，但實際上闡揚的卻是荀子的理路。因此，本文將清代傾向荀子理路的人性論、工夫論稱之爲「潛藏的荀學理路」。從學術思想史的角度來說，抉發清人在義理思想上的荀學傾向，相較於清人肇因於經典考據而擴及《荀子》書校釋、荀學評價等層面的討論，無疑是更具意義的。至於二者的主從關係：如前所言，清人從事校釋《荀子》、評述荀學，從而提高了荀子的學術地位，而這個校釋、評述是源於經典考據的擴大而來，而考據學的興起是源於問學的成德工夫，而問學的成德工夫又是源於「潛藏的荀學理路」。可見，清代這個「潛藏的荀學轉向」在無形中促進了荀學的研究，荀子地位的提升，恰恰呼應了這個「潛藏的荀學轉向」的存在。

目　次

第二七冊　揚雄《太玄》《法言》之氣論思想研究

作者簡介

黃嘉琳

學經歷：中國文化大學　中國文學系　博士候選人

中國文化大學　中國文學系　碩士班畢業

教育部　中等學校教師檢定及格

高雄市　大樹國中國文實習教師

專長：漢代易學、漢代思想

提　要

　　秦漢時期《禮記》、《易傳》、《呂氏春秋》、《淮南子》、《春秋繁露》等皆對天地萬物、飛潛動植析分數類，冀求深察天地萬物之理，因而，漢代書籍中所論者以天文、曆法、星宿、方位、季節及人事活動一并而論，如此一來看似系統繁雜無章、資料冗然龐雜，然欲求諸天地人是一、宇宙整體爲一的實有世界。

　　本論文將以「氣論」之本體宇宙觀出發，而「氣論」思想之中心爲本體經陰陽二氣相生爲萬物；以理性客觀機率排列決定一切；二五之氣相異、天地萬物各殊各異；萬物各具其主體性；二五之氣流行順暢爲氣化之常；其氣流行過與不及則爲氣化之變；氣化常道中有生生不已之生生義、生生中有其道德義；道德規範有他律與自律，以聖人自律導化眾人氣化之變，眾人以他律修養自身以求他律自律爲一；形上在具體有限之物中展現，形下之物用以表現形上無限之理；元氣、形氣爲一，形氣層中爲道之分化、道之遍在等。且「氣論」乃依時間、空間之進程而具體存在，以求達天人爲一，內外、有無、形上形下是一。由此可知，秦漢書籍中大多都有欲說盡天地人我萬物的形式風格，是欲以宇宙萬物爲一整體的終極理想之表現。

　　本著「氣論」思想特色，以《太玄》、《法言》兩書爲主，作爲研究揚雄氣論思想的主軸，以下依每章主旨來闡述本文所欲傳達之揚雄氣論思想：

　　第一章，主要論述研究動機與目的、研究範圍與方法、先整理前人研究成果在界定本文所欲研究範圍，並說明以何種方法研究之。第二章，舉例考證揚雄姓氏之派別，並說明何者爲信；再對揚雄生年七十一之年歲，一方面以〈附錄一：揚雄年譜〉細論之，另一方面以分段說明之；並略述揚雄生平所作之書籍文章。第三章，闡明揚雄所生之時代背景與思想傳承，時代背景一爲今古文經之爭說明兩大流派之所持論與主張，二爲陰陽五行思想的流行與後期的氾濫迷信，三則爲天人感應的思想等；思想淵源，以儒家、道家、卦氣爲主且分節陳述。第四章，討論揚雄《太玄》書中之氣論思想的部份，先瞭解《太玄》架構，以三爲組成天地萬物之基數開始，三三爲九擴大爲九的概念，以三分在方、州、部、家建構四重，組成八十一首，一首九贊，總爲七百二十九贊，又爲配以一年一之數，加以踦、嬴二贊而副之，《太玄》世界圖式以「罔、直、蒙、酋、冥」依順序運行不已，最後更說明《太玄》操蓍之法與所占吉凶。第二節至第六節皆在說明《太玄》架構的世界，從宇宙氣化之玄道出發，玄道以陰陽二氣發而爲萬物，並對陰陽之間的關係以「漸進」、「極端」、「不離」、「相感」、

價值付與等說明;「萬物感通」中以「孚」如「機」爲萬物始發的那一刻討論開始,進而說明萬物之間各具有主體性,萬物間以陰陽二氣相感,相感後則往來頻繁、萬物相交,天地萬物生生中有應然如此的道德義存在,可爲人之常道常法;以陰陽生而爲天,天爲廣大無垠無涯、渾圓運行的自然渾天論,天道中會有因循革化之與時進化的觀念;最後以明葉子奇的疑議再對揚雄《太玄》體系做其補全與整體說明。第五章,以《法言》中宇宙自然之天貫通補充《太玄》之自然渾圓天道;由氣論來說明心與性,以群心之用,心之神用能潛天潛地來論述,以氣說明人性善惡混之意,因其人性有善惡混而人有分以聖人、賢人、眾人三品;揚雄整部《法言》最重要且強調之處乃在於不論是三品中那一品,皆要「愛日以學」時時學習使達天道、人道爲一,天地宇宙整體氣化流行無礙的實有世界。第六章,討論揚雄思想對東漢桓譚、王充,及宋代司馬光的影響,更列以後代襃揚與貶抑的各論以觀揚雄全貌。

本文於研究揚雄《太玄》、《法言》思想過程中,以提綱挈領地說明所體悟揚雄作書之深意,及漢代天地萬物之整體氣化的思想觀。

目　次

第二八冊　《法言》思想研究

作者簡介

　　田富美，1971 年生於台北市。東吳大學中文系學士，國立政治大學中文研究所碩士、博士。現任銘傳大學應用中國文學系助理教授，專研荀學與清代學術思想。碩士論文爲《法言思想研究》，博士論文爲《清代荀子學研究》；另有〈論顧炎武「經學即理學」之意涵〉、〈續補元代藝文志研究述略〉、〈《古逸叢書》研究述略〉、〈常璩《華陽國志》研究述略〉、〈清儒心性論中潛藏的荀學理路〉、〈方東樹反乾嘉漢學之探析〉、〈焦循的論語詮釋〉、〈焦循對乾嘉漢學之評議〉、〈擇是而存——黃式三《論語後案》漢、宋兼采辨〉等單篇論文。

提　要

　　揚雄撰寫《法言》一書，大抵以儒家倫理道德爲主軸而展開，透過摹擬《論語》的問答形式論述其思想。本文首先探討揚雄寫作《法言》之動機，包括本身崇奉儒家思想、以及對於當時西漢學術的種種弊端、不滿諸子詭辭惑眾的情

況，故而揚雄以傳承儒家正道、闢除異端爲己任，欲以文章成名於後世。其次，論述《法言》對先秦以來學術之評論：其一爲對先秦諸子之評論，除了全面否定法家、名家、縱橫家、兵家之外，較特別的是對於道家、陰陽家採取了部分肯定的態度，這應是受其師嚴君平的影響所致；其二爲對西漢學術之評論，包括對於五經博士系統的造成繁瑣學風、庸俗化的批評，以及儒學性質摻入陰陽災異、讖緯之論的不滿，並就當時所盛行之文學——漢賦提出抨擊；其三是對歷史人物的評論，揚雄按其思想系統爲品評的依據，只單就事件本身而論，因此呈現了與司馬遷《史記》相左的觀點；其四是藉由論古以批評王莽政權，這是揚雄對所處政局的反應。再次，則是探究《法言》之思想。揚雄承襲了先秦儒家思想，在道德、教育、政治思想等方面，不僅深化了《論語》意旨，同時潛藏了其個人的思想特點，如重視因時制宜，應變順時的主張，呈顯當時學術的變化之脈絡。最後，分析歷來學者對於《法言》一書的評價，指出《法言》在看似摹擬《論語》的形式之下，實深具反思時代學術之精神；並由反思的基礎上建立新的思想，昭示其時代價值。

目　次

第二九、三十、三一冊　《說文解字》數術思想研究

作者簡介

陳雅雯，畢業於輔仁大學中文系、中文所，國立成功大學中國文學系博士。現爲遠東科技大學資訊工程系、通識教育中心副教授。大學時代中國文字學的基礎培植，開啓日後研究《說文解字》的理路，從漢字形音義的孳乳譜系，到漢字承載的思想與文化內涵，以哲學思考體認漢字建構的世界秩序，呼應內在信念所創造的實相，明白漢字很多的故事，正是更大的驚喜與感動。

提　要

漢代的思潮特色，是在天人之學的架構之下，產生了陰陽五行 讖緯 數術的連結效應。《說文解字》作爲古代字書的撰著動機，乃源發於漢代經學的啓迪。許愼經學家的身分，和書中所呈現的經書材料，是發掘其數術思想的來源。本研究試圖連結《說文》文字 經學 數術的知識群組，用數術這把鑰匙，回顧漢代的思想特色，並重啓《說文》這片乏人問津的地帶，解開其中迷思，以尋求合理的解答，揭櫫《說文》所蘊含的《易》理、陰陽五行、天人之學、天文律曆與方技思想，擴展《說文》的研究領域，體現其另類的數術意義與價值。

本論文共分八章，第一章〈緒論〉之於本論文猶如「惟初太極，道立於一」的「一」，象徵著研究動機之始與論文撰述之端；之後「造分天地」，開啓第二章《說文》的漢代數術天地，作爲與《說文》數術聯繫的臍帶；而後孕育「化生萬物」，生成第三章至第七章《說文》字例紛繁的數術世界。最後歸結於第八章〈結論〉，是本論文的要義總述，似終點，亦有以待來茲的研究期許，猶如「畢終於亥」，復歸於一，終而復始，生生不息。《說文》數術的秘密，在共時性的作用之下，異時的證據說法受到不斷鼓動、鼓舞，因而那個同時性活動可以不斷地被解開與看見。

目　次

第三二冊　王弼玄學

作者簡介

　　莊耀郎，台灣省苗栗縣人。台灣師範大學國文研究所文學博士。曾任小學、中學教師，台灣師大國文系助教、講師、副教授、教授等職務，現任世新大學中文系教授。專研領域在於魏晉玄學、老莊哲學、中國哲學史、中國美學與書法。撰有《原氣》、《王弼玄學》、《郭象玄學》等專著，及相關論文三十餘篇。

提　要

　　《王弼玄學》顧名思義就是將王弼著作視為獨立的哲學思想而撰寫的著作，不同於歷代只視為註解家的身分，而給予建立一具有完整的體系、義理的定性和哲學史上的定位。

　　文中首先論及王弼在魏晉玄學思潮中創建的地位，兼論及玄學分期的相關問題。其次，討論《老子注》和《老子》文本義理的分齊，由此可見王弼對於老子思想的繼承和開展。本文的核心論述在於王弼玄學體系的建立，有關方法進路的問題討論，如主觀的智解、無與有的兩層區分、名謂之辨、言意之辯、得意忘象等皆屬之。道論的內容最具特色者則是「不生之生」觀點的提出，讓開成全、作用保全義理的確立。論名教則將名教的根源屬之於自然，無與有的兩層區分則是王弼玄理體系中一貫的說法，也是歷來學者討論它和老子說法異同爭論的焦點，文中都作詳細的論證。至於無和有所形成的各種關係的說明，如本、本末、母子、一多、道學、眾寡等思考模式，都在學術思想史上發生鉅大的影響。

　　篇中有關《老子旨略》及《周易略例》的基礎文獻分析部份，雖名為文獻分析，實則有關義理源流的發展、思想脈絡的衍變，因緣轉折悉在其中，可稱為此一文獻處理中較為詳實的論述。

目　次

第三三冊　魏晉玄論思想之研究

作者簡介

　　劉瑞琳，1960 年生，台灣新竹人。東吳大學中國文學研究所碩士班畢業。現職私立中臺科技大學通識教育中心專任助理教授，教授應用語文、論辯與思維、生命關懷、文學與人生及經典閱讀等課程，目前是逢甲大學中國文學研究所博士候選人，論文寫作方向爲朱熹史學思想研究。近十年來發表過〈先秦巫醫與醫者行誼考述〉、〈黃帝內經的病理辯證與醫療思維〉、〈傳統醫學倫理的建立與實踐－論宋代儒醫文化的內涵與影響〉、〈陶淵明飲酒詩的生命態度與生活旨趣〉、〈廣東小兒歌的客家文化意涵〉等十數篇學術期刊論文，編著有《大學

國文選》、《華人社會與文化》、《文學與人生》、《生命關懷》等著作。

提　要

　　魏晉玄論思想爲玄學思想的主要論述範疇，玄論思想作爲思辯文化的傳統，本身實具有學術發展的承轉與啓後的意義，其論述的主體是針對兩漢以來儒家經典所產生的三大流弊－章句、讖緯與象數，進而建構一形而上的思辯論學模式，其延展的意義不僅融合儒道佛三家思想的內涵，積極展開有無、自然名教、養生、逍遙……等各類議題的討論，甚至攸關於政治傾向、禮法批判、任誕生活的意識形態，而對於文學表現與文論思想的影響，亦是不可忽視的觀察面向。

　　本論文分爲緒論及七個章節。緒論部分，說明玄論與玄學之分際，以及玄論思想的內涵特色；第一章魏晉玄論思想形成之客觀背景，探討玄論思想所形成的外緣因素，與時代動亂儒學失去維繫社會基礎有密切的關連；第二章魏晉玄論思想形成之學術背景，分析玄論思想作爲思辯論學的自發延展，有其潛在的發展趨勢；第三章曹魏西晉時期玄論思想之內涵，針對何晏、王弼、阮籍、嵇康、向秀、裴頠等人所提議題，考辨其思想的內涵與獨特性；第四章東晉時期玄論思想之內涵，討論釋徒格義佛理與玄論關係，並分析葛洪養生理論以及張湛列子注闡述玄論思想的時代課題；第五章魏晉玄論思想者之意識型態與生活，即從仕宦心理、禮法批判與任誕生活三個觀察面向，探討玄論思想對現實生活反映層面的終極意義；第六章魏晉玄論思想對當時文風之影響考察，探討玄論思想對當時詩風與文論思想的影響，建構其間理論思維的相關性；第七章結論，歸納六個研究心得，以彰顯魏晉玄論思想的歷史文化意義。

目　次

第三四冊　魏晉反玄思想論

作者簡介

陳惠玲：

目前任教於黎明技術學院通識中心，現為清華大學中文所博士候選人。

已發表論文有：

1. 〈湯大旱"翳髮斷爪"之巫詛解讀〉，安平秋、趙生群等編：《史記論叢・第四集》，（蘭州：甘肅人民，2008）。

2. 〈"夏社"源流疏證〉，呂培成、徐衛民編：《司馬遷與史記論集・第八輯》（西安：陝西人民，2007）。

3. 〈官史與裴注：三國志卷二十八疑問疏證〉，《黎明學報》，第 19 卷（2007.12）。

4. 〈湯說演繹〉，《慈濟大學人文社會科學學刊》，第六期（2007.06）。

5. 〈兩晉荒禮禮情之觀察〉，《國立臺灣科技大學人文社會學報》（2007.03）。

6. 〈《史記・夏本紀》：「聲爲律，身爲度，稱以出」司馬貞索隱淺釋〉，安平秋主編：《史記論叢・第三集》（西安：陝西人民教育，2006）。

7. 〈漢晉《論語・先進》注本（上）、（下）——「孔子與點之志」疑問疏證〉，《孔孟月刊》第 43 卷（2005.08）、第 44 卷（2005.10）。

提　要

　　由於歷來研究魏晉的學說皆以「玄學」爲其主題，因而忽略了玄學背後的一股反制力量，故本文主要目的與工作就是探究此一反制力量興起的原因及其學說意旨，更進而予以肯定與定位。因而本文思路的延展，則由漢末朝政的腐敗，士人尙名乖實的風氣進行反思，故導引出曹魏名法議題的思索與研擬，終於魏晉之際傅玄《傅子》一書；亦由於政治的紛爭情結，傅玄不自覺的發出對玄學的批判之聲，引領出兩晉的反玄思想。而這一思想脈絡，可分從政治、學術、經濟、社會，四個層面作一瞭解。

　　在政治上，漢末桓靈二帝時，宦官外戚亂權，黨錮名士清議朝政，不外乎是爲了扭轉時弊與喚醒昏庸的國君，然其結果，卻是遭受禁錮，以至於殺害的處分，因之士人結黨自我藩衛，利用地方選舉之便糾結勢力，以與宦戚相抗，由此氣節之抗，轉而成爲意氣之爭，互相激揚名聲，宴遊結黨，尙名乖實的風氣早已取代經明行修的士行。因此，曹操執政時期採取名法思想的嚴厲政策，便由此而發；當然這樣的政策勢必矯枉過正，故而齊王芳正始時期曹爽得權，夏侯玄、何晏、王弼則提出道家「貴無」的思想，主以「任自然」「無爲」的治國方針，清簡朝政，試圖重建一個自然和諧的政體。可見，在一個政權尙未穩固前，各種主導國政的學說，皆蜂出並作，故魏晉禪代之際，傅玄則唱以儒法兼綜的思想，爲司馬新朝立其宏模，以矯正曹魏名法之治的嚴察與何王無爲之

政的寬大，更進而批判非難了何晏等浮華名士，糾舉其曠放之行，儼然成為反玄思潮中的第一人。

在學術上，所謂「玄學」即意指著「三玄」，也就是《老子》、《莊子》與《易經》這三本書，雖說何晏與王弼有意藉著「得意忘言」的注經方式，會通儒道兩家思想為一己之論，進而開啟郭象「寄言出意」的一家之學，然就經學本身而言，漢末雖走進了訓詁的死胡同，但至少「尊孔重學」的學術風氣依舊濃郁和講究；然直至荀粲、嵇康提出「糠秕」、「蕪穢」之說，以貶抑兩漢以來六經獨尊之意義與價值後，貴遊子弟不學無術、縱欲昏酣，而自認通達識體的荒謬情境，較之於漢末士人尚名乖實的作為，更顯不倫不類，甚教當代儒士啼笑皆非，執筆痛責之，以挽救孔學於衰微之勢。因此，裴頠〈崇有論〉、歐陽建〈言盡意論〉、孫盛〈老聃非大賢論〉、王坦之〈廢莊論〉、李充〈學箴〉的問世，便建立在這樣的學術背景上；雖說在學理建構上，未能清楚掌握玄學家思想精髓所在，以反制之，但其「尊孔重學」的精神，確是儒學史上不可疏略的一頁。

在經濟方面，由於兩晉施行占田制，此一土地私有制度表面上呈現出兩點假象：第一，百姓與官員皆具土地私有權；第二，促進土地買賣的自由權。但事實上，官員大肆兼併良田的情事屢見不鮮，百姓所得以佔領的田地及收成，根本無法負荷所應繳納的稅額。另一方面，官員更在「蔭親制度」的保護下，不僅免稅、免役，就連其親戚、子弟一如是，因之，全國龐大的賦役負擔，皆成了百姓肩上之責，只見百官坐享其成、貪婪無厭、揮霍奢靡的生活，直教成公綏、魯褒激憤難平，寫以〈錢神論〉諷刺拜金主義風潮下所產生的功利社會，且暴露出兩晉貧富懸殊的經濟現象與問題；然究此一現象與問題的產生，自與兩晉門閥政治的形成唇齒相依，而郭象「適性逍遙」說亦應之而發，顯見其愚民的意味與目的。

另在社會層面上，由於正始、竹林名士之風流成為一代之價值觀，士人無不企首何王清談的高妙，追逐嵇阮縱酒的曠放，故導致兩晉衣冠沈浸在一片不嬰世務、依阿無心、空說終日、縱酒肆欲的靡爛生活中，至此，士德蕩然無存，西晉亡國亦由此發端；但南渡後的世族唯思自全、致富之計，王導更以「鎮之以靜」的老莊思想作為執政總綱，而外圍的佛教之「空無」思想與道教「房中術」的養生法，結合玄學理論，更加廣開且放縱士人的醜穢之跡與虛無的談論風尚。因此，鑑於西晉亡國之痛，葛洪、干寶則針對此一頹風與積弊，做出總檢討；但面對當權者偏安與放任的憒憒之政，整個社會走進了「重我」的個人

主義與「肆情樂生」的肉體追逐，葛洪、干寶等反玄之士，實是難挽狂瀾。

目 次

第三五冊　魏晉樂律、樂理、樂境抉微

作者簡介

　　黃潔莉，高雄市人，國立成功大學中文所博士。曾發表〈高羅佩《嵇康及其〈琴賦〉》探析〉、〈先秦儒、道與古希臘之音樂形上思維──以「和」為核心觀念的解讀〉、〈阮籍〈樂論〉思想釐析〉、〈論嵇康之藝術化生命〉、〈論荀勖「笛律」〉、〈莊子「逍遙遊」之藝術精神〉、〈莊子「氣」論思想釐析〉、〈嵇康〈聲無哀樂論〉之音樂美學〉、〈《呂氏春秋》音律研究〉、〈佤族神話與宗教析論〉等論文，現為國立高雄應用科技大學通識教育中心兼任助理教授。

提　要

　　本論文旨在以魏晉玄學有無、本末、體用之思維方式來探索魏晉時期之音樂風貌，以音樂的形上原理——「氣」做爲論述之主軸，由形而上的音樂本原貫穿到現象界的音樂表現，逐一開展出樂律、樂理及樂賦三個面相。

　　是以，本文主要分爲幾個部份來加以剖析：第一章爲緒論，此爲問題意識之導出、研究進路、研究方法及前人研究成果之說明。第二章則以《晉書‧律曆志》的音樂觀做爲首要探討之對象，從「妙本於陰陽，義先於律呂，觀四時之變，察五行之聲」的說法做爲切入視角，溯源風、氣、陰陽、五行與音樂的結合，探討中國音樂與「氣」之關係。在第三章的部份，則延續《晉書‧律曆志》的思考，由「氣」延伸至「律」的探索，針對《晉書‧律曆志》中的相關文獻，結合現代聲學的研究方法，逐一把梳各種律制的發展，並對荀勖之「笛律」進行分析。至於第四章，乃針對阮籍、嵇康之音樂理論來探討。阮籍、嵇康承襲了氣化宇宙論的思考軸線，建立起形上美學之體系，並由此落實到對音律的看法，明確地呈現出氣→律→數之思維模式，同時，還加入了玄學的新觀點，開展出魏晉時期新的音樂面相。而在第五章的部份，則以魏晉樂賦作爲論述對象，主要從幾個方面來加以說明：1、魏晉音樂的文化現象。2、魏晉樂賦之濫觴。3、玄學影響下之樂賦。4、魏晉樂賦之多元面相。5、尚「和」的音樂觀等，藉此來分析魏晉樂賦所彰顯出的文化及美學意蘊。至於第六章，主要針對樂律、樂理及樂賦三者進行一結構性之反思，由於音樂本身，兼具物質與精神之雙重特性，因此，本章乃試圖藉由玄學的視角，透過王弼「因有明無」、「由用見體」之理路，將音樂中的雙重特性加以整合爲一有機之整體。最後，在第七章的部份，則縮結樂律、樂理及樂境三者，將音樂的抽象原理及具體的音聲之美加以整合，並且透過主體的工夫實踐，達到「會而共成一天」的暢玄體和之境。

目　次

第三六冊　宋徽宗《御解道德眞經》之研究

作者簡介

　　黃昱章，臺灣省苗栗縣人，民國六十九年出生。畢業於省立新竹高中、國立中正大學哲學系（雙主修中國文學系）、國立中央大學中國文學系碩士班。現任國民中學教師。研究興趣在儒、道二家思想。

提　要

　　宋代老子學受到當代學術背景的帶動，對於「心性問題」等課題有諸多著墨，此一特點使宋代老子學在中國老學史中，成爲魏晉、唐代以外最重要的一個朝代；另一方面，在《老子》諸多注家中，因「御注派」的注家們的統治者身份，與其他注家相比之下較爲特殊，故其注書動機引起筆者的好奇與注意。職是之故，本論文以宋徽宗所撰寫之《御解道德眞經》作爲研究對象，擬探析

其如何接受《老子》文本、如何與《老子》思想互動而提出詮解，而此詮解之方式與內容，是否因注者的「統治者」身份，對《老子》思想有所創發，抑或僅是沿襲舊說。諸此種種爲本論文研究動機與目的。

　　由於《御解道德眞經》的原本已經失傳，故初步工作乃就《道藏》本《宋徽宗御解道德眞經》、章安《宋徽宗道德眞經解義》、江澂《道德眞經疏義》與彭耜《道德眞經集注》四書所保留的徽宗《御注》內容進行互勘點校，再就點校結果（如附錄）重複研讀、歸納分析之後，而逐步形成本論文之章節架構。本論文共分五章，首尾二章分爲「緒論」與「結論」，主體部分區分爲兩層次：一者針對徽宗《御注》注《老》動機及其體例與詮釋方式等外緣問題，作成檢索資料，而寫成第二章〈徽宗《御注》外緣問題之考察〉；一者則爲徽宗《御注》內在義理架構的解析，從微觀角度探究徽宗《御注》對《老子》「道」、「德」之概念的理解，以及其從老子思想所推衍而出的「聖人形象」、「治身論」、「治國論」等議題，分別撰寫爲第三章及第四章，期能接續前人所奠立之基礎，爲徽宗《御注》勾勒出思想架構。

目　次

第三七冊　辛稼軒軍事文學與兵學思想研究

作者簡介

　　王偉建，民國四十六年（西元 1957 年）元月出生於臺灣花蓮，祖籍福建省惠安縣。世界新聞專科學校廣播電視科、東吳大學中國文學研究所碩士畢業。曾任東吳大學軍訓教官，迄九十八年十月以上校組長任滿退職。現就讀東吳大學中文博士班，並於國立臺灣海洋大學、東吳大學及德明財經科技大學等校兼任教職。鑽研古典文學及先秦思想，並於《孫子兵法》、中國兵學思想、南宋軍事文學與兵學思想、中西兵學理論、臺灣戰史等方面有深入之研究。

提　要

　　辛棄疾（稼軒）承襲中國傳統儒將「文武合一」的特質，以“歸正北人”的身分在偏安江左的南宋，造就了「豪放詞家」的稱號。由於長期處在戰亂的環境背景，曾任帥臣而有機會主宰軍政於一方，且畢身圖謀恢復大業，乃有深富兵謀的策、論著作流傳。本論文定名《辛稼軒軍事文學與兵學思想研究》，要有三項研究重點：其一，從環境社會因素對文學與思想形成的影響力，瞭解稼軒軍事文學與兵學思想形成的主、客觀因素，從而找到一個不平凡時代鑄造一個不平凡偉人的合理繫聯。其二，依軍事文學的義涵，從「愛國懷鄉的深情」、「弔古諷今的幽思」、「審勢制敵的遠謀」、「抗金復國的素志」等四個面向，探討稼軒詞的內容與特色。這種以「軍事文學」為主題來探研稼軒詞作的方法，對於稼軒豪邁沉鬱、欲飛還斂的詞風，以及矢志恢復大業、報國淑世至死方休的強烈愛國主義，可以得到更深入的認知。其三，就稼軒被視為宋代重要兵學思想著作的所有集冊或單篇奏箚，逐篇簡介其戰略、戰術主張，再紬繹出其兵學思想之精萃；歸納出「謀定後動」、「作戰整備」、「精神動員」、「積極防禦」、「攻勢主義」等稼軒抗金作戰的五大軍事戰略。藉此可以瞭解，稼軒對中國兵學思想的認知活用，實充分到達「運用之妙，存乎一心」的境界。

目　次

第三八冊　鵝湖爭議眞諦之研究——由朱陸對認知的主張看鵝湖爭議之眞諦

作者簡介

　　姓名：方蕙玲，東海大學哲學博士。

　　經歷：東吳大學、淡江大學、台北護理學院、陽明大學、台灣科技大學、
　　　　　台灣藝 術大學兼任教師

　　現職：明新科技大學專任副教授

　　學術專長：中國哲學、易經、生死學、女權主義

提　要

　　本文因嘗試自「認知」的角度來探究朱陸爭議的眞義，故將於首章中指出，目前對朱陸爭議之研究，無論是認爲二者可互相疏通、方法論相異，或是「心性觀」之不同者，皆有其不足之處，是以嘗試自二人「認知」角度著手、以期能對爭議有另一番說明。指出朱子嘗試由對經驗界的「知性之知」，過渡到內在自省所得之「德性之知」，以悟性原理來規範道德原理，對道德的規律性有著較深刻的體認。第三章則以象山的認佑體系爲主旨，以「志於道、據於德、依於仁、游於藝」四者來說明象山所持之認知過程，指出其直接由內在的道德要求，有意識的來看待「道德判斷」，由此發現道德的主體性與自發性，對道德的自由抉擇特性有充分的發揮。

　　至第四章，學生將以朱陸各自之認知系統的內在要求，以及「認知心」類比活動下之必然結果。最後並透過比較結論出，朱子乃強調道德的社會屬性，要求道德原則與經驗社會的互相配合；象山則強調道德的內在隸屬性，透過內在對道德的要，求使「當然」原理轉變爲「實然」之行爲，二者實因對「道德」

特性的認佑互異，故有學說方向之不同，此亦朱陸爭議產生之原因所在。

目　次

陸九淵人格教育思想研究——以「生活化儒學」為中心

作者簡介

　　張念誠，民國 48 年生，中央大學 70 級中文學士、81 級中文碩士、92 級中文博士，現任教於台南崑山科技大學。博士論文是《楊簡心學、經學問題的義理考察》，單篇論文有《熊十力、印順儒佛論爭研究》、《以漂泊、掙扎、尋覓、歸屬的主軸架構，詮釋張系國地、笛、紅孩兒的義理世界》及《楊簡心學定位的兩個問題》等。另有《我們該感恩死亡那些教導？》《人生有公平正義嗎？》《道場何處覓？》《明師何處尋？》《尋找一個受教的人》、《尋回自性本具的信德》等多篇哲理文散見於弘一月刊。

提　要

　　本論文寫作動機，係有感於陸九淵（象山）在中國義理學的定位中，雖被

崇隆為孔孟之後能扣緊儒家本質承續的第一人，然歷來學者對象山學之研究，
卻總睽隔著象山「非分解說」的表達方式，始終未能交出相應於象山之生命特
質去講明的可觀成績，故筆者爰以「生活化儒學」的論點為主軸，深入解讀《象
山全集》文本中隱而不見的「人格」與「人格教育」精神，俾使象山學得以獲
致其本質內應有的講述；在此研究目標下，本論文之性質乃不同於一般以「問
題意識」為核心，用以尋求答案或解決的研究方式，而唯在相應地契入象山之
生命血脈，使能整體豁顯象山生命造詣之實。

　　本論文爰分六章，第一章重點唯在對「生活化儒學」之意涵有所規定，以
利於爾後各章之順遂開展；第二章乃在「生活化儒學」的討論基礎上，以象山
〈年譜〉所載之行儀為主線，探討象山「生活化儒學」的具體內容，係由生命
「體驗」（驗之於「體」，並以「體」驗之）所開啓的整全踐道生活，此中存在
著「生命」與「生活」相互指涉互動交流的內在聯繫。第三章則將視點純粹還
原到象山「生活化儒學」何以成立的實踐依據，此即象山人格教育思想－本體
實踐學中「心即理」說與「本體實踐之理」內容之揭示，前者著重於象山證道
境界整體性精神之疏解，後者側重於象山內在心行如何縮結的分解理論步驟說
明。第四章則承續第三章之討論基礎，契入象山具體的踐道情境與存在實感，
對所以達成本體實踐學的工夫論——立志、剝復與優遊之義深切闡明。第五章
則將重點擴大擺置於象山之講學背景，具見象山講學活動所蘊含的深度意涵，
及其施教方法背後所透露的教化原理，並舉實例窺探象山人格教育之施教原則
與絕對精神，最後以象山講學之生活實錄作結，用以豁顯象山「人格」與「人
格教育」之整體精神，準此本論文乃能以「生活化儒學」為主軸，首尾貫串，
一氣呵成，達致筆者寫作目標所蘄向的講明成果。

目　次

第三九冊　朱熹對道家評論之研究

作者簡介

江右瑜，臺灣省彰化縣人。國立彰化師範大學國文系博士。現爲台中教育大學兼任助理教授。

提　要

儒、釋、道三教交互的融攝交鋒是宋代學術的特色，也是宋代理學形成的原因之一，然以捍衛儒學爲首要任務的理學家，處在此氛圍下，又無法置外於時代風潮時，將如何安頓儒、道間的衝突？本論文則取朱熹，作爲理學家處理儒、道問題之代表。

此處論文題目「道家」是取廣義之意，包含老、莊以迄道教等。本論文共七章，架構上可分兩部分，二、三、四章爲分論，各針對朱熹對老子、莊子及道教的進行評論；五、六章則爲綜論，分別對「道與釋」、「道與儒」的相關問題進行分梳。

　　由本論文的研究可知：朱熹認爲道家之所以爲異端，其弊病即在於道體及工夫兩方面。道家不識道德實理，是對道的誤解，而無成德的格物工夫更是道家主要的弊病。至於朱熹較稱許處爲道家的養生之法，但此部分仍只有消極的認可，而無積極的肯定；至於道家人物的評價上，朱熹明顯對於老子的批評較莊子爲嚴屬，甚至提到「莊子承自子夏」的說法；再者，詳考辨是朱熹對古籍的一貫態度，其對道家經典亦不偏廢，對於道家丹書，亦頗多涉獵。朱熹對道家的評論，有批判處，亦有讚許處，但大體上朱熹仍是以儒家的本位批評道家，以儒家仁義道德的內涵作爲評論道家之判準。

目　次

第四十、四一冊　宋代大儒黃震（東發）之生平與學術

作者簡介

　　林政華，霧峰林家子弟。臺灣大學文學士、碩士，1977 年，獲臺灣教育部國家文學博士。

　　素喜四書——藏書、讀書、教書、寫書；愛好臺外文學、漢語文、思想智慧學、寫作及教學、兒童少年文學、臺灣閩南語本字研究。著有：耕情集、文章寫作與教學、兒童少年文學、臺灣文學汲探、黃震之生平與學術等等。

　　任教臺北師專、院（兼圖書館長、語文教育中心主任）、眞理大學（兼臺文系主任）、開南大學；兼授臺大、成大、北大、亞東技術學院等校。服務期滿退休。

　　獲教育部、廳教學論著獎勵三次；文藝、語文獎章；縣長獎、散文創作比賽冠軍；批改作文「認眞詳盡」鼓勵；中商傑出校友。

　　曾擔任國家考試典試、出題委員；學術研究講座；學術會議籌備、主持、評論人；校內外學術、語文競賽評審委員等。

提　要

　　筆者以『黃震之經學』（附編年譜）論文，於 1977 年忝獲國家文學博士，迄今，已近 35 年了；但，令人驚訝的是，世界漢學者或後進，卻可說沒有人再深入研討、引證東發的學術；對這位古中國宋代極難得的大儒而言，實在是一大憾事！

　　在 1977 年前後，筆者研究東發之學術與生平，累積了幾篇論文，除上述經學之外，又有：『黃震之諸子學』（碩士論文，嘉新公司文化叢書第 314 種）、「黃東發對於前朝理學家之評述」（載『書目季刊』）、「黃東發與朱子」（載『孔孟學報』）。除史學和文學評論之外，大約黃東發的重要學術觀點與成就貢獻、

生平事蹟，都在這四篇長、短論著中包括了。

為了提供全世界研究漢學的同好，方便繼續參考、深究東發學術，彌補上述研究缺口，2010 年到 2011 年，臺、中兩國都有出版機構來洽談集結出書事宜。最後，筆者答應了花木蘭文化出版社；至深感激。

本書顧名思義，係包括黃氏的「生平」與「學術」二大部分：學術，有大宗的『經學』（孝經、論語、孟子、詩經、尚書、周易、禮學——禮記、周禮，春秋經）、特色的『諸子學』（辨偽書達 54 種、論九流十家學說兼及佛禪）和集成的『理學』（評諸儒書、論諸家學說）三大部類。至於生平部分，則包括：黃氏事蹟、年譜、學術淵源和著述（內有探知所謂宋本日抄實為明人挖補本）等。書中，在在呈現出朱熹四傳大弟子黃震的人格典範與學術成就、貢獻。

其人格典範，由他的為官能除姦恤貧，煮粥散米、抱病盡職，以至國亡憂憤隨逝的行徑，即可見知（詳見事蹟、年譜各節）。

在學術上之貢獻、成就綦多，無法一一縷述；僅由下列若干數據，即可察其大斑：其論孝經，能平議今、古文本。其論語學，能批評時儒過求之弊，雖朱子之說亦不稍寬假。孟子學，能闡發孟子之擔當，有助教化。詩經學，論小序雖有偏頗者，然亦不可盡廢。『黃氏日抄‧讀周易』僅一卷，而引用古、今各家說法，以求一是；其中所引宋人註解可輯佚者多，有王安石、楊時等五家，三十八則。

而其禮學，則集解『禮記』十六卷，創發殊多，尤以論諸篇的著成時代、探得禮記與理學的淵源關係等，啟導後學；又能論『周禮』之失與其言事不合情理之處。更有春秋學，以七卷集釋之篇幅，不僅在補朱子無註之憾；其闡明孔子記事之法，端在「據事實書」，因得盡除『左傳』以來數千年的褒貶凡例之害。字裡行間委曲辯駁，成果更有可觀。

以上，筆者多年埋首在百卷『日抄』及充棟的相關資料中，沉浸泅泳，條分縷析之，歸納綜合之，勉力整理出東發學術的大致面目，端在冀求海內、外方家之指正耳。

目　次

第四二冊　追尋終極的眞實——顏元的生平與思想

作者簡介

　　楊瑞松，1963 年出生於台北市。畢業於國立台灣大學歷史系，獲清華大學歷史所碩士學位後，於 1997 年取得美國洛杉磯加州大學（ＵＣＬＡ）歷史學博士學位。現職爲國立政治大學歷史系副教授。主要研究領域爲近代中國思想文化史、心理史學、史學理論與方法。最新著作爲《病夫、黃禍與睡獅：「西方」視野的中國形象與近代中國國族論述想像》，於 2010 年 9 月由政大出版社發行出版。

提　要

　　本文以顏元研究做爲了解「儒家文化」此一複雜的歷史文化現象的一條途徑。由於顏元所處的時代爲明清交替之際，而且他又力排宋明理學，因此有關此時期儒家思想人物的若干研究預設，往往很輕易地加諸於他身上，而坊間有關顏元的個別論述，也往往依據些許的價值預設，來抽取顏元的思想加以評斷。而這些評價之間，又往往有矛盾的情形，例如有謂其如生在今日世界，必定成爲一大科學家，而又有謂其思想反知識、反知識份子。至於顏元如何言詮他自己的思想，以及如何置身於儒家傳統和詮釋儒家傳統，尤其是他的生命歷

程和思想轉折的過程，似乎尚未被深究。

　　本文首先分析顏元的生平，尤其側重他如何在不同的價值體系中掙扎的過程，又如何在信奉以朱子為首的儒家後，轉而激烈地反對宋明理學，並力尊孔孟儒學。其次，再分析顏元的各項思想，探討他如何構想他心目中的「儒家」及「儒學」。最後，並暫時拋開顏元的立場，去探索朱熹、陸象山、王陽明如何分別地構思他們心中的「儒者之學」，並和顏元對他們的批評做一比較，以顯示出「儒家」在不同的追隨者詮釋下的不同面貌。

　　經由上述的研究，我們驚訝地發現，顏元的思想意義及行為動機，有許多和我們常識中的預設差距頗大，而且從他對儒家的認識，我們更可以對「儒家」在中國歷史上的可能意義有進一層的了解。尤其是顏元生命中對儒家所顯現出的信仰之情，更是「儒家」轉化成為「儒教」的具體例證。

目　次

朱之瑜與顏元的實行觀

作者簡介

　　陳昀瑜，彰化師範大學國文系碩士，中興大學中文系博士班，目前擔任國立台中女中教師。

提　要

　　明朝之亡提供知識分子重新反思當時學術的契機，使得儒學在明清之際的發展，呈現了傳統核心價值解構又重建的新動向。本文以明末清初思想家朱之瑜、顏元的「實行觀」作爲研究線索，企圖由二人價值觀的轉變，探究清初思想的演變及其意義。本文寫作的目的即在楬櫫朱之瑜、顏元所建構「崇實黜虛」的實行觀，是由宋明理學之偏重「形上價值」過渡到清代思想之重視「經驗價值」的重要橋樑。文中由三方面進行對二人實行觀之闡述：（一）崇實的性論──立基於「理氣不離」的氣本論，朱、顏二人即氣論性，不將性視爲抽象玄思之物，而落實到經驗領域來探討性之內涵，認爲性爲融攝情才欲的氣質之性，而氣質之性爲善，人人具有善質，而惡則由後天習染而來。（二）尚行的知行觀──貴「實行踐履」是朱、顏思想體系的核心價值，在面對明亡的時代課題中，朱、顏尋找到重實行踐履的救弊良方，認爲人的思辨、認識都離不開行，「行」是「知」的源泉，將「行」視爲知行觀之中首出的價值，二人並展現其「重智」、「重習」之道德觀，強調即「物」而窮其理、習「事」而體其理。（三）重外王的經世思想──朱、顏以外王漸次取代內聖之功，彼等以經世思想爲做人、做事、立身、爲學、教學之起點，提出「正其誼以謀其利」，以此修正傳統的義利觀，重事功實效；並申明其致用主張，包含政治、土地、經濟、選士、教育各制度面上的籌策。本文末則總結朱之瑜、顏元實行觀所呈現的清初思想轉變跡象，以見儒學的開發已由宋明理學對形上的側重，過渡到對形下的經驗領域的正視。清初諸儒主張學術必以經驗落實爲基礎，高舉「崇實黜虛」的旗幟。雖然「實行觀」並未蔚然發展爲清代的主流思考，但已成爲清初學術的內在核心價值。是故其本體論、知行觀、倫理學、經世思想無一不在「崇實」

的核心價值中開展，並完成其儒學漸次轉化的階段性任務。由朱之瑜、顏元二人為觀察點，吾人可以鑒察天崩地解之際，清初諸儒終於開拓出重視氣化世界、肯定人欲私利、落實百姓日用、成就實踐經驗的「實行觀」。

目　次

第四三冊　王陽明誠意工夫的思想精神

作者簡介

吳冠生，高雄市人。民國 71 年生。

南華大學哲學系畢業，東海大學哲學研究所畢業。
中華民國斐陶斐榮譽學會 98 年榮譽會員。

提　要

　　本篇論文主要是研究王陽明的「誠意」工夫，故以下分別從第一至第四章簡略作箇提要。

　　第一章的目的在於指出陽明與朱子「格物」工夫的不同進路。由於陽明早年深受朱子的思想影響，因此先化了一些篇幅交代朱子的基本思想，然後再對陽明與朱子的「格物」工夫加以比較。因爲陽明的格物工夫便是「格心」，所以他常常站在「心學」的立場去批評朱子窮理工夫之義外。然而，在本章的最後，筆者特別指出，朱子格物工夫的目的便在於「窮理識性」，便在於識得「心與理一」。

　　第二章的目的則首先比較了儒學與禪學的「心體」。雖然儒家言心體，而禪宗亦言心體，然而筆者認爲，儒、禪的區別所在，亦正在於「心性」之不同。因爲儒家的心性是「動心忍性」，而禪家的心性則是「明心見性」。然後筆者先介紹了象山思想之「心即理」，再接著論述陽明之「心即理」。而在陽明的「心即理」一小節，筆者又進一步會通了陽明與朱子之「心性」體系。而這箇會通的關鍵便是「心之本體」。是以，儒學的「心心相印」便是本章的主題。

　　第三章則是陽明的「知行合一」。而主要在於指出知行之本體便是「心即理」之本體。而「心，一而已矣；理，一而已矣」，是以可知，本體「一」而已矣。因此，「知行」在本體上原來便是「合一」的。而既有本體，便有本體工夫。是以，這箇本體工夫便是知行並進。然而，知行並進並非指的知與行同時兼顧，而是指的「知中有行」、「行中有知」。因爲，知行本來就是一體的。

　　第四章則是論文的中心—陽明的「致良知」工夫。「良知」不僅是堯舜有之，亦是我固有之的。是以可知，「良知」本即無間於聖愚。而所謂良知之即中即和，便是指良知即是中庸之性體，因此是無過無不及的。而所謂天理之惟精惟一，則是說天理本即包涵了「一理」與「萬理」。然而，這包涵「一理」與「萬理」之天理，原只是「良知即天理」而已。而良知「知是知非」、「知善知惡」，是以致良知的工夫便只是箇「是是非非」、「好善惡惡」。

目　次

第四四冊　從工夫論看羅近溪思想之特色

作者簡介

　　李沛思，台灣雲林縣人，畢業於中央大學中國文學所。求學階段即常以聖人之教反省己身，以學習聖賢足履作為終身職志。畢業之後服務於大專院校擔任行政工作，業餘開始從事民間講學，致力於推廣儒家思想與孝弟慈於平常百姓之家，期望使一般大眾皆能容易懂得、願意實踐聖學，體會其日用而不知之良知良能。終以大同世界作為淑世理想。

提　要

　　羅近溪之思想，可以從他對孝弟慈之詮釋來收攝，由此宗旨而開展出其思

想體系。而欲瞭解近溪的孝弟慈論之宗旨，可以從本體與工夫二種角度切入。從本體言孝弟慈，即是人的良知與赤子之心，不僅具有人能實踐道德的主體性，同時亦具普遍於一切人的客觀性，此孝弟慈亦即是仁，爲人能上達於天之性體。近溪由孝弟慈之倫常實踐之樂之生惡可已，而體會天道之生生不已，如此便對天道之內容，給出了從孝弟慈之實踐即能體會的親切證明。從工夫言孝弟慈，則由最切身的家庭倫常之善盡，進而開展出成聖的工夫論，其工夫由孝弟慈看，本是一個整體，分言之，則有不同的工夫次第。筆者以爲，近溪言工夫，有「復以自知」、「格物」與「破光景」三層。於日用倫常之中，體證此時之知愛知敬者即是良知，此即是「復以自知」的工夫，是良知通過其本於天之善而能逆知其自己，此證體工夫於近溪說法中，尚有「克己復禮」、「致良知」、「信得及」與「體仁」等，其實是同一工夫的各個面向。爲避免復以自知工夫流於主觀，近溪以格物工夫之法古聖至善規矩作爲輔助，令學者在致良知中有典範可循。此工夫是近溪對朱子學之重「學」的吸收，然近溪如此言學是有根源地學，非徒取法於聖王規矩以用於身，而是見諸古聖之典範，而喚發學者之道德心，在己心中找到與聖人相同的根據，依此本心而實踐之。如此根於本心之實踐，又以聖人之規矩穩定此心之客觀性，是近溪本諸孔子而言「仁禮兩端」之工夫。對於成聖之學的汲汲追求，而不免把良知當對象把捉之問題，近溪於是以「破光景」工夫，將學者之執持打落，使其回歸孝弟慈之自然平常，認爲聖人亦只是由此平常之性做起，而推致此性於天地萬物，聖人境界即是孝弟慈之善性得以自然流行，渾淪順適。

近溪的工夫論，是由百姓日用而不知的孝弟慈作起點，繼而能自知而上同於天道生生，再進至聖人境界，此一過程，是以復以自知爲工夫之主體，輔以聖人至善之客觀規矩，最後打破光景而回歸孝弟慈之自然平常，此一套成聖工夫正是近溪學問之用心處，由此亦可見近溪思想主旨、脈絡皆分明而自成系統。

目　次

第四五冊　羅近溪哲學之研究

作者簡介

　　李德材，台灣彰化人。1961 年生。台中師專畢業（1981），台灣大學中文系學士（1987），東海大學哲學碩士（1991）、博士（1997）。現任朝陽科技大學通識教育中心專任副教授。主授「人生哲學」、「心靈經典導讀」、「電影與生命教育」等通識課程，主要學術領域為先秦儒道哲學之現象學詮釋。

提　要

　　本文以羅近溪哲學為主要研究對象，並對比於王陽明良知學與泰州學派之發展，旨在形構羅近溪哲學之整體系統，並抉發其特殊理境，以為當代儒學

發展之借鏡。全文除緒論與結論外，共分爲五章。全文各章之主要論證程序與研究成果如下。

第一章主要據前輩學者（牟宗三先生）之研究成果，扼要地指出陽明學之根本精神，乃依一超越的道德主體（良知天理）作爲存有論表述之根據與工夫主力；並進一步據文獻考察泰州學派王心齋前後期論學之章法、旨趣，比較其與陽明學間之傳承關係與歧異之處，指出晚期王心齋論學已有滑落陽明良知天理超越義之傾向，並點出依「百姓日用是道」之根本精神，推展儒學普世化工作乃泰州學派之特殊論學風格與根本精神方向。

第二章首先就近溪個人特殊生命存在感受、成學歷程中之關鍵事件及主要師友關係，作一哲學性之省察，指出近溪對本體之體悟與儒學實踐之關懷，並透過對比性研究，指出近溪並非如陽明之從主體性之良知天理，而是依從《易》天道論之面向以表述本體，而在工夫上則提出一頓教意義下「性地爲先」之工夫進路，且點出其哲學精神與泰州學派（王心齋）間之歷史傳承關係。

第三章主要是進一步細部論證、形構近溪之本體論。首先，在本體論模型方面，我們考慮了牟宗三先生針對中國儒家所提出的「本體宇宙論」對近溪哲學之適用性，以點出其「聖人因道設教」之特殊本體論表述模式。其次，我們指出近溪已取消陽明意義下「理氣超越區分」之根本精神，其所言之心的首出義只是一瀰漫天地的「生生之理」，並於此「理氣圓融」之基礎上，細究其所謂的「心之精神之謂聖」的特殊精神境界。最後，我們研究其對《中庸》「天命之謂性」之特殊詮釋方式，及其與泰州學派盛言之「百姓日用是道」間之理論關聯。

第四章據近溪本體論之種種特質，以勾勒、形構其整套之工夫論體系。首先，在工夫論之基本格局與展開模式上，我們指出其頓教義的「大人之教」與陽明漸漸教法之歧異，及二人工夫次第論之根本分歧，進而探討近溪依《大學》所展開的工夫系統與王心齋之關聯。其次，我們分別探討了近溪「性地爲先」（悟本體）進路下之工夫論：信、悟、默識等之工夫意涵。再者，就具體道德實踐歷程而言，亦指出其對慎獨與克己復禮、「時」等觀念之特殊理解。最後，並點出「孝弟慈」等倫理實踐在其工夫系統中之重要意義。

第五章主要探討近溪之「破光景論」、論學旨趣與特殊風格。首先，在光景論部分，我們先指出光景問題在明代心學中之存在意義，進而探討近溪對破光景問題之特殊體證與運用，及其與近溪哲學特殊理境之關聯性。其次，我們

一一檢討當代學者對近溪論學旨趣與特殊風格之評斷，並試圖透過種種對比與批判，尋找某種如實相應於近溪學習之整體評論。最後，我們對照並借助於佛教華嚴宗之根本精神與特殊理境，在去異存同後，進一步抉發理解近溪此一特殊哲學理境之思維模式。

　　結論則回顧本文之主要內容，並評論近溪哲學之存在意義及其在實踐上所引發的一些問題與限制。

目　次

第四六、四七冊　高攀龍理學思想之研究

作者簡介

陳美吟，臺灣嘉義縣人，出生於雲林純樸小鄉村，1999 年 6 月畢業於中國文化大學中文系，2003 年 12 月畢業於中國文化大學中文研究所，今爲中國文化大學中文研究所博士候選人，任教於台北市志仁高中。因興趣使然，從事與中國思想相關之研究，藉由此論文的出版，希冀能有裨益於學術界。

提　要

明代理學之發展是程朱「性即理」之理學轉向陸王「心即理」之心學的一個關鍵時刻，但在朱學末流因空談心性與王學流於虛妄漸生流弊情況之下，主張以「氣」爲本體，重視形氣世界一氣流行之「氣本論」思想，便在此時乘勢興起，有救亡圖存之理想。當時「以氣爲本」之學者有羅欽順、王廷相、吳廷翰、呂坤、高拱、高攀龍、劉宗周等人，雖然各有主張，但皆是希冀以「一氣」貫通於形上下，取代程朱之學「理氣二分」、「心性情三分」與王學只重形上心靈層次，不重視現實萬物之弊端。藉此解除儒家形氣人身與道德性理之天人割裂所產生之矛盾處，並引領儒學由「內聖」跨向「外王」之路。進而改善當時社會之流弊與政治、經濟等問題，鞏固國家安危與人民生計。

本論文藉由「以氣爲本」之主軸，以「浩然之氣」之本體論、「浩然之氣即性」之性論、

「渾身是心」之心論及「物融爲知」之知識論與「變化氣質」之修養論作爲本論文之研究架構。由高攀龍原典之研究中，透過分析比較，以掌握其思想精髓。再者，因高攀龍在東林論學，故其「以氣爲本」之論題，並非孤鳴獨發，所以參考同時代「以氣爲本」之學者與當代其他思想學派之原典資料，以對顯其「以氣爲本」之思想。此外，並結合各時代諸家之見解，綜合理學思潮之演進及時代背景，企圖尋找出對高攀龍思想理論具有影響力者。綜觀上述，再爲高攀龍學術思想做一縱觀之評比，希冀爲明代末年「以氣爲本」之學術風潮，留下學術見證。並爲未來欲研究「氣本論」之學者，在建構明末時期其他思想大家之學術理論工作時，會有所助益與啓發。所以本論文根據高攀龍「以氣爲本」之學術思想架構之進程，分爲下列八章：

第一章緒論：主要論述研究動機、研究材料與範圍、研究方法。

第二章高攀龍之生平與學思歷程：由家世背景、生平事蹟、師友交遊之論

學經過，期盼掌握高攀龍思想理論之形成過程與完整經歷。

第三章浩然之氣：高攀龍以「氣」爲宇宙生化萬物之本源，故此章在探討高攀龍以「氣」爲其本體論之思想。首先，高攀龍明白說出「天地之先，惟斯一氣」，萬物之生死只是「一氣」聚散。其次，高攀龍更以孟子所言「浩然之氣」與張載「太虛即氣」相提並論，藉此說明儒家思想體系中一直都有「以氣爲本」之思想。所以「浩然之氣」之本體透過「易」之陰陽二氣相盪相摩之作用來化生萬物。此外，宋明理學家所重視的「理」之論題，高攀龍亦有說明。高攀龍認爲「理」只是氣之條理，即萬物天然自有之則，因此「理」是形氣萬物至善之本質，而非創生萬物之本源。所以高攀龍指出「理」乃是「浩然之氣」易之「生理」，故「理」之位階雖與「氣」同，但非一非二。

第四章浩然之氣即性：由前「浩然之氣」延伸而來，因爲高攀龍以「浩然之氣」言其本體之內涵，而高攀龍認爲孟子之「浩然之氣」即是張載之「太虛即氣」，而兩者之學術思想皆是「以氣爲本」。張載之「太虛即氣」是無聲無臭之湛然而不睹不聞者，高攀龍欲藉此「太虛即氣」來說明萬物之本源之宇宙生化本體，是超越有無而無具體形象者。因「太虛之氣」是「虛」而無具體形貌，故可以「一氣」化生森然萬物。但是高攀龍思想特點在於重視形氣世界，因此不輕言形上虛空卻實有之「太虛之氣」。高攀龍不論「太虛之氣」，而以萬物總合之「天」替代「太虛之氣」，「天」成爲萬物創生之具體有形之造物者。所以高攀龍談論人之「性」時，不再言「太虛之氣」，而是多以「天」來論之。再者，高攀龍又以「浩然之氣」取代張載「虛空即氣」即是要提昇氣之道德義，別於唯物論只重形氣之自然狀態，不重視人之道德價值，而走向自然科學之弊。因此高攀龍認爲人之「性」即是稟此道德「浩然之氣」爲其「以善爲性」之本質。

第五章渾身是心：「浩然之氣」透過「易體」之陰陽二氣相盪相摩之作用化生萬物。而此「太虛之氣」之「易體」即「氣之精靈」者，而「氣之精靈」在人身即爲人之「心」。然而形氣之人除此「氣之精靈」之「心」外，更有一具體形軀之身爲其道德表現之依據。而此形氣之身是以「氣之精靈」之「心」爲其身之主體，故形氣之人「氣之精靈」之「心」可以主宰形氣之身，使其生生表現道德行爲而躬行不輟，此即高攀龍所謂「渾身是心」之意義。所以高攀龍「以氣爲本」之學術特色，在於重視形氣之氣化世界之道德實踐。

第六章物融爲知：此章主要闡述高攀龍格物認知之進程。因爲「道在氣中」，所以萬物皆是以「仁」之生理爲其身之本質，所以萬物皆備於我。而當

我形氣之人「心」之表現有過與不及時，可藉由格物而認知「至善」本在吾身，而重新找回赤子之本心，恢復人心皆道心之狀態。

　　第七章變化氣質：此章重點在「工夫論」之說明。高攀龍強調「學」之變化氣質之重要性，與「集義」養「浩然之氣」之修養工夫。而高攀龍又提出「半日靜坐，半日讀書」之爲學修養之方，在此觀點下引出其「居敬窮理只是一事」、「大學修身爲本之本即中庸天下大本之本」及「養德、養身是一件事」的特殊論點。

　　第八章結論：回顧前七章內容，並連結各章重點，做統整工作。其次，闡述高攀龍學術思想之價值與對後世之影響。

目　次

第四八冊　劉蕺山之道德主體理論分析

作者簡介

　　陳啓文：國立臺灣師範大學國文研究所博士。曾任教於：元智大學應用中文系、台北教育大學語文教育學系、臺灣師範大學國文系目前任教於：慈濟大學東方語文學系專任助理教授。

　　曾發表：〈王船山「道」、「器」兩端分說及其統一〉，（清代哲學，《鵝湖月刊》第 31 卷第 9 期，2006 年 3 月）、〈王船山化「天之天」為「人之天」義的理解〉（清代哲學，《師大國文學報》第 39 期，2006 年 6 月）、〈宗教的象徵；以《佛說阿彌陀經》之與會聖眾為例〉（唐宗教哲學，《宗教、哲學與文學研討會》元智大學，2006 年 9 月）、〈《佛說阿彌陀經要解》「六信」中的「唯心淨土」思想詮釋〉（明清宗教哲學《鵝湖月刊》第 384 期，2007 年 6 月）、〈啓示、信仰與實現：彌陀本願之理論體系及其詮釋〉（隋唐宗教哲學《東吳學報》第 14 期，2007 年 12 月）、〈蕅益大師對於「鳥音法利」之料簡析論〉（明清宗教哲學，慈濟大學，2008《東方文化學術研討會》，2008 年 6 月）、〈《楞嚴經》「大勢至菩薩念佛圓通章」的念佛方法論〉（隋唐宗教哲學《一貫道宗教學術研討會》第一屆，2008 年 5 月）、〈《彌陀要解》中四土感

生論所顯的心土不二義〉（明清宗教哲學，《慈濟大學人文社會科學學刊》，第 7 期，2008 年 6 月）、〈王符《潛夫論》宇宙上的一個問題〉（漢代哲學，《朱子研究》，1999 年第 1 期，1999 年 1 月）、〈成德廣業之「三陳九卦」〉（先秦哲學，《周易研究》，1999 年第 4 期，1999 年 12 月）、〈試論《老子》的「一」〉（先秦哲學，《孔孟學報》第 77 期，2000 年月）、〈郭象《莊子注》之「自生」義試析〉（魏晉哲學，《哲學與文化月刊》29 卷第 2 期，2002 年 2 月）等中國哲學論文十數篇。」

提　要

本論文是以《劉蕺山之道德主體理論分析》為題，本文論述之進程共分七章，其內容大要分述如下：

第一章　緒論：其內容主要是說明本論文的核心問題及本論文的研究方法及其合法性基礎。並說明研究進程與預期研究成果。

第二章　文獻探討：此部分主要目的在探討學界目前的研究成果，並分析學界研究範疇之偏重及忽視的地方。

第三章　蕺山之生平及其所面臨之時代問題：此部分主要目的從歷史的眼光交代蕺山的學思歷程與時代的使命，並說明蕺山學之所以形成之因。

第四章　理氣一體兩言之道德形上學理論架構：此章主要目的在於說明蕺山學中的理氣關係，並說明此理氣思想的理論效力與意義之所在。

第五章　心性一體兩言之道德主體理論架構：此章主要目的在於說明心性之間的關係，並說明心性做為道德主體其自身之性質、內容與規定。

第六章　道德法則與「情」之關係：此章主要目的在於說明情之所以生之因，並說明性情之間的關係，與蕺山學中「性」、「情」思想的理論型態。

第七章　道德主體的定向性及過惡之由來：此章主要在於指出在蕺山的學說中肯定了人有善質並具有趨向於善之定向性，並說明此種定向於善之理論意義為何。

此外本章並說明人既為善質，又定然向於善，又為何會形成過惡的原因。

目　次

真性情的體悟與窮究 ── 李贄思想中私利觀點的探討

作者簡介

　　劉亞平，國防醫學院醫學士暨藥理學碩士。英國劍橋大學精神藥理博士。美國加州大學醫學院 Harbor 院區精神醫學部訪問學者。文化大學同步暨逐步口譯班結業。作者為資深精神科專科醫師，目前任教於國防醫學院生理系，負責行為神經科學與精神疾患引發大腦功能異常之教學與研究。

　　作者曾獲第四十一屆國軍文藝金像獎散文類首獎。因對歷史有高度興趣乃

於公餘之便考入東吳大學歷史研究所就讀，受業於黃兆強教授。畢業論文旨在
對李贄思想中之私利觀點作進一步探討。

提　要

　　李贄，字卓吾，福建晉江人，十六世紀中國明代晚期的重要思想家，亦
是一個離經叛道且極富爭議的代表人物。以其特殊的人生經歷與求眞窮究的
精神，李贄得以站在一個絕佳的制高點去重新思考傳統中國文化中的私欲概
念。承接前人的研究，本書進一步就私欲概念與李贄著名的童心說做一連結
及論述，探討此一連結在其整個思想體系中扮演何種角色，並與大環境的內
外在因素有無相互呼應或矛盾之處。在第一及第二章中，作者介紹了李贄思
想中的幾個重要轉折之處與其獨特的個人風格及抗壓模式，以及其凡事窮究
之求眞精神如何落實於他的思想轉變之中。第三章闡釋童心說係李贄思想中
最重要之結晶及此說與人的內在私欲如何連結，並推證萬民私利的合理化過
程。在第四章及第五章中，論述的重點是以童心說爲基礎的私欲理論如何被
外展到儒道釋三教互攝的晚明時空中去思考。末章作者比較了東西方不同文
化在理解私欲觀點上的差異，並以李贄對當代與後世的影響作結。本書試圖
將視角放大，以心理史學的處理方式探究時代背景與李贄思想之間的互動與
交融。

目　次

第四九冊　焦循之「權」論研究

作者簡介

　　劉佳雯，畢業於彰化師範大學國文研究所，現任教於彰化縣立彰興國民中學。

提　要

　　焦循是乾嘉時期重要代表學者，而「權」的觀念是他思想中最鮮明的特色，後人以「變通哲學」稱之。其論「權」，係建立在孔孟及諸儒之「權」論的基礎上而加以充實與發揮，並將其導入現實生活中，強調必須變通以應對客觀領域中的日用百為，才能促進生活品質的升級。他並提出「權而後經正」、「禮以時為大」、「能知故善」的思想內容，其重視現實社會的實務與時效，頗能反映清代經驗義理學的面貌。

　　全文則主要依下列脈絡寫作：首先略述研究動機與目的，並探討相關於「權」的幾個概念：如「變」、「中庸」、「時中」。其次則對孔孟暨諸儒之「權」

論的梳理，以呈現儒家「權」論的理路脈絡，藉此充分把握焦循論「權」的線索。再其次論述焦循論「權」的學術氛圍，以印證焦循之「權」論是在儒學價值觀已然轉型下所建構的社會哲學。之後則全面析論焦循「權而後經正」的理論內容：包括對「攻乎異端」、「一以貫之」的再詮釋、「反經所以爲權」、「知命行權」、「反乎經而不枉乎道」等思想；再從焦循「趨時行權」的變通實踐觀來深論其與《易》之會通，並架構出重變主智的兩大論點：「禮以時爲大」、「能知故善」。最後則總結焦循「權」的思想。

　　要之，焦循重新省視儒家「通權達變」的思想，可說是轉型社會的一種文化模式。因當時中國社會正從傳統走向現代，注重變革、現實功利，故其「權」論可說兼容傳統文化與歷史進程的思想，使得傳統思想與現代思維能順利銜接。故將其「權」論放在此一觀察點來看，自有其理論意義與實踐價值。

目　次

第五十冊　方東美的生命觀與西方創化思想

作者簡介

　　張淑玲，輔仁大學宗教學系、宗教學碩士班畢業，輔仁大學哲學博士班修習中。目前任職輔仁大學外語學院進修部日文系，擔任導師輔導工作。

　　著作發表見於天主教恆毅月刊、教友生活週刊、中華民國啓智協會會訊、特教通訊以及育仁季刊等。

提　要

　　方東美成長於近世思潮衝擊中國的時代，在一片拋棄傳統擁抱西方的浪潮中，恢復中國主體性成爲迫切的使命，該使命感的催促成就了方氏的哲學。於此，本文有三個論點：一、方東美所建立兼綜融合導向的中西哲學，可稱爲「生生哲學」，即代表其生命觀。二、方東美的生命觀除了《易經》「生生之德」以外，獲取了西方柏格森、德日進和懷德海等人的創化思想，成爲具有「生生不息」、「變動」、「創造」與「進化」的特色。三、方東美建立其哲學的初衷，爲的是幫助人類重建更高度文明與幸福的生活願景，卻忽略了人必須在具體的信仰生活中，才能獲得永遠有希望的體驗，因而，拉內重視靈修體驗的觀點，能外推促使東西方生命觀進一步開展。

目　次

從方東美的「機體主義」論《莊子》「道」之兩重意涵

作者簡介

林修德，1983 年生，台北板橋人。喜愛探討生命的價值與意義，相信在不斷思考與實踐的歷程當中，得以體現生命的奧妙。東吳大學哲學學士、碩士，現就讀於東華大學中國語文學系博士班，同時擔任東華大學通識中心兼任講師。大學時代曾經歷轉系、休學、肄業、轉學等人生轉折，不斷來回遊走於哲學系與中文系的世界，至今亦仍是如此。著有〈墨莊認知模式的異同〉、〈論上博簡《民之父母》中的「五至」是「道德修養」還是「治民之方」〉、〈《莊子》工夫論之研究方法省思〉等篇學術論文著作。

提　要

實然範疇與應然範疇的斷然二分，促使《莊子》之「道」必須面臨其存在與價值之兩重意涵割裂的詮釋難題。然而《莊子》之「道」在方東美「機體主義」的詮釋下，其關乎存在方面的「本體」、「超本體」、「一切活動的規律」等意涵，以及其屬於價值方面的「終極價值」之意涵，便能基於其中最主要的「統合一切」意涵而得以相互結合。

最關鍵的理由則是在於，若從「道」之整體的「宇宙大生命」來說，一切意涵其實都只是存在性的；但若從「道」之於個體的「人」來說，則其便賦予「人」擁有價值性的意涵。因此《莊子》之「道」中的存在意涵與價值意涵，在方東美「機體主義」的詮釋下，就只是同一概念中的一體之兩面，因而得以相互結合。此外，《太一生水》更能夠在理論證成的角度之外，提供《莊子》「道」之「機體主義」得以結合兩重意涵的一種經驗性具體例證。

目　次

第五一冊　魏晉佛學格義問題之考察──以道安爲中心的研究

作者簡介

　　蔡振豐，1962 年生，國立臺灣大學中國文學研究所碩士、博士。曾任國立臺灣大學中國文學系助教、講師、助理教授，現爲該系教授。主要研究領域爲魏晉玄學、佛學及儒、道二家思想，並兼及於東亞儒學研究。主要著作有《王弼的言意理論與玄學方法》、《魏晉名士與玄學清談》、《魏晉佛學格義問題的考察：以道安爲中心的研究》、《朝鮮儒者丁若鏞的四書學》等。

提　要

　　自陳寅恪先生的〈支愍度學說考〉提示「格義」問題以來，學者大多以「格義」一詞具有廣狹二義。狹義指竺法雅「以內典事數擬配外書」的格義之法；

廣義則指爲「「中國學者接受與理解佛教思想的方法」，此種方法的基本形式是：「以中國原本的觀念對比外來思想，達到充分理解外來思想的目的」。本論文在上述二點「格義」的觀念下展開研究，企圖解決佛教史上的二個問題：（一）「格義」在方法論上的「方法」爲何？可否進一步從思想形式上給予清楚的說明？以中國的思想形式接受外來思想，是否會形成理解上的誤失？產生這種錯誤理解的原因何在？（二）日本學者認爲以內、外典相互擬配的「格義」之法，在道安之後獲得了改善；所以道安之後的格義是基於佈教需要所作的權宜措施。實情是否如此？

爲了不忽略小乘禪學在早期中國佛教的影響，本論文先分析《安般守意經》及《陰持入經》的格義問題，由此建立中國佛學論者對佛學的基本理念，以作爲理解轉變的對照之用，最後則分析道安與六家七宗的般若學理論，以說明早期佛學論者對般若學的理解及其在格義上的問題。初步的結論爲：（一）格義在道安及僧叡的使用中，應指般若學流行前的時期。（二）道安的經序思想有前後的轉變跡象可尋。前期接近康僧會一系，爲中國的思想形式。後期接受了緣起論，但在論述上不免受中國主體境界觀及王弼言意理論的影響。（三）六家七宗不包括支道林及道安二者。支道林的思想及郭象玄學有方法論上的相似。（四）中國「自我本體」觀念與「言意」的論點，爲不能契入般若學理論中「無我」觀與「假名」觀的關鍵，也因此不能透澈地了解緣起法爲根本大法。

目　次

第五二冊　道生頓悟說之理論基礎與義理內容

作者簡介

　　陳松柏，台灣台中人，高師大國文碩士，東海大學哲學博士。曾先後任教高雄市三民國中、台中市成功國中、東海大學社會系，現職南開科技大學資訊管理系專任副教授。本文關於道生思想之處理，原係作者碩士時期關注的佛教哲學論題；但以最近十年發表之論文觀之，學術領域則主要聚焦於中國的魏晉玄學、明清思想以及歐陸的康德與海德格哲學。未來的研究方向，將會偏重在結合現前的授課內容，以「生死學」、「文學鑑賞」和「資訊素養」的相關文創思維爲主軸。

提　要

　　本文以「道生頓悟說之理論基礎與義理內容」為題，主要目的在於還原並重整竺道生頓悟思想的應有論點。全文之提要內容如下：

　　「前言」部分，重點在為本文的系統架構，提供一套整體的說明。內容包括本文寫作動機、目的、章節安排及撰述的方式。

　　第一章「生平著述及其時代、學術背景」，本章歷述竺道生之生平略歷、著述，及其時代環境、學術背景等，希望透過外緣資料的掌握，裨便尋檢出頓悟思想的可能淵源。第二章「頓悟思想的主要理論基礎」，本章分別從竺道生主要的兩大思想體系──般若思想與佛性思想，進行深入的研析探討，以凸顯其頓悟思想的理論依據。第三章「頓悟思想的義理內容」，著重於竺道生當時「頓漸之辯」的釐清，以托襯出竺道生頓悟思想的主要理論特色；並藉諸相關文獻的組織過濾，由「理」及「悟」層面個別予以義理的深化，以表現出竺道生頓悟思想可能含蘊的義理內容。第四章「頓悟思想之評價及其現代意義」，本章主要是依竺道生頓悟思想在中國學術發展中的歷史價值及應有地位，試予一客觀的評價；並嘗試通過頓悟理念的活絡運用，擴伸其觸角，以與現代相結合。第五章「結論」，歸結上述諸章論點，以為本文結語。

目　次

《大乘起信論》如來藏緣起思想之探討

作者簡介

尤惠貞，（1953～）生於依山傍海的花蓮，特別喜歡悠遊於大自然中。從當上臺大的新鮮人到獲得東海的哲學博士，持續地浸淫於哲學義理與宗教實踐的人文關懷之中。深深地感動於星雲大師百萬人興學之宏願，所以選擇以南華大學為家。堅信十年樹木、百年樹人之志業，視教學即修證的道場。著作有《大乘起信論如來藏緣起思想之探討》、《天臺宗性具圓教之研究》與《天臺哲學與佛教實踐》等專書，以及〈天臺學之傳衍與開展——從智顗之圓頓教觀到湛然之性具圓教〉、〈天臺圓教的義理詮釋與觀點建立之省思〉、〈天臺哲學底「形上學」詮釋與省思——以智顗與牟宗三之「佛教」詮釋為主的考察〉、〈從天臺智者大師的圓頓止觀看病裡乾坤〉、〈天臺智顗「觀病患境」之現代詮釋——從身心之整體調適談起〉、〈天臺智顗的佛教哲學與生命實踐——實相哲學與圓頓止觀的交響〉、〈天臺止觀與生死學之關涉——從日常生活之身心調適談起〉等學術論文多篇。

提　要

一、本論文之主旨：本論文之研究，主要在於探討《大乘起信論》所蘊含之如來藏緣起思想，所以論文的題目稱為「《大乘起信論》如來藏緣起思想之探討」，亦即藉著《大乘起信論》所呈現之教義，以了解如來藏緣起系統如何闡明一切法之存在根源的問題。

二、本論文之內容：本論文除第一章緒論與第五章結論外，共分為三章六節，主要內容為：1. 首先第二章是探討《大乘起信論》如來義緣起思想之歷史淵源與理論背景，從真常唯心系諸經論之肯定如來藏自性清淨心為眾生成佛之超越根據，以及一切法之依止，我們可以追溯出《大乘起信論》如來藏緣起之思想淵源。而從地論師與攝論師之不同見解，以及唯識宗「轉識、成智」所面臨的問題，在理論上，很自然地必趨向如來藏真心系統，因為順著「萬法唯識」、「三界唯心」的思想發展，唯有肯定眾生本具如來藏自性清淨心，眾生之成佛才有必然性，也唯有如此才可說一切眾生皆可成佛。2. 在第三章中主要

是就《大乘起信論》本身之義理，探討其所構成之如來藏緣起思想，第一節主要在說明《大乘起信論》如何說明一切法之生滅變化，而第二節則側重於如何由生死流轉還滅為涅槃佛境。3. 第四章則是對《大乘起信論》所蘊含之如來藏緣起系統作一檢討，以確定此一思想系統是否符合佛教之教義，且此一緣起系統在整個佛教教義的發展過程，究竟佔有什麼樣的地位與意義。

目　次

第五三冊　從佛教立場邁向宗教交談之路——以天台學說為主軸的理論研究

作者簡介

　　許原豪，一九八一年五月生，台灣高雄人。二〇〇四年畢業於台灣天主教輔仁大學英國語文學系，而後就讀同校宗教學研究所，專研交談（對話）理論、跨文化溝通方法論，二〇〇六年薦選為中華民國斐陶斐榮譽學會會員，二〇〇七年取得宗教學碩士學位，隨即投入非營利組織活動，曾任世界華語文教育學會兼任講師、台灣兒童閱讀學會秘書長兼講師等，並在交談的理論與實踐之間繼續探索。

提　要

　　宗教交談是當前宗教面對全球化趨勢所做出的回應之一，宗教可藉此避免

自身落入意識形態，爲和平與希望奠下基石。目前西方宗教哲學對於宗教交談
此一議題，已有諸多基礎性的理論研究，但佛教及其他東方宗教則鮮有從自身
宗教義理出發，對此論題予以回應。西方的宗教交談理論研究雖能從各自的立
場，多元闡述宗教交談的可能與限制，然大多不出西方哲學歷來所重視的「眞
理觀」（the theory of truth）、「認識論」（epistemology）及「人學」（anthropology）
等三個面向。在任何交談脈絡下，若我們繼續深究，則會觸碰到「平等性」與
「差異性」等哲學問題，宗教交談當然也不例外。論及宗教交談，我們自然想
到必須有一個平等的基礎作爲交談的起點，但若視現象全然平等，只是本質上
絕對的「一」的外顯，將差異化約爲等同，何需交談？然而，從另一端來說，
若只是注重全然的差異，成爲散落的「多」，彼此之間毫無關聯，又從何交談？
由此，筆者不禁想問，以中道爲實踐準則的佛教，如何處理不落一多兩邊，且
兼容平等差異？佛學義理若能回應這些弔詭的問題，或能從中道的理路，以一
個佛學理論爲基礎的視角看宗教交談。

　　若我們說佛教是一個提升生命境界的宗教，而哲學是追求人生崇高智慧的
學問，兩者之間自然有許多相應的基本理念。因此，佛教信仰者（抑或佛學研
究者），若能從當前西方宗教哲學論及宗教交談時已論及的框架下，做出回應
及反思，一方面能夠展現佛學思想的柔韌性與方便性；更重要的是，另一方面，
在宗教交談的論題上，能夠有限度地與西方（宗教）哲學進行會通。

　　職是之故，本論文以中國佛教天台宗「諸法實相」、「圓頓止觀」及「性具
思想」等幾個重要的基本義理學說爲基礎，探索其中能與西方哲學「眞理觀」、
「認識論」及「人學」會通的宗教交談意識。然爲避免錯誤解讀佛學義理、強
加比附，論文架構採取一種現象學式的閱讀，在主要論述的三個章節（眞理觀
層面：諸法實相；認識論層面：圓頓止觀；人學層面：性具思想）的前兩節將
焦點放在佛學義理的理解與詮釋，繼而，在充分理解以及闡明佛學義理哲思的
基礎上，於最後一節，與西方宗教哲學思維進行對比思考。眞理觀層面，以潘
尼卡（Raimon Panikkar, 1918-2010）的不二元（non-dual）極性（polarity）眞
理爲例；認識論層面，以西方哲學符應（correspondence）、連關（coherence）、
開顯（*alétheia*）與後現代（post-modern）等四種不同認識進路所可能引發的
交談模式爲例；人學層面，則以拉內（Karl Rahner, 1904-1984）的超驗神學人
學（transcendental theological anthropology）爲例，從而對比出天台佛學於各
層面所具有的「不二中道」宗教交談意識。最後，本論文由天台佛學的立場提

出反思，佛教信仰者或可視宗教交談爲深化自身信仰的實踐場域，當然，如果宗教交談也不幸淪爲一種至高無上、僵化的意識型態，那麼當然也應該予以對治，以契合不落兩邊的中道意旨，及宗教交談拒絕固化的基本意涵。

目　次

智者大師的實相論與性具思想之研究

作者簡介

李燕蕙博士

學歷：德國弗萊堡大學　哲學博士

專業證照：德國 Moreno Institut Stuttgart　心理劇導演

現職：嘉義南華大學生死學系　副教授

經歷：南華大學　學輔中心主任

學術專長：海德格生死哲學、海德格與此在分析的治療哲學、釋夢詮釋學、敘事研究。

實務專長：創造性夢工作、心理劇、敘事治療、正念減壓療法（MBSR

Mindfulness-Based Stress Reduction）等。基於生死關懷的動力，作者嘗試發展融合心理治療與佛教禪修的身心靈工作法，也常受邀至教育、醫療與宗教機構進行哲學與生死學相關主題之演講，並帶領以夢工作、心理劇與敘事治療爲主的身心靈工作坊。

提　要

本論文以天台宗創建者智者大師的核心思想「實相論」與「性具思想」爲主題，透過對圓頓止觀實相論與一念三千意涵的探究，試圖以當代哲學語言詮釋智者大師的心性論、世界觀與成佛觀。

第三章從三條進路探討實相之意旨：

1. 從「三軌成乘」彰顯實相的佛性主體意涵。

2. 依「十如是」闡明實相的法性意涵。

3. 從「圓頓止觀」的修證境界，呈現「境智不二」的實相妙法。

第四章進而探討「一念三千」隱含的成佛觀與宗教精神：就理體言，佛與眾生同具三千之性，六凡四聖的本性並無善惡高下之差別，但佛菩薩歷經累劫修行已能「解心無染」，眾生卻因對貪憎痴煩惱不解而迷惑受纏。因此修行者需透過次第止觀與圓頓止觀的修持，才能穿透煩惱，照見眞空妙有「法爾如是」的實相。

本文透過「六即佛」與「一念三千」的思想詮釋，彰顯天台宗「心即道場」與「當下即是」的歷程性成佛觀。無論處於何時何境，只要一念覺悟，即一念成佛。成佛的意義不在達到究竟圓滿的彼岸，而是在當下存在處境中「轉煩惱爲菩提」的念念自覺歷程。

目　次

第五四、五五冊　《太平經》思想研究

作　者

段致成（Tuan Chih-ch'eng），1970 年生，台灣台南人。國立臺灣師範大學國文研究所博士。曾任國立臺灣師範大學國文系兼任講師、國立臺北科技大學通識中心兼任助理教授，現職爲國立台北商業技術學院通識中心專任助理教授。研究領域爲道教思想文化、道教內丹學、道教易學與《周易》象數學。著有博士論文《道教丹道易學研究——以《周易參同契》與《悟眞篇》爲核心的開展》，並出版單篇論文〈《抱朴子・內篇》中論「儒道關係」初探〉、〈試論金丹南宗張伯端之「內丹」思想與「禪宗」的關係〉、〈修丹與天地造化同途——試論「外丹」與「內丹」派對《周易參同契》的不同詮釋路徑〉、〈俞琰的丹道易學思想研究〉、〈一個「詮釋學」的觀點——北海老人《談眞錄》之「內丹」思想初探〉等。

提　要

本書首先對兩岸三地中國學者往昔《太平經》研究成果（1935～1999）做出檢討。其次，《太平經》文獻考辨方面，著重在探討與釐清《太平經》一書的「性質」問題、作者及造經方式、有無「底本」與「定本」問題及「成書時

間」問題。第三，在《太平經》產生的歷史背景與思想總覽方面，則透過《後漢書》與《太平經》中東漢中晚期之歷史記載，來說明《太平經》的「寫作動機」；並綜合史書與道書中有關《太平經》內容主旨的看法，再結合六十餘年來中國學者關於《太平經》整體思想的概括說法，並結合筆者對《太平經合校》一書的疏理，《太平經》百七十卷的內容主旨可歸納成三個方面：神學思想、宇宙論思想及致太平的治國與治身思想。第四，則探討《太平經》的神學思想（天人一體的神學思想）。第五，著重在《太平經》的宇宙論思想研究（三合相通的宇宙論思想）。第六，論述《太平經》致太平的「治身」與「治國」思想。第七，結論：將本書的重點作一總結性回顧。

目　次

馬王堆帛書〈易之義〉校釋與思想研究

廖伯娥　著

作者簡介

廖伯娥，1970 年生，台灣南投草屯人，國立政治大學中國文學系學士、國立台灣師範大學國文研究所碩士。自幼在父親薰陶下，對中國文學具極濃厚興趣；在黃慶萱教授的引領下，對易經義理之探究，亦頗有心得。曾先後任教於國立新莊高級中學、台北市立北投國民中學，現於台北市立敦化國民中學任教。

提　　要

　　西元 1973 年底至 1974 年春，於中國大陸長沙市東郊掘出漢墓三座。其中，第三號墓蘊藏豐富的文獻史料，有助於探析漢初乃至先秦時代之學術思想取向。〈易之義〉即為其中探究《易經》要義的一篇。

　　馬王堆漢墓中有關《易》說文獻，包括《易經》一篇及〈二三子〉、〈繫辭〉、〈易之義〉、〈要〉、〈繆和〉、〈昭力〉六篇解經作品。

　　本論文係就馬王堆帛書《易傳》中之〈易之義〉作全面性研究。研究方法乃先針對陳松長、廖名春、鄧球柏三位之釋文予以辨析，復就〈易之義〉與通行本〈繫辭傳下〉之相似內容加以比較，權衡優劣，以為後文思想探究之基礎。思想論述部分則就通篇所及之範疇予以比較，述其異同，並佐以史籍所載，加以系統分析，以觀全篇思想核心。本論題雖以〈易之義〉為主體，惟帛書《易傳》各篇所述與〈易之義〉關係密切，故於論證時對其多有引用，帛書《易傳》各篇採用之順序，係遵循帛書編列之次：〈二三子〉、〈繫辭〉、〈易之義〉、〈要〉、〈繆和〉以及〈昭力〉，以維持帛書原貌。惟本論文以〈易之義〉思想為探討主軸，故於各章節引用帛書《易傳》加以申論時，改以〈易之義〉居首，以彰顯其思想趨向。

目次

〈易之義〉書影之一

（摘自廖名春《帛書易傳初探》）

〈易之義〉書影之二

（摘自廖名春《帛書易傳初探》）

（摘自廖名春《帛書易傳初探》）

〈易之義〉書影之四

（摘自廖名春《帛書易傳初探》）

〈易之義〉書影之五

（摘自廖名春《帛書易傳初探》）

緒　論

一、研究動機與目的

　　西元 1973 年底至 1974 年春，於長沙市東郊掘出漢墓三座。其中，第三號墓蘊藏豐富的文獻資料，有助於析探漢初乃至先秦時代之學術思想取向。〈易之義〉即爲其中探究《易經》要義的一篇。

　　馬王堆漢墓中有關《易》說文獻，包括《易經》一篇及〈二三子〉、〈繫辭〉、〈易之義〉、〈要〉、〈繆和〉、〈昭力〉六篇解經作品。其中，〈二三子〉、〈繆和〉、〈昭力〉三篇，以問答體之對話方式，闡釋卦、爻辭義理；〈繫辭〉、〈易之義〉、〈要〉則通論易之要義，且內容與通行本〈繫辭傳〉多有相近之處，可相互比較研究。

　　綜觀〈二三子〉、〈繆和〉及〈昭力〉三篇，乃寓作者思想於卦、爻辭中，解經方式爲一卦一旨，或一爻一義，也就是先透過卦、爻辭解析，再從中歸納作者之思想傾向；而〈繫辭〉、〈易之義〉及〈要〉則是直接論證中心旨意，再以卦、爻辭作爲輔證。兩相比較，後三篇有更明確之理論核心。又帛書〈繫辭〉與通行本〈繫辭傳〉之內容幾乎全同，義理之闡發，在古今學者之努力下，已相當完整；〈易之義〉與〈要〉除了部分內容見於通行本〈繫辭傳〉外，皆是不見於今本十翼之主題，所以，擁有遼闊之探索空間。且〈易之義〉與通行本〈繫辭傳下〉相似之內容又較〈要〉多，除了可茲比較〈易之義〉、通行本〈繫辭傳〉異同外，又能於結構上辨析二者之優劣，更可藉由與通行本〈繫辭傳〉交相比對的過程，使雙方的宗旨更加周密、完善。職是之故，〈易之義〉有更明確之中心理論，又能與通行本〈繫辭傳〉參照比較，故擇定其爲本論文之探討重心。

　　帛書《易經》、《易傳》之釋文，遲至 1984 年始陸續公布。約於 1990 年至 1995 年，相關之論文著作彙編方逐漸問世。然先輩學者對帛書《易經》、《易傳》之研討，多由宏觀角度探索其意義及價值，對各篇旨意多僅於略述。因此，本文擬由微觀處著手，全面探析〈易之義〉之思想趨向，並與通行本〈繫辭傳〉之相近敘述參互比較，從而勾勒出〈易之義〉時代之社會風貌、生活習慣以及處事態度。

二、研究範圍與方法

　　本論文以〈易之義〉之義理探討爲重心，並以通行本《易經》、《易傳》、帛書本《易經》、《易傳》中之相關敘述爲參互比較之依據。架構主體，依照通篇內容所佔篇幅大小，約略分成三部分：

　　　　一、陰陽相濟（見〈易之義〉第一行至第三行，第十三行至第十九行）
　　　　二、乾坤參互（第十九行至第三十六行）
　　　　三、重德輕占（第三十七行至第四十五行）

　　陰陽相濟爲全篇之思想核心。〈易之義〉以陰陽爲綱，將一切事物之產生、變化與發展，都根置於陰陽之理，並把對立之極端巧妙結合起來，在揭示各種規律之過程中往往又結合人類社會之複雜現象加以分析、闡發，進而歸納出相反事物之妥善配合爲萬物生生不息的根源，形成一個以陰陽爲軸心之思維模式。

　　乾坤參互之旨乃藉乾、坤兩卦推研闡述之過程，深化陰陽互補爲用之思想，並透過剛柔、動靜、文武之探討，將陰陽涵攝範圍擴大，於幅度層層開展之時，強化相反物質間本具相融特性，呈顯出〈易之義〉重視陰陽相濟之思想體系。是以陰陽爲〈易之義〉之思想根源，乾坤生化則讓陰陽相濟之觀點在易學領域中得到落實和發揮。

　　重德輕占之探索，源於〈易之義〉第三十八行至第四十五行與通行本〈繫辭傳下〉第六、七、八、九章內容略同，然卻多出了「上卦九者，贊以德而占以義者也。」「□□无德而占，則易亦不當。」「□□□□□□□占，危哉！□□不當，疑德占之，則易可用矣。」幾句話。經由比較推研，呈顯卜筮源於先民對未來之茫然和恐懼。然據文獻及出土資料顯示，卜筮結果與事情發展並未全然相同，先民於是體悟世道無常，唯有充實自我之道德涵養，才能

於無常中覓出足以保泰持盈之定則。

由上所述，通篇之思想旨趣，乃在於陰陽相互爲用及德義之闡發，乾坤等各卦、爻則爲全篇義理析論之輔證。因此，於第二章〈易之義〉通說後，首分第三、第四兩章，以闡釋乾坤等各卦、爻之義蘊，以便對〈易之義〉提及之卦、爻辭通盤掌握；闡釋方式以〈易之義〉所述內容爲主，並旁及帛書《易傳》其他各篇及通行本《易經》、《易傳》。

次分第五、第六兩章論析陰陽相濟及重德輕占之思想趨勢。陰陽相濟部分以探究典冊中有關「陰陽」之記載爲始，再行較論「陰陽」於帛書《易經》、《易傳》與通行本《易經》、《易傳》之精神，末就〈易之義〉之陰陽觀念加以推研闡論。重德輕占部分以略同於通行本〈繫辭傳下〉之幾句話爲探尋根源，並對照《左傳》、《國語》等史冊所述，歸納帛書《易傳》中有關德、占命題之記錄，逐步推斷〈易之義〉所屬時代，重德輕占及以德代占之歸向。

末分第七、第八兩章闡論〈易之義〉之宇宙觀及人生觀，此部分乃整理全篇述及之宇宙、人生點滴，並篩選帛書《易傳》其他各篇所述之相似內容，加以結合、闡發而成。

全文計分九章，茲分述於下：

第一章主要介紹馬王堆之文獻資料，並比較通行本《易經》、《易傳》與帛書本《易經》、《易傳》之別。

第二章爲〈易之義〉內容大要。主要針對陳松長、廖名春、鄧球柏、趙建偉四位撰文之差異進行辨析，並詮解通篇要旨，且對文中之文句誤置、結構等問題加以探討，以釐清〈易之義〉之思想趨向，期能掌握通篇要義，以爲論述之基礎。至於〈易之義〉中之異文、假借、別字、錯字、衍文等，若於義理之抒發有重大影響，皆先行辨析，再予比較、瞭解、闡發。

第三章、第四章主要通論〈易之義〉中各卦、爻之旨意。〈易之義〉通篇引用諸多卦、爻辭作爲輔證，以加強論述核心，尤以乾、坤二卦參說爲主，約占全篇幾近四分之一篇幅，故於第三章首對乾、坤兩卦予以疏通，第四章再就其他卦、爻加以探究。

第五章爲〈易之義〉陰陽相濟思想析論。此爲〈易之義〉全篇主要論點。

第六章爲〈易之義〉重德輕占之思想探討，並與〈要〉中以德代占之思想參照比較，進而歸納帛書《易傳》所屬時代之思想特質。

第七章爲〈易之義〉宇宙觀論析。其中包括「天地定位」等八句之探究，

以及〈易之義〉所顯現之宇宙特色。

　　第八章爲〈易之義〉人生觀之闡發。主要藉由全篇內容之論述，析論〈易之義〉對人生之看法，並與先秦時代之典冊及帛書《易經》、《易傳》交互比較。

　　總結部分除了通論全篇要旨外，並試圖探討〈易之義〉之文獻價值。

　　本論文係就馬王堆帛書《易傳》中之〈易之義〉作全面性研究。研究方法乃先針對陳松長、廖名春、鄧球柏三位之釋文予以辨析，復就〈易之義〉與通行本〈繫辭傳下〉之相似內容加以比較，權衡優劣，以爲後文思想探究之基礎。思想論述部分則就通篇所及之範疇予以比較，述其異同，並佐以史籍所載，加以系統分析，以觀全篇思想核心。本論文雖以〈易之義〉爲主體，唯帛書《易傳》各篇所述與〈易之義〉關係密切，故於論證時對其多有引用，帛書《易傳》各篇採用之順序，係遵循帛書編列之次：〈二三子〉、〈繫辭〉、〈易之義〉、〈要〉、〈繆和〉以及〈昭力〉，以維持帛書原貌。唯本論文以〈易之義〉思想爲探討主軸，故於各章節引用帛書《易傳》加以申論時，改以〈易之義〉居首，以彰顯其思想趨向。

第一章 帛書《易經》、《易傳》初探

第一節 「馬王堆」及出土文物

　　西元 1973 年底至 1974 年初，考古學家於湖南長沙市東郊五理牌外，離市中心約四公里處，發現三座漢墓。舊傳爲古代楚王馬殷及其家族的墓地。由外觀之，墓平地突起，頂部圓平，中間相連，狀似馬鞍，故又名馬鞍堆。根據《太平寰宇記》〔註 1〕、《大清一統志》〔註 2〕、、《湖南通志》〔註 3〕的記載，此係漢長沙王劉發之姬程、唐二氏之墓，然挖掘結果，方知爲誤傳。

　　三座漢墓之發現，是考古上的重大收穫。

　　一號墓是三座漢墓中最先開挖的，掘出女屍一具，外型基本完整，屍體包裹各色絲綢，內部器官雖已萎縮，皮膚仍具彈性，在地下歷經二千一百年而不壞。這座墓的隨葬物千餘件，有絲織品、漆器、竹木器、陶器、樂器、竹簡以及帛書等。

　　三號墓出土的大批帛書，內容涉及古代哲學、歷史、天文、繪畫以及科技等多方面的文獻資料。經初步整理，約有二十幾種，計約十二萬字之多。另外，還有幾幅圖籍。帛書《老子》乙本的前四篇佚書，推測爲《漢書‧藝文志》中提到的〈黃帝四經〉；帛書《易經》，包括六十四卦經文以及〈二三

〔註 1〕宋‧樂史、王存等撰，元豐九域志《太平寰宇記》，（上海：上海商務，1936年），卷 114。
〔註 2〕徐午編著《大清一統志》，（台北：新文豐出版社，1975 年），卷 36。
〔註 3〕曾國荃撰《湖南通志》，（台北：華文書局，1967 年），卷 36。

子〉、〈繫辭〉、〈易之義〉、〈要〉、〈繆和〉、〈昭力〉六篇佚文;《戰國策縱橫家書》的部份篇章,則不見於現今傳世的《戰國策》,提供不少戰國時期外交活動的新史料。墓穴資料中還記載著二千一百多年前人們對五大行星運行及對慧星長期觀察留下的天文記錄。此外,還有一部與相馬有關的文字記錄。醫書則包括《五十二病方》及導引圖等,涉及內、外、婦、兒等病症的多種療法,以及四十四個體操姿勢,反應了我國醫術及健身運動的悠久歷史。帛書中還包括三幅地圖,一爲長沙王國南部地形圖,一爲縣城的平面圖,是我國現存最早的古地圖。墓穴中尚發現三幅帛書,內容則包括神話、傳說以及幾百個人物、車馬所形成的車馬儀仗圖。這批資料除了《老子》、《易經》和《戰國縱橫家書》的部份篇章有今本傳世可資比對外,其餘均爲佚書。

帛書《易經》,出土於墓穴東邊漆箱的五十七號長方形漆奩下層,大部份疊成長方形,放在漆奩的一個格子裏,少部分壓在二卷竹簡的下面。由於年久黏連,有殘損。大部份畫有朱絲欄,用墨書,也有一部份未畫行格;字體爲篆、隸二種,有的書寫工整,有的則較潦草,不像一時一人的寫本。據韓仲民在1974年第九期《文物》所發表〈長沙馬王堆漢墓帛書概述〉一文所記:

> 帛書抄寫的年代,根據《老子》甲本,不避劉邦諱以及篆書字體,……有今皇帝十一年"乙巳"(西元前196年)的記載,……抄寫年代約在漢高祖十一年左右。而隸書……據五星行度的年表已列到漢文帝三年(西元前177年)推定抄寫年代約在漢文帝初年左右。

可知此批帛書文字處於篆書向隸書演化的過渡階段。帛書中異體字,假借字非常普遍,《易傳》中甚至不同篇章對同一卦、爻辭的解釋亦異。無疑的,這些文獻確實提供許多寶貴的學術研究資料。

由器物形制及竹帛、漆器〔註4〕所發現的篆、隸文字判斷,此墓當下葬於西漢前期。出土的墓穴計有三處,一號與二號墓是並列的,一號墓中陳放的千年不腐女屍,爲利蒼的妻子。二號墓爲利蒼本人,該墓已被盜掘,屍骨及部份陪葬品已經亡失。值得注意的是,二號墓中挖出三個印章,一顆是玉質私章,刻陰文篆體「利蒼」二字,另二顆是銅質明器官印,分別刻陰文篆體「軑侯之印」及「長沙國丞相」。三號墓是利蒼的兒子,墓中一記事木牘記載

〔註4〕漆器上的文字與一號墓所出相同。部分器物上朱書「軑侯家」三字,多數器物有「君幸食」。見〈長沙馬王堆二、三號漢墓的主要收穫〉,《考古》,1975年第1期,頁45~57。

著「十二年二月乙巳朔戊辰家丞奮移主贐（藏）郎中移贐（藏）物一編書到先
選（撰）貝奏主贐（藏）君」，說明了三號墓下葬的確切時間及有關事項。

考西漢初期，紀年中超過十二年的僅高祖十二年和文帝初元有十六年，三
號墓出土器物帶「軑侯家」銘文漆器標誌，高祖時利蒼未封軑侯，根據《史記・
惠景間侯者年表》〔註5〕、《漢書・高惠高后文功臣表》〔註6〕敘述，利蒼是惠
帝二年（西元前193年）封侯，死於呂后二年（西元前186年），軑侯家傳四代，
以無後國除。另據山東臨沂漢墓出土的元光元年曆譜，漢初在武帝改曆以前是
使用顓頊曆，依此推算，漢文帝初元十二年二月恰是乙巳朔〔註7〕，因此，肯
定三號墓年代在西元前168年。此外據墓穴封土的情況判斷，三個墓下葬的時
間分別是二號墓爲先，一號墓最後，三號墓居中。據《史記》、《漢書》所載，
利蒼死於呂后二年，三號墓記事木牘記載下葬時間爲文帝十二年（西元前168
年），但繼承利蒼侯位的是利豨（官職不明），死於漢文帝十五年（西元前165
年），顯然墓主非利豨，而是其他兄弟。

關於利豨兄弟的資料，史書中並無記載。據出土文物分析，死者生前應
該是位文武雙全的人，在十二萬多字的帛書簡牘以及器物中，《易經》、《老
子》、《戰國縱橫家書》以及有關天文、曆法、五行、雜占、相馬、地圖、兵
器、樂器和帛畫等文物的發現，都說明墓主是位能文善武之人。曾憲通更由
出土兵器三十八件以及覆蓋在內棺的「T」字形帛畫中部上段中心的墓主人
形象，提出死者生前可能是當時長沙侯國分管軍事的武職官員〔註8〕。

〔註5〕瀧川龜太郎《史記會注考證》，（台北：藝文印書館，1972年2月），卷19，
頁360～372。
〔註6〕《漢書補注》（台北：新文豐出版社之《二十五史》斷句本，1975年4月），
年表第4卷，頁234。
〔註7〕見侯良《馬王堆傳奇》，（台北：東大圖書，1994年）。另據陳廖安提供之「『漢
文帝初元十二年氣朔』各家異說」有以下四種：
甲、魯實先手稿《顓頊曆氣朔表》：漢文帝初元十二年二月爲乙亥朔。
乙、董作賓《中國年曆簡譜》（台北：藝文印書館，1974年再版）：漢文帝初
元十二年二月爲丙子朔。
丙、張培瑜《中國先秦史曆表》（濟南：齊魯書社，1987年）：漢文帝初元十
二年二月爲甲辰朔。
丁、張聞玉《漢初朔閏表》（貴州：人民出版社，1995年）：漢文帝初元十二
年二月爲乙巳朔。
上述四家說法，僅有張聞玉之推算與記事本牘記載相符。是以馬王堆文物的
出土實有助於學者推斷漢初曆算。
〔註8〕曾憲通〈座談長沙馬王堆漢墓帛書〉，《文物》，1974年第9期，頁57。

第二節　帛書《易經》、《易傳》概論

帛書《易經》是在墓內東邊漆箱中發現的，漆箱分成幾個格子，帛書《易經》置於中間格內，以兩塊黃帛抄寫而成。

根據張政烺〈帛書六十四卦序跋〉對第一幅黃帛之敘述爲：

> 帛幅寬約四十九厘米，長約八十五厘米，橫幅界畫朱欄，字以墨書，每行字數不等，滿行約六十四至八十一字，卷首尾空隙極小，不足一行，無前後標題，……卷之前部爲《六十四卦》，凡九十三行（1～93），其後接《二三子問》凡三十六行（94～129）。總共一百二十九行，……收藏時不作卷軸式（例如《老子》甲本），而作摺疊式（例如《老子》乙本），以革卦（64 行）爲中軸線，卷首向尾部對摺，又自摺縫向左連摺二次，最後上下對摺一次，尾部上下兩截成爲全卷的最外層，摺疊處已斷裂，全卷分成高約 24 厘米，廣約 10 厘米的十六個長方形片，《六十四卦》原在中心，保存較好，……〈二三子問〉……居最外層，殘破較多〔註9〕。

第二幅黃帛抄寫〈繫辭〉、〈易之義〉、〈要〉、〈繆和〉以及〈昭力〉五篇，據廖名春於〈帛書繆和、昭力簡說〉〔註10〕一文所述，黃帛高約四十八厘米。此與張政烺謂第一幅黃帛高約四十九厘米相較，差一厘米。依據廖名春對六篇佚文所作的釋文來看〔註11〕，各篇的行數爲：〈繫辭〉四十七行，〈易之義〉四十五行，〈要〉二十四行，〈繆和〉七十一行以及〈昭力〉十四行，各行數滿行約六十至八十字，總行數約爲二百零一行，與第一幅黃帛相較，多出約七十一行，估計其長度應較第一幅黃帛多出約四十到五十厘米。若其折疊方式與第一幅黃帛相同，所斷裂的十六塊殘片應較第一幅爲大。

帛書《易經》的文字是以隸書抄寫而成，書中避漢高祖諱而未避漢文帝劉恆諱，以此估計，抄寫時代約在呂后、惠帝間。因書中異文、通假、漏字、衍文、錯字之情形甚多，又因拼綴不易，故這批寶貴的文化遺產遲至八十年代初始逐漸公諸於世，較同時期發現的《老子》甲乙本、《戰國策縱橫家書》、

〔註 9〕張政烺〈帛書六十四卦跋〉，《文物》1984 年第 3 期（1984 年 3 月），頁 9～14。

〔註 10〕陳鼓應主編《道家文化研究》第三輯，（上海古籍出版社，1993 年 8 月），頁 215。

〔註 11〕朱伯崑編《國際易學研究》第一輯，（北京：華夏出版社，西元 1995 年 1 月），頁 7～37，13～19。

《孫子兵法》等晚了十多年。

　　帛書《易經》抄寫於第一幅黃帛上，篇首無墨丁，前後無標題，不分章，每卦結束，則另起一行。卦畫標在朱絲欄行格的頂端，其後為卦名、卦辭、爻辭。卦辭與爻辭，爻辭與爻辭之間均點斷。卦爻辭間亦不附〈象傳〉、〈彖傳〉、〈文言傳〉，不分上下篇。始於乾卦，終於益卦，卦序與通行本不同，且卦名、卦、爻辭與通行本相較也有差異。六十四卦的釋文，由馬王堆漢墓帛書小組整理，於 1984 年第三期的《文物》首次公布。其後，張立文《周易帛書今註今釋》對六十四卦經文有了更完備的註解和介紹。

　　帛書《易傳》即指〈二三子〉、〈繫辭〉、〈易之義〉〈要〉、〈繆和〉、〈昭力〉。除了〈昭力〉以外，其餘五篇於篇首皆有墨丁標誌。篇末則〈要〉篇書有「要」字及「一千六百四十八」字「二十四行」；〈繆和〉末書有「繆和」二字及「七十一行」；〈昭力〉篇末書有「昭力」二字及「六千」字「十四行」。其中〈昭力〉所記六千字，疑應包括〈繆和〉字數。〈易之義〉疑亦有篇末標題，可惜殘而無法辨識。

　　〈二三子〉篇首以「二三子問曰」開頭，故定名為〈二三子〉；〈繫辭〉因為文字與通行本〈繫辭傳上〉、〈繫辭傳下〉對照，相符者甚多，且首尾皆存，唯不分上下篇，故定名為〈繫辭〉；〈易之義〉篇首以「子曰：易之義」開頭，故擬題為〈易之義〉；〈要〉、〈繆和〉及〈昭力〉篇名即依篇末原題定之。

　　〈二三子〉到〈要〉為孔子說《易》之語。〈二三子〉分說經文，列於傳文諸篇之首，該篇以「弟子問」、「孔子曰」的方式來解釋乾卦初九、上九、坤卦上六、艮卦六五、豐卦、未濟卦等約三十一卦之卦、爻辭，未記問者之名，且所論重點以乾、坤兩卦為主。大抵而言，前十六行針對卦、爻辭的解釋較詳，十六行以後之解釋則較簡略，且文中所引用的經文與帛書本之經文亦稍有差異。通篇充滿親民、親賢、用賢、施教於民、謹言慎行、貴謙的主張，並區別君子與小人差異；然文中主要申說對象是國君，或是藉由國君身邊的人來告訴國君治國的主張。

　　〈繫辭〉通論大義，排在其次，與通行本〈繫辭傳〉相較，除了不分上下篇外，內容上亦有差異：帛書本無「大衍之數」章，且「子曰，『危者，安其位者也』」，以後至「天地設位」以前之章節亦無，此部份章節散見於〈易之義〉及〈要〉中。

　　〈易之義〉亦通論大義，排在〈繫辭〉後。前半部分述乾、訟等約二十七卦、爻辭之義，但因文字脫漏嚴重，多無法辨識；其後內容與〈說卦傳〉第一、二、三章類同，之後則以乾、坤等十卦爲例，分述仁、德、義及陰陽盛衰，剛柔相濟，動靜相兼之理；最後以「子曰」、「易曰」形式引出略同通行本〈繫辭傳下〉第六、七、八、九章之內容，難怪于豪亮以爲此章爲〈繫辭〉下篇。

　　〈要〉於論說外又有記事，續於後面，此篇八行以前文句脫漏嚴重，幾乎無法辨識。廖名春以首行殘存的「看有」二字推斷，內容應爲通行本〈繫辭傳下〉第十章「爻有等」；此外，九至十二行與通行本〈繫辭傳下〉第四章「子曰：『危者，安其位者也……』易曰：『莫益之，或擊之，立心勿恒，凶。』」同，唯仍有假借、異文和文句脫漏的地方。此篇是述及孔子與《易》有關的最直接記載，篇中以孔子與子貢的問答爲綱，闡明孔子晚年喜《易》之事，文中論及孔子向學生講述德義之要、吉凶之理及損益之道。

　　〈繆和〉的寫作形式可分爲三個方面探討：第一種方式爲師生問答。篇中藉由繆和、呂昌、吳孟、莊旦、張射、李平等與「先生」的問答，進而對《易》之卦、爻辭進行討論說明。第二種方式以「子曰」引起一段論述，再進一步闡說義理。第三種方式爲引證歷史故事，以申說《易》理。五十三行以後多採用此法，如吳王夫差、越王句踐等事蹟。

　　〈昭力〉以師生問答方式，闡釋卿大夫及國君之義。〈繆和〉與〈昭力〉兩篇多爲國君待臣治民之方，並探討尊卑、富貧、驕奢、智愚等相對觀念於治國之效，且內容多富哲理。

第三節　帛書《易經》與通行本《易經》差異分析

一、卦序之異

　　帛書《易經》與通行本《易經》相較，最大的不同處，在於卦序。帛書六十四卦是以上卦：乾、艮、坎、震、坤、兌、離、巽的次序，配以下卦：乾、坤、艮、兌、坎、離、震、巽的次序而來，例如，帛書《易經》前八卦分別是：乾、否、遯、履、訟、同人、無妄、姤，此一至八卦，即是先行固定上卦的乾，再分別配以下卦的乾、坤、艮、兌、坎、離、震、巽而成；接

下來的九至十六卦，亦是先行固定上卦的艮，並將下卦的艮提至此組的第一卦，再分別配以乾、坤、兌、坎、離、震、巽七卦而成艮、大畜、剝、損、蒙、賁、頤、蠱八卦，爲接續的九至十六卦；以此方式不斷類推而成帛書《易經》的卦序。因此，帛書《易經》前三十二卦，是先固定上卦乾、艮、坎、震四陽卦，再依序配以下卦乾、坤、艮、兌、坎、離、震、巽八卦而成；後三十二卦亦是先固定上卦坤、兌、離、巽四陰卦，同樣依序配以下卦乾、坤、艮、兌、坎、離、震、巽八卦而成。如此，組成帛書始於乾卦，終於益卦的六十四卦卦序。

通行本六十四卦卦序，依照〈序卦傳〉所言，是以乾、坤二卦爲始，而後爲屯、蒙、需等卦，以至於既濟、未濟二卦爲終。此種排列方式，體現了事物產生、發展、強盛和轉化的過程。上經三十卦，下經三十四卦的排列，乃由天地萬物之生成揭開序幕，而至於男女、夫婦、父子、君臣、朋友五倫之禮義相錯，顯示出卦與卦間相承相受的連續性和發展性。其次，相鄰二卦，多以卦象顛倒做爲相承的次序，例如，屯卦☳倒置來看成了蒙卦☶，需卦☵顛倒來看成了訟卦☰，這種現象，孔穎達以「覆卦」稱之，在《易經》六十四卦中，依此方式而成的就佔了五十六卦，其餘八卦，由於顛倒之後卦象仍然不變，因此，以相鄰二卦同位之爻，陰陽互變爲序，例如，乾卦☰與坤卦☷，頤卦☶與大過卦☴，坎卦☵與離卦☲，中孚卦☴與小過卦☶，孔穎達以「變卦」稱之〔註12〕。因此，「非覆即變」也就成了通行本《易經》卦序的組成方式之一。此種組成方式，蘊藏著萬事萬物間相反相持，循環不已的變化哲理。由上所述可知，二者在次序上顯著不同。

關於卦序差異，已有許多學者提出討論，有人以爲，帛書本卦序很原始，是較早的本子，持此說法的學者，如韓仲民〔註13〕、于豪亮〔註14〕、劉大鈞〔註15〕、樓宇烈〔註16〕等，他們大多認爲帛書本較機械、原始、簡單，無內在意義；

〔註12〕孔穎達《周易正義》卷十言：「今驗六十四卦，二二相耦，非覆即變。覆者，表裡視之，遂成兩卦，屯、蒙、需、訟、師、比之類是也；變者，反覆唯成一卦，則變以對之，乾、坤、坎、離、大過、頤、中孚、小過之類是也。」上述引自《周易》（藝文印書館《十三經注疏》本，西元 1960 年版），頁 186～187。

〔註13〕韓仲民〈帛書《周易》六十四卦淺說〉，《江漢論壇》，1984 年第 8 期，頁 20～24。

〔註14〕于豪亮〈帛書周易〉，《文物》，1984 年第 3 期，頁 15～24。

〔註15〕劉大均〈帛易初探〉，《文史哲》，（西元 1985 年 3 月），頁 53～60。

〔註16〕樓宇烈〈易卦爻象原始〉，《北京大學學報》，1986 年 1 期（西元 1986 年 1 月），

另一派學者則認爲帛書本卦序是後人改編，通行本是較原始的本子，持此說法的學者，如張政烺〔註17〕，黃沛榮等；黃沛榮從卦名、卦畫、通行本〈繫辭傳〉、帛書本《易傳》、古代書中所記和挖出的古籍加以證明〔註18〕。另外，李學勤認爲通行本卦序雖爲經文原貌，但在當時，兩種卦序爲並存版本，他於〈馬王堆帛書《周易》的卦序卦位〉中指出：

> 傳世本經文的卦序很難找出合於陰陽說的規律性。在體現陰陽規律這一點上，帛書本顯然勝於傳世本。……帛書的卦序已經包含八卦取象的觀念。……帛書卦序充分貫穿了陰陽對立交錯的觀念。……傳世本是淵源久遠的經文原貌，帛書本則是學者出於對規律性的愛好，改編經文的結果〔註19〕。

又由《淮南子》引用〈序卦〉提出：

> 帛書《周易》是文帝初年寫本，因而和〈序卦〉不妨說是並存的。……卦序不同的二本《周易》在當時都在這一地區流傳，不能因爲帛書在長沙發現，認爲楚地《周易》都是帛書這樣的本子。

大體而言，通行本的卦序是由義理的貫通出發，先天地萬物而後及於人世，層層下遞，但在卦與卦間的連續上，亦有增字解釋之嫌；帛書本則是依據上卦與下卦的排列順序，然後再將上下二卦相重而成。然而，這種排列方式，未於帛書《易傳》裡說明，且部分篇章，如〈二三子〉、〈易之義〉、〈要〉是按照通行本卦序引《易》解《易》，而非帛書本之次序。造成卦序差異之因，或許由於簡編錯亂，司馬遷《史記‧孔子世家》言：

> 孔子晚而喜《易》，序〈彖〉、〈繫〉、〈象〉、〈說卦〉、〈文言〉，
> 讀《易》，韋編三絕。

此處所言「韋編三絕。」透露出當時的《易經》是寫在木簡或竹簡上，經過長時間流傳，竹簡、木簡散亂，傳誦者將散亂的竹簡、木簡重新加以整理，成了今日所見帛書《易經》卦序的風貌。

頁 19～29。

〔註17〕同註5，頁 13。

〔註18〕黃沛榮〈論馬王堆帛書易經之卦序〉，《書目季刊》，18 卷 4 期，（西元 1985年 3 月），頁 139～149。

〔註19〕李學勤〈帛書周易的卦序卦位〉，《周易經傳溯源》（長春出版社授權高雄麗文事業股份有限公司，西元 1995 年 10 月），頁 261～272。

二、卦名之異

帛書《易經》的卦名及卦、爻辭與通行本相較，差異較多。八經卦之卦名與通行本完全不同：帛書本爲鍵、川、根、奪、贛、羅、辰、筭，通行本則爲乾、坤、艮、兌、坎、離、震、巽；六十四卦卦名與通行本異者有三十三處，分別是：鍵（乾）、婦（否）、掾（遯）、禮（履）、无孟（无妄）、狗（姤）、根（艮）、泰蓄（大畜）、蘩（賁）、箇（蠱）、贛（坎）、襦（需）、塞（蹇）、辰（震）、泰壯（大壯）、餘（豫）、少過（小過）、川（坤）、嗛（謙）、林（臨）、登（升）、奪（兌）、卒（萃）、欽（咸）、勒（革）、隋（隨）、泰過（大過）、羅（離）、溍（晉）、乖（睽）、筭（巽）、少蓺（小畜）、中復（中孚），僅三十一卦的卦名與通行本相同。

三、卦、爻辭之異

卦、爻辭中，異體、假借、同音、錯字、衍文的情形也很多。例如，師卦六三、六五爻辭的「輿尸」，帛書本「尸」字寫作「屍」；蒙卦六三、艮卦六四爻辭的「躬」字，帛書本寫作「躳」；需卦上六爻辭「不速之客」，帛書本「速」作「楚」；否卦初六爻辭「拔茅茹，以其彙」，帛書本「彙」作「菁」；萃卦初六爻辭「乃亂乃萃」，帛書本皆寫「亂」字爲「乳」字等。李學勤曾針對出土文物提出，同音字就是反應口耳相傳的特點。

當然亦有帛書本使用本字的情形，例如渙卦九二爻辭云：「渙奔其機」，「奔」字帛書本作「賁」字，而有修飾「其機」之意。不可諱言，帛書對本字的使用，對於學術貢獻不可忽視。《後漢書‧蔡邕傳》言：

> 建寧三年，……邕以經籍去聖久遠，文學多謬，俗儒穿鑿，疑誤後學，熹平四年，乃與五官中郎將堂谿典、光祿大夫楊賜、諫議大夫馬日磾、議郎張訓、韓說、太史令單颺等，奏求正定六經文字，靈帝許之，邕乃自書於碑，使工鐫刻，立於太學門外，於是後儒晚學，咸取正焉[註20]。

可見在熹平石經本以前，易經的文字多歧異、謬誤。石經是東漢靈帝時統一的官定本子。秦末漢初，文化上剛遭秦始皇焚書浩劫，帛書抄本寫定年

〔註20〕《後漢書集解》（台北：新文豐出版社之《二十五史》斷句本，西元 1975 年 4月），列傳第 50 卷，頁 670。

－13－

代離此浩劫未遠，雖然易經爲卜筮之書可免於難，但就整個文化傳承來說，許多作品即使未焚，也缺乏有力團體的整理保存。因此，文字的不統一可以想見，若能將這些文字做一整理，層層過濾，求其本字，對卦爻辭意義的闡釋及義理的發揮，將有重要幫助。

第四節　帛書《易傳》與通行《易傳》之對勘

　　綜觀帛書《易傳》與通行本《易傳》之敘述，二者除了文字差異外，於意義之抒發及編排之方式上亦有不同，茲將帛書《易傳》與通行本《易傳》做一比較，二種版本論述相似處包括以下幾點：

一、帛書本〈繫辭〉首行「天奠（尊）地痺（卑），鍵（乾）川（坤）定矣」至四十三行末「易曰：『何校滅耳，凶。』」之內容，同於通行本〈繫辭傳上〉全部章節及〈繫辭傳下〉首章至第五章「何校滅耳，凶」句止。

二、帛書本〈繫辭〉四十三行末至四十四行中之「君子見機而作……君子知微知彰，知柔知剛，萬夫之望」段與通行本〈繫辭傳下〉第五章（依朱熹《周易本義》上下篇各十二章之分法）中間部分「子曰：『知幾其神乎……』」段略同，唯帛書本無通行本「子曰：『知幾其神乎！……幾者，動之微，吉之先見者也』」段。

三、帛書本〈繫辭〉四十四行中「〔若夫雜物撰德，辨〕是與非，則下中教（爻）不備。初，大要存亡吉凶，則將可知矣。」段與通行本〈繫辭傳下〉第九章「若夫雜物撰德，辯是與非，則非其中爻不備。噫！亦要存亡吉凶，則居可知矣。」段之部分敘述略同。

四、帛書本〈繫辭〉四十四行末至結束之「鍵（乾），德行恒易以知險；夫川（坤），魋然天下之至順也　吉人之辤寡，趮人之辤多，无善之人亓辤㳺，失亓所守亓辤屈」段與通行本〈繫辭傳下〉第十二章之「夫乾，天下之至健也，德行恆易以知險……吉人之辭寡，躁人之辭多，誣善之人其辭游，失其守者其辭屈」段大抵相同。

五、〈易之義〉第十三行末至十六行初之「昔者聖人之作易也……是故《易》，達數也」段，同於〈說卦傳〉第一至第三章「昔者聖人之作《易》也，幽贊於神明而生蓍……是故《易》逆數也」。其中，引起學界熱烈討論者爲「天地定位」八句：帛書本爲「天地定位，山澤通氣，火水相射，雷風相薄」，

通行本是「天地定位，山澤通氣，雷風相薄，水火不相射」，由於帛書本的發現，極多學者皆認為此句與卦序有關，並冀望藉此解決歷來注家對此句的疑惑〔註21〕。

六、〈易之義〉第三十四行中至三十五行初之「子〔曰〕：『易之要，可得而知矣。鍵（乾）川（坤）也者，易之門戶也。鍵（乾），陽物也；川（坤），陰物也。陰陽合德而剛柔有體（體），以體（體）天地之化』段，與通行本〈繫辭傳下〉第六章之「子曰：『乾、坤，其《易》之門邪？』乾，陽物也；坤，陰物也。陰陽合德而剛柔有體，以體天地之撰」段內容略同。

七、〈易之義〉第三十七行中至四十一行前之「而察來者，微顯贊絕……，渙，以行權也。」段，略同於通行本〈繫辭傳下〉第六章後半至第七章「夫易，彰往而察來……巽以行權」段，此部分帛書本與通行本相較，在卦名及敘述上差異較大。

八、〈易之義〉第四十一行中至四十三行前之「易之為書也……后非其人，則道不虛行」段，與通行本〈繫辭傳下〉第八章「《易》之為書也……苟非其人，道不虛行」段略同。

九、〈易之義〉第四十二行後至四十三行前之「《易》之義贊始□冬（終）以為質，六肴相雜……□則初如疑（擬）之，敬以成之，冬（終）而無咎」段，與通行本〈繫辭傳下〉第九章前半「《易》之為書也，原始要終以為質也。六爻相雜……初辭擬之，卒成之終」段略同。

十、〈易之義〉第四十四行至此篇結束之「子曰：『知者觀其象辭……貴賤之等也。……』」段，與通行本〈繫辭傳下〉第九章後半「知者觀其象辭，則思過半矣……貴賤之等也。其柔危，其剛勝邪？」略同。

十一、〈要〉第九行前至第十二行中之「夫子曰：『危者，安其位者也……立心勿恒，凶。』」段，與通行本〈繫辭傳〉第五章後半「子曰：『危者，

〔註21〕張政烺〈帛書六十四卦跋〉，《文物》，1984 年第 3 期，頁 9～14。
　　　黃沛榮〈論馬王堆帛書《易經》之卦序〉，《書目季刊》，18 卷 4 期，（西元 1985 年 3 月），頁 139～149。
　　　劉大鈞〈帛易初探〉，《文史哲》，1985 年第 4 期，頁 53～60。
　　　李學勤〈帛書周易的卦序卦位〉，《周易經傳溯源》（長春出版社授權高雄麗文事業股份有限公司，西元 1995 年 10 月），頁 261～272。
　　　廖名春〈論帛書易傳與帛書易經的關係〉，《帛書《易傳》初探》（台北：文史哲出版社，西元 1998 年 11 月），頁 216～231。

安其位者也……』……立心勿恆，凶」略同。唯〈要〉無通行本〈繫辭傳〉之「子曰：『知幾其神乎！君子上交不諂，下交不瀆，其知幾乎！……』知柔知剛，萬夫之望」段。

除了上列十一點，帛書本《易傳》與通行本《易傳》沒有相同內容，尤其〈二三子〉、〈繆和〉、〈昭力〉三篇完全沒有與通行本《易傳》相同的地方。是以通行本〈繫辭傳〉之主體仍見於帛書〈繫辭〉中，部分則散入〈易之義〉及〈要〉之段落內，另〈說卦傳〉第一、二、三章（分章方式依朱熹《周易本義》）亦見於〈易之義〉中。總之，除了〈繫辭傳〉、〈說卦傳〉與帛書《易傳》有相同的敘述外，〈彖傳〉、〈象傳〉、〈序卦傳〉、〈雜卦傳〉之敘述皆不見於帛書《易傳》。唯上述僅就義理差別予以比較，文字及敘述之些微差異則暫不探究。

第五節　帛書《易經》、《易傳》關係之探究

帛書《易傳》引用大量卦、爻辭，計約四十九卦：只有需、賁、剝、頤、坎、咸、明夷、夬、萃、升、革、震、旅、巽、兌十五卦未見引用。但是，帛書《易傳》所引卦爻辭的內容有不同於帛書《易經》，也有不同於通行本《易經》，例如，〈二三子〉第二十五行，「卦曰，同人於宗，貞藺」，通行本與帛書《易經》同人卦六二爻辭皆為「同人于宗，藺（吝）」，二處皆無「貞」字；又如〈二三子〉第二十五行末二十六行初述及謙卦卦辭為「嗛、亨、君子有夂，吉。」而通行本與帛書《易經》皆為「謙，亨，君子有終。」二本皆無「吉」字；此外，〈二三子〉二十七行說明豫卦六三爻辭為「盱予，悔」，而通行本與帛書《易經》則為「杅（盱）餘（豫），悔，遲有悔」，二處皆為「遲有悔」三字；還有〈二三子〉三十四行艮卦六五爻辭為「艮其輔，言有序。」通行本與帛書《易經》則為「根（艮）其胶（輔），言有序，悔亡」，二者皆有「悔亡」二字；又〈二三子〉三十六行未濟卦卦辭為「未濟，亨，小狐涉川，幾濟，濡其尾，無迺利」，通行本為「未濟，亨，小狐汔濟，濡其尾，无攸利」，帛書《易經》是「未濟，亨。小狐气涉，濡其尾，無攸利」，三者在「小狐涉川，幾濟」之文字皆有不同。諸如此類，是否說明帛書《易傳》諸篇的作者並沒有接受帛書《易經》，或是未曾看過帛書《易經》。可能的原因是，當時帛書《易經》並未具有通行本的權威。西晉太康二年魏襄王墓中掘出竹書數

十車，其中，〈公孫段〉二篇，是公孫段與邵陟論易的文字〔註22〕，後世並無流傳，是否只為當時流行於魏國的解易作品。同樣的，帛書《易傳》是否亦為流行於某地的解易作品。

〈繆和〉自五十三行以後多舉南方歷史故事以為佐證。另外，〈繆和〉與〈昭力〉兩篇出現的「子曰」，與其他篇的「子曰」究竟是否一樣，仍待研究。而「先生曰」一般認為是稱為「先生」的傳《易》經師。繆和、呂昌等人，歷史中幾乎未曾記載，唯繆和一名，王博曾對他的真實性做過揣測，在〈從帛書《繆和篇》到《淮南子‧繆稱訓》──關於穆生易學的一種推測〉〔註23〕一文中，他探討了〈繆和〉與〈繆稱訓〉二篇文獻之間的可能聯系，並提出這二篇的作者也許都與史書中記載的漢初學者穆生有關。因此，帛書《易傳》是否為漢初南方的解易文獻。《史記‧太史公自序》中曾有司馬談關於「正易傳」的說法，足以顯示漢初確實存在淵源不同的解經作品。

由上所述，帛書《易傳》，除了可能是漢初別本之外，黃琪莉在〈帛書周易研究現況概述〉〔註24〕中，認為通行本〈繫辭〉編排方式和內容，在漢初尚未完全建立，而狹義的《易傳》在此時亦尚未具體成型。因此，可以推斷通行本《易傳》的成形似在漢朝中期以後，而內容則是由各篇對《易經》不同解釋的作品組合而成的。張善文在〈論帛書周易的文獻價值〉〔註25〕中，則由帛書本〈繫辭〉與通行本〈繫辭〉內容大致相同，不同處只是不分上下篇，缺少個別章節及文字上差異，來說明這些不同，無法排除抄錄者的脫漏、舛誤、刪節或原本傳抄過程原已存在的差異。因此，張氏推測帛書〈繫辭〉的祖本應為今天仍存在的通行本〈繫辭傳〉，其成書當在春秋末戰國初期。李學勤在〈帛書易傳及繫辭年代〉〔註26〕中指出，漢初淮南九師著《淮南道訓》

〔註22〕《晉書斠注‧束皙傳》「太康二年，汲郡人不準 伐魏襄王墓，或言安釐王冢，得竹書數十車，其《易經》二篇與《周易》上下經同，〈易繇陰陽卦二篇〉與《周易》略同，繇辭則異。〈卦下易經〉一篇，似〈說卦〉而異。〈公孫段〉二篇，公孫段與邵陟論《易》。」《晉書斠注》（台北：新文豐出版公司之《二十五史》斷句本，西元1975年3月），卷51，頁953。

〔註23〕朱伯崑編《國際易學研究》第二輯，（台北：華夏出版社，西元1996年2月），頁277～287。

〔註24〕黃琪莉〈帛書周易研究現況概述〉，《中國文哲研究通訊》，5卷4期，（西元1995年12月），頁95～117。

〔註25〕張善文〈論帛書周易的文獻價值〉，《中華易學》，16卷10期（西元1995年12月），頁12～23。

〔註26〕李學勤《簡帛佚籍與學術史》，（台北：時報文化出版公司，西元1994年12

十二篇，兼解十翼，因而提出漢初通行本《易傳》與帛書易傳是並存的二個本子。換句話說，帛書本的時代，通行本《易傳》已出現，只是未定於一尊，究竟是誰將之定於一尊仍須研究。又此說法與黃琪莉的說法較近。張立文〈帛書《易傳》的時代與人文精神〉〔註27〕認爲帛書《易傳》之成書，大體於戰國初期至中期，或中期稍後，其內容則是屬於與通行本《易傳》不同的系統，但互有滲透。

縱上所述，帛書《易傳》無法充分反應帛書《易經》，意謂著漢初《易經》之卦序不只一種，同時亦存在各種不同的解易文獻，此一發現，無疑對《易經》歷史之學術研究，提供極重要線索。

第六節　帛書《易經》與《易傳》之抄本屬性

馬王堆帛書的出土，爲漢初乃至秦漢之際，甚至春秋戰國時代的學術風尚提供許多線索。目前所見的諸多文獻，多是秦火後經過歷代學者逐步整理編列而成的，至於秦始皇焚書前之史料，則需仰賴更多的地下文物以填補空白。

馬王堆下葬於西元前 168 年，李斯奏請秦始皇頒布之〈挾書律〉於漢惠帝四年（西元前 191 年）廢除。在〈挾書律〉廢除後約二十四年的時間中，欲產生如馬王堆般內容豐富，又涉及先秦各家思想之著作，在古代的條件下，相當不易，是以有理由相信這批珍貴的文物，足以反映漢初乃至先秦時期的學術面貌。下文將就帛書之抄本屬性作一說明。

《史記・太史公自序》引《易大傳》言：

> 天下一致而百慮，同歸而殊途〔註28〕。

語見通行本〈繫辭傳下〉第五章〔註29〕，而語句次序不同。《易大傳》是否就是十翼，或者只是〈繫辭傳〉，目前尚無明確證據。再觀漢人著書，引「易曰」文字亦有不見於通行本《易經》、《易傳》和帛書本《易傳》的。如賈誼

月）頁 262～268。

〔註27〕朱伯崑編《國際易學研究》第 1 輯，（北京：華夏出版社，西元 1995 年 1 月），頁 67～88。

〔註28〕瀧川龜太郎《史記會注考證》（台北：藝文印書館，西元 1972 年 2 月），卷 130，頁 1333。

〔註29〕〈繫辭傳下〉第五章言：「《易》曰：『憧憧往來，朋從爾思』。子曰：『天下何思何慮？天下同歸而殊塗，一致而百慮，天下何思何慮？』」

《新書・胎教雜事》言：

> 《易》曰：「正其本而萬物理，失之毫釐，差以千里。」〔註30〕

此文又見於司馬遷《史記・太史公自序》〔註31〕及班固《漢書・杜周傳》〔註32〕等，是一常被引用的《易經》文句。劉向《說苑・敬慎》亦謂：

> 故《易》曰：「有一道，大足以守天下，中足守國家，小足以守其身，謙之謂也。」〔註33〕

又謂：

> 《易》曰：「不損而益之，故損；自損而終，故益。」〔註34〕

又《漢書・藝文志》著錄《易經》十二篇，顏師古注爲：

> 上、下經及十翼，故十二篇〔註35〕。

顯示所謂通行本《易傳》，在當時也都包括在《易經》內。因此，西漢人所引「易曰」既指經文，亦指《易傳》，也指當時流傳卻不同於十翼的《易經》傳本。

此外，晉代出土的汲冢竹書也有《周易》，據《晉書・束皙傳》記載：

> 其《易經》兩篇，與《周易》上、下經同。易繇陰陽卦兩篇，與《周易》略同，繇辭則異。卦下《易經》一篇，似〈說卦〉而異。公孫段兩篇，公孫段與邵涉論易〔註36〕。

此說明在戰國時期的魏國，易傳的傳本亦與通行本不同。又《左傳》、《國語》援引易爻筮例二十二則，也有未見於通行本及帛書本的，如秦伯伐晉一事就記載：

> 卜徒父筮之，吉。涉河，侯車敗，詰之。對曰：「乃大吉也。三敗獲晉君。其卦遇蠱䷑，曰：『千乘三去，三去之余，獲其雄狐。』

〔註30〕饒東原注譯，黃沛榮校閱《新譯新書讀本》（台北：三民書局，西元1998年），頁477。

〔註31〕《史記・太史公自序》曰：「故《易》曰：『失之豪釐，差以千里。』」卷130，頁1337。

〔註32〕《漢書・杜周傳》曰：「《易》曰：『正其本，萬物理。』」參考《漢書補注》（台北：新文豐出版公司，西元1975年3月），前漢60，頁1207。

〔註33〕趙善詒疏證《說苑疏證》（台北：文史哲出版社，西元1986年10月），卷10，頁270。

〔註34〕同前註，頁273。

〔註35〕《漢書・藝文志》，前漢30，頁848。

〔註36〕《晉書・束皙傳》參考《晉書斠注》（台北：新文豐出版公司，西元1975年3月），卷51，頁953。

夫狐蠱，必其君也。」〔註37〕

此處「千乘三去，三去之余，獲其雄狐。」應爲卦爻辭，但不見于通行本和帛書本，是否出于其他版本，亦無以爲證。也就是說，從春秋到戰國，存在各家各派《易傳》的傳本。是以通行本和帛書本只是其中一種傳本而已。

朱伯崑〈帛書易傳研究中的幾個問題〉曾對帛書《易經》、《易傳》的抄本作了如下說明：

> 此是現在最早的手抄本，不是最早的傳本，同今傳繫辭一樣，
> 只是漢代的一種傳本〔註38〕。

此說甚爲允正。張岱年〈初觀帛書繫辭〉文中，曾據帛書誤字之多，認爲帛書繫辭雖古，卻不是精抄本。李學勤〈馬王堆帛書《經法·大分》及其他〉一文更指出：

> 這位抄手看來是職業的抄書人，他所寫出的帛書無不工整端
> 麗，顯示出書法的水平，可是仔細讀來，又不難發現書內錯誤百出，
> 表明抄手並不是那樣負責任的〔註39〕。

此皆甚中肯綮。帛書《易經》、《易傳》中誤舛衍脫的現象確是層出不窮，如於第二章第七節和第八節，所述之文句錯置；又如「龍」寫爲「蠪」，又有寫爲「龍」；「悔」有寫爲「恳」，亦有寫爲「悔」；「亢」有寫爲「炕」，亦有寫爲「抗」；「飛」有寫爲「鴌」，亦有寫爲「翡」、「羿」；「謙」有寫爲「嗛」，亦有寫爲「溓」；「聖」有寫爲「耴」，亦有寫爲「聖」等，諸如此類，同音通假、異體、衍文、漏字的情形極多，都說明其非最優傳本。當然這些失誤，有底本原先已誤之處，也有抄寫者的粗心或文化修養不足所致。

然而這僅是從抄本的精粗論，並非否定其具有的文獻價值。古代文獻資料編纂的特點，都是經歷相當長時間的積累，才結集成書。它既反映時代的風貌，也受到當時政治環境、社會習尚，學術思潮的影響，又是在前人思想、資料的基礎上逐漸發展而成。因此，儘管版本上有些微缺失，仍無法掩蓋其在學術上的價值。

〔註37〕《左傳》（台北：藝文印書館《十三經注疏》本，西元 1960 年 1 月）春秋疏卷 14，頁 230。

〔註38〕《國際易學研究》第一輯，（北京，華夏出版社，西元 1995 年 1 月），頁 55～61。

〔註39〕《道家文化研究》第三輯（上海：上海古籍出版社，西元 1993 年 8 月），頁 275。

小 結

　　總之，帛書《易經》的內容與通行《易經》相較，基本上變動不大，唯其次序、文字等有不一樣的編排和書寫方式，此間差別，或許是秦火及流傳過程中攜帶不便造成的結果。而帛書《易傳》與通行本《易傳》由於牽涉思想層面較廣，秦火後，彼此在內容上有了較大的差別。《史記·秦始皇本紀》載李斯奏云：

> 臣請史官非秦記皆燒之。非博士官所職，天下敢有藏《詩》、《書》、百家語者，悉詣守、尉雜燒之。有敢偶語《詩》、《書》者棄市，以古非今者族。吏見知不舉者與同罪。令下三十日不燒，黥爲城旦。所不去者，醫藥、卜筮、種樹之書。若欲有學法令，以吏爲師〔註40〕。

　　此〈挾書律〉一直到漢惠帝四年才解除。《易經》是卜筮之書，自然不在焚毀之列，《易傳》則多哲理性的探討，因此，容易受到禁絕的命運，觀帛書本《易傳》內容缺乏卜筮文字的記載而多君王治國、用賢等主張，顯現出其思想體系側重道德仁義而非占筮，自然容易受到焚毀的牽連。直到漢初，藉由壁中書及學者口授，使後代子孫得以見到秦焚書前的寶貴資料，帛書《易傳》與通行本《易傳》很可能就是在這種時代氛圍下所產生的作品，因此，帛書本《易傳》與通行本《易傳》在內容上有雷同之處，唯篇名、句法、用字表現不同。至於帛書《易經》與《易傳》間卦、爻辭內容之歧異，則顯示帛書《易經》並非帛書《易傳》據以解經之版本，足見當時易書之紛雜，且以〈繆和〉、〈昭力〉所舉史事多爲南方歷史故事推斷，帛書《易經》、《易傳》極可能爲楚地經學的一部分。另由抄本屬性推斷，帛書《易經》、《易傳》並非善本，然其提供的史料價值卻是不容忽視的，透過馬王堆出土文物與歷來文獻之比對分析，有助於明瞭漢初之學術概況。

〔註40〕同註2，卷6，頁117。

第二章 〈易之義〉通說

〈易之義〉出自長沙馬王堆第三號漢墓，附於帛書《易經》經文之後，為帛書《易傳》〔註1〕的第三篇，書於第二幅絹帛上，緊接在帛書〈繫辭〉後，而另起一行。該篇第一行頂端塗有墨丁標誌，篇末疑似記有篇題、字數。可惜字跡模糊，尚未辨識出來。

關於此篇之篇名，自 1984 年以來，即眾說紛紜。于毫亮首先提出「此篇是〈系辭傳〉下篇」〔註2〕，此一說法受到嚴靈峰的認同〔註3〕。之後，韓仲民〔註4〕、張立文〔註5〕、廖名春〔註6〕都認為該篇應是不同於〈繫辭〉的另一篇。因為帛書《易經》後所附的佚文，以墨丁作為分篇標誌。因此，該篇不應屬於〈繫辭〉下篇，而是獨立的一篇。但是，由於篇末的篇題字跡模糊，難以辨識，所以，乃有以首句之「子曰」為篇題，也有以首五句「子曰易之義」之「易之義」為篇題，更有以「衷」及「易贊」為篇題的。廖名春於《帛書《易傳》初探》自序中云：

> 《帛書〈衷〉釋文》最初由筆者據照片拼接復原並作出釋文……
> 一九九三年春，改題為《帛書〈衷〉釋文》，收入《續修四庫全書》

〔註1〕 為了便於稱呼，將帛書《周易》後所附的六篇佚文統稱為帛書易傳，以其內容或為解釋卦爻辭意旨，或通論《易》之大意，皆為解釋經文之作，故以「傳」稱之。

〔註2〕 于毫亮〈帛書《周易》〉，《文物》，1984 年第 3 期。

〔註3〕 嚴靈峰〈馬王堆帛書易經中孔子贊易和「說卦」〉，《大陸雜誌》89 卷 1 期。

〔註4〕 韓仲民〈帛書《繫辭》淺說〉，《孔子研究》，1988 年第 4 期。

〔註5〕 張立文《《周易》帛書淺說》《中國文化與中國哲學》，1988 年。

〔註6〕 廖名春〈帛書《易之義》簡說〉見陳鼓應編《道家文化研究》第三輯，（上海：上海古籍出版社出版，西元 1993 年 8 月），頁 196。

經部易類〈馬王堆帛書周易經傳釋文〉中。這次又拼進了一些帛書殘片，對釋文作了進一步的修改〔註7〕。

廖氏並未說明更改〈易之義〉篇題為〈衷〉之由，僅交代了更改時間。若依據廖氏所作〈帛書《衷》釋文〉之尾題：「衷　二千」判斷，以〈衷〉為篇題，應為廖氏將字跡模糊處辨識出來的結果，但通觀《帛書《易傳》初探》全文，論及〈易之義〉之相關敘述有以〈易之義〉為篇題的，如〈帛書《易之義》簡說〉；也有以〈衷〉為篇題的，如〈帛書《衷》與先天卦位的起源〉、〈帛書《衷》釋文〉。是以廖氏所著之《帛書《易傳》初探》對〈易之義〉之篇題尚未統一，加以異動之因又未詳明，故仍需進一步資料予以輔弼。另外，邢文於《帛書周易研究》第二章中曾論：

> 帛書《易之義》應名作《易贊》。這部帛書，仿佛一部《周易》陰陽乾坤說：其第一部分為全書總論，縱論《周易》陰陽的精義……可見，第一部分總論是全書的靈魂，全書圍繞第一部分而展開；第一部分總論如有自題，當為全書的篇題，如果全書篇末未見自題。我們知道第一部分自題《易贊》；倘若不能找見帛書篇末的自題殘片，我們最有理由採用帛書篇中的自題——《易贊》〔註8〕。

邢文乃據〈易之義〉通篇內容之重心，為篇題命名。觀〈易之義〉全文，「易贊」出現於第十九行總論陰陽相濟之要處，觀其前後所述，以易贊作為該段之結束，確能緊扣全篇旨意，是以若就全文所述之重心擇之，「易贊」為篇題甚為允當。然〈易之義〉篇題字跡，僅為模糊而無法辨識，仍有辨識出來的可能，且觀尾題明確之〈繆和〉、〈昭力〉二篇，其篇名乃以篇首二字為據，〈要〉之篇題則因篇首字跡殘而無法辨識，故其篇題產生之由僅能就全文大意約略釋為：申說《易》之「要」義。職是之故，筆者以為在模糊字跡尚未明確之前，「易之義」較符合古書定名之方式，又普遍受到學者認同。故以「易之義」定為篇題。

釋文行數則從廖名春之說〔註9〕，暫定為四十五行。每行字數平均約七十餘字，總計三千一百字左右。

〔註7〕頁11。

〔註8〕邢文《帛書周易研究》，（北京：人民出版社，西元1997年11月），頁45。

〔註9〕同前註。廖名春指出「將這篇佚書定為四十五行，是最低估計，因為中間幾行已缺，其行數也有可能會多出二至三行，但決不會低於四十五行。」

釋文部分，主要參考陳松長、廖名春、鄧球柏、趙建偉四位之撰文。其中，陳松長、廖名春合釋之〈帛書《二三子問》、《易之義》、《要》釋文〉首先發表於 1993 年 8 月出版的《道家文化研究第三輯》。之後，廖名春撰〈帛書《易之義》釋文〉，對原釋文作了進一步修訂，同時參考陳來〈馬王堆帛書易傳與孔門易學〉〔註 10〕一文，發表於 1995 年 1 月出版的《國際易學研究第一輯》。鄧球柏於 1985 年前後曾對帛書《周易》之六十四卦內容作了校釋，其著作《白話帛書周易》由湖南出版社在 1987 年 11 月出版，內容並未涉及帛書易傳。鄧氏對帛書易傳之校釋成果最早見於 1995 年 1 月由岳麓書社出版之《白話帛書周易》，此注釋本是在 1985 年版《白話帛書周易》的基礎上再加入〈二三子問〉、〈繫辭〉、〈易之義〉、〈要〉四篇佚文而成。至於完整之帛書《周易》以及易傳校釋本則遲至 1996 年 8 月才由湖南出版社出版，將〈繆和〉與〈昭力〉兩篇補齊，名為《帛書周易校釋（增訂本）》。該書〈修訂重版后記〉中指出：

> 增加部分的底本分別依據傅舉有先生、陳松長先生編著的《馬
> 王堆漢墓文物》，陳鼓應先生主篇的《道家文化研究》，朱伯崑先生
> 主編的《國際易學研究》上公布的帛書周易傳的原文。原文分別為
> 張政烺先生、陳松長先生、廖名春先生、池田知久先生等寫定。

此外，廖名春又彙整其多年來對帛書《易經》、《易傳》之研究篇章成《帛書《易傳》初探》，此書於 1998 年由文史哲出版社出版，內容收有〈帛書《衷》釋文〉此乃將〈易之義〉篇題異為〈衷〉，並對前釋文（西元 1995 年之〈帛書《易之義》釋文〉）作了再次更動。另萬卷樓於 2000 年元月出版了趙建偉著之《出土簡帛《周易》疏證》，其中第五部分為〈易之義〉疏證。

由上所列，陳松長、廖名春是首度對〈易之義〉作出釋文的學者。鄧球柏則是在前人的基礎上，對帛書《周易》以及《易傳》進行更完整的注釋。趙建偉之《出土簡帛《周易》疏證》則最晚出。然而就文字觀之，《出土簡帛《周易》疏證》並非以〈易之義〉時代之本字書寫，而改以當今通行之文字，如改〈易之義〉六十四卦之「鍵」為「乾」、「川」為「坤」、「贛」為「坎」等，又如改「𢵧」為「動」、「𩕳」為「靜」、「𦄂」為「飛」、「鼉」為「躍」、「蠪」為「龍」等。此一更動對義理之闡發並無顯著影響，且有利於初學者窺探馬

王堆帛書《易經》、《易傳》，但是卻喪失了勘對古今文字、追溯字義本源、探討文字演變以及進一步深究卦名、卦辭、卦義關係之線索〔註11〕。本文擬先針對陳松長、廖名春、鄧球柏、趙建偉四位學者之撰文予以了解，再試圖探討〈易之義〉作者或帛書編者之旨意。進行方式擬以鄧球柏《帛書周易校釋（增訂本）》為底本，再參酌陳松長、廖名春合釋之〈帛書《二三子問》、《易之義》、《要》釋文〉、廖名春之〈帛書《易之義》釋文〉、〈帛書《衷》釋文〉以及趙建偉之《出土簡帛《周易》疏證》，以便對內容有較完整之認識。

從內容看，〈易之義〉約分為十一大部分：

〈易之義〉的段落，雖有由「子曰」或「易曰」兩個字起始，但節段仍難釐清，此為帛書《易傳》諸篇中最難辨析的一篇。今依內容形式及殘缺部分，並對照通行本〈繫辭傳下〉，恃之分為十一部分如下，以便論述：

第一部分：

從第一行之「子曰：易之義」起，至第二行之「□義沽下就，地之道也」止。指出《易》的精義在陽陰、剛柔、天地的和合相注。

第二部分：

從第二行末之「用六，贛也」起，至第十三行末之「然亓利⋯⋯」止。主要由卦名著手，就卦德、卦象兩方面解釋各卦的意義，並引用「子曰」來講解各卦、爻的義理。由此此部分殘缺嚴重，意義之詳釋有其困難。

第三部分：

從第十三行末之「昔者聖人之作易也」起，至第十六行初之「故易達數也」止。內容與今本〈說卦傳〉第一、二、三章略同，唯「天地定位」四句之先後順序與今本〈說卦傳〉第三章異。

第四部分：

從第十六行初之「子曰：萬物之義」起，至第十九行中之「此易贊也」止。主要以過剛五證及過柔五證為例，說明過陰或過陽之缺失，並重申陰陽

〔註11〕通觀〈大象傳〉釋坤至未濟六十三卦（採通行卦序）之特象：先述卦象，復述卦名，末以人情道理作結，如〈大象傳〉釋坤卦為：「地勢坤，君子以厚德載物。」釋未濟卦為：「火在水上，未濟，君子以慎辨物居方。」等，可謂極為整齊。唯獨釋乾卦：「天行健，君子以自強不息。」未述卦名，似不符合原則。帛書《易經》以「鍵」卦表「乾」卦，實有助於解決歷來學者對〈大象傳〉釋卦原則不一之疑惑。

相濟的重要。

第五部分：

從第十九行末之「子曰：鍵六剛能方」起，至第二十二行前後之「此鍵川之厽說也」止。主要參互闡述乾坤二卦。

第六部分：

從第二十三行初之「子曰：易之用也」起，至第二十九行前後之「此鍵之羊說也」止。以乾卦意旨之詳述爲主。

第七部分：

從第二十九行後之「子曰：易又名曰川」起，至第三十四行中之「此川之羊說也」止。乃以坤卦意旨之詳述爲主。

第八部分：

從第三十四行之「子〔曰〕：易之要」起，至第三十八行之「明〔失得之報〕」止。說明乾坤兩卦爲易之門戶，並對坤卦六四、六五、上六爻辭予以闡釋。

第九部分：

從第三十八行之「元□興也」起，至第四十一行之「渙而不救，則比矣」止。闡述憂患九卦意旨。

第十部分：

從第四十一行之「《易》之爲書也」起，至第四十二行之「則《易》亦不當」止。論述《易》道之變化原則與不變原則。

第十一部分：

從第四十二行之「《易》之義」起，至文末之「〔貴賤〕之等……」止。說明各爻之特點。

上述八、九、十、十一部分之內容，略同於通行本〈繫辭傳下〉第六、七、八、九章（分章方式依朱熹《周易本義》）。

此十一部分係就〈易之義〉之內容形式、殘缺部分及對照通行本之〈繫辭傳下〉，比較其雷同性所作之約略分法。後文解析，除了以分段方式列入〈易之義〉全文，對於其間異體、假借、衍文等，乃參考陳氏、廖氏、鄧氏、趙氏之撰文補入，並與通行本相似之內容進行比較。其間差異若於義理之抒發無損，擬不論述。若爲結構之誤置、占辭之殊異及「《易》曰」等之有無，攸關後文義理之闡述，則於同節分析中先行釐清，以利接序章節義理之發

揮。另對於義理闡發有重大影響之差異，需要擴大比較說明者，則視其內容之需，於後文各章中說明。例如，三陳九卦末卦之卦名，究爲巽卦？或爲渙卦？則於第四章再予探討；又如「上卦九者，贊以德而占以義者也」、「□□无德而占，則《易》亦不當」、「疑德占之，則《易》可用矣」三句，不見於通行本〈繫辭傳下〉，將於第六章第三節再詳加闡述。至於各節意旨之疏通則從「校注」、「文本詮釋」及「分析」三方面詮釋分析。注釋部分是就各章釋文之差異進行比較。陳氏、廖氏、鄧氏、三家釋文及趙氏疏證雖大抵相同，其間仍有些微差距，故於此處明之；文本詮釋則是各段內容大意之說明；分析部分包括結構分析、占辭差異分析等，全依各節特殊處提列。仍須加以說明的是，上述三部分僅爲此章論述之主要方向，唯各節釋文及內容重心或有差異，探討比重自有不同，故各節敘述條目之增刪，全依需要而定，彼此不盡全同。

釋文之標示方式，則悉如下所示：

1. □：表示殘字或筆畫不易辨認之字，以空格補上。
2. （ ）：表示異體、通假字，以今通行之本字補上。
3. 〔 〕：表示已缺損之字，按今文補入。
4. ……：表示難以估計之字數。
5. 各行末注出之行數，悉依陳氏、廖氏、鄧氏、趙氏之釋文、疏證。
6. 文字下方畫一橫線，表示陳氏、廖氏、鄧氏三家釋文及趙氏疏證之異，或需於注釋加以說明者。

茲就此十一部分，依此標示方式，分節校釋如後。

第一節　陰陽總綱

本部分原在全文的第一行至第二行中，茲錄如下：

子曰：易之義誰（唯）1陰與陽，六畫而成章。曲句爲柔，正直爲剛。六剛无柔，是胃（謂）大陽2，此天〔之義也〕。□□□□□□□□□□□□□方，六柔无（無）剛，此地之義。天地相衛（率），氣味相取，陰陽流荊（形），剛1行柔成〔章〕3。萬物莫不欲長生而亞（惡）死，會心3者而台（以）4作易，和之至也。是故鍵（乾）□□□□□□□□□□□□□□□□□□□□義沽下就，地之道也。

一、校　注

1. 唯：陳松長、廖名春合釋之文作「誰」，廖名春獨立發表之釋文作「評」。鄧球柏則認爲：「誰：讀爲"唯"字。又作"訏"。訏，召也。后作"呼"。稱呼。」〔註12〕雖然三人對此字的辨識稍有不同，但都是強調《易》的意涵在于陰陽，儘管字異，但對義理闡發並無影響。

2. 陽：陳松長、廖名春、鄧球柏釋文皆作「陽」，趙建偉疏證則作「剛」。今從陳氏、廖氏、鄧氏釋文作「陽」。

3. 章：陳松長與廖名春皆以□表之，鄧球柏則據「六畫而成章」將空格補爲「章」。此說可供參考。

4. 心：陳松長、廖名春合釋之文及鄧球柏校釋文皆釋爲「心」，廖名春獨立釋文則以□示之。此差異，有待進一步資料公布再行定奪。

5. 以：鄧球柏《帛書周易校釋（增訂本）》云：「"台"讀爲"以"，古書中"以"刻作"㠯"，與"台"形似易訛。」今從之。

二、文本詮釋

本部分說明《易》的道理是陰與陽的變化，透過陰陽六畫之交錯構成完整的六十四卦系統。陽形爲—，其義爲剛，剛而無柔，謂之大陽，以此象天之理；陰形爲--，其義爲柔，柔而無剛，則象地之理。聖人藉由觀察宇宙陽剛、陰柔彼此互補、聚合以及交相作用的運行方式創造了《易》，以指導萬物趨吉避凶之法，從而領略萬物生死循環之理，進而擺脫欲生懼死之複雜心態，期能於繁雜現象中臻至和合境界。

三、分析：陰陽相取

這一部分將陰陽二義提爲《易經》總綱，並指明萬物萬象的妥當配合，可以達到和合的極至。通觀十翼，有明指乾坤爲易之門戶者，無陰陽爲易之要義者，〈易之義〉則認爲乾坤、陰陽同爲《易》之關鍵角色。文中首先提出乾坤、陰陽、剛柔、動靜等相反又相融，作爲後文深入分析何以乾坤爲易之

〔註12〕鄧球柏《帛書周易校釋（增訂本）》，（湖南出版社，西元 1996 年 8 月），頁 456。本文所引《帛書周易校釋（增訂本）》皆依此版本。

門戶，陰陽爲易之要義的門檻，並揭示乾坤、陰陽之合在於「和」，爲後文剛柔相濟的中心思想埋下伏筆。

第二節 「直、方、大，不習，吉」

本部分原在全文的第二行至第十三行末，茲錄如下：

用六，贛（坎）也，用九，盈也。盈而剛，故《易》曰：直 2行方大，不習，吉也。因不習而備。故《易》曰：見 1群龍無首吉也。是故鍵（乾）者得〔之〕□□□□□□□□□□□□□□□□□□□□畏也。容（訟）者，得之疑也。師者，得之栽也。比者，得鮮也。小蓄（畜）者，〔得〕之 3未□也。履者，謹之行也。益者，上下交矣。婦（否）者，〔陰〕陽奸矣，下多陰而紆□□□□□□□□□□□□□□□□□□而周，所以人背也。无孟（妄）之卦，有罪而死，无功而賞，所以峀，故 4行□。余之卦，歸而強，士諍也。嬬（需）□□□□□□□知未騰朕（勝）也。容（訟），失諸□□□□□□□□□□□□□□遠也。大有之卦，孫（遯）位也。大床（壯），小腫（動）而大從，□□□也。大蓄（畜），兌而誨 5行〔也〕。隨之卦，相而能戒也。□□□□□□□□□无爭而后。……者，得……。和説而知畏。謹（艮）者，得之代邦也。家〔人〕者，得處也。井者，得之徹 6行也。均（姤）者，□□□□□□□□□□□□□□也。豐者，得……之卦，草木……而從于不壹。均（姤）之卦，足而知余。林之卦，自誰（推）不先瞿（懼）。觀之卦，盈而能乎（虛）7行。齋（晉）之卦，善近而□□□□□□□□□□□□□其……絕誘也。……乎□□□□□□□忠身失量，故曰慎而侍（待）也。筮闒（噬嗑）紫紀，恒言不 8行已，容（訟）獄凶得也。勞之卦……易……者……行也。損以……也。大床（壯），以卑陰也。歸妹，以正女也。9行既齋（濟）者，亨余比貧。……而知路，凡……埣也。子曰：……10行禁□也。子曰：……既窮□而……。〔晉〕如秋如，所以辟（避）怒〔也〕……11行〔不〕事王侯，□□之謂也。不求則不足以難……易曰：……12行則危，親傷□□。〔易〕曰：何校則凶，屨（屢）校則吉，此之胃（謂）也。子曰：五行□□□□□□□□□□□□用，不可學者也，唯亓（其）人而已矣。然其利□□□□□□□□□□□□□□□。

一、校 注

見：陳氏、廖氏釋文爲：「易曰：見群龍无首，吉。」鄧氏釋文則爲：「易曰：群龍无首，吉。」差異在於「群龍无首，吉」前，鄧本釋文無「見」字。然查通行本及帛書本《易經》皆有「見」字，且同篇第二十八行末至第二十九行初之乾卦用九爻辭，鄧氏釋文亦爲「見群蟲（龍）无首。」因此，鄧氏釋文於此節所缺之「見」字，或許爲著作時脫漏，或印刷時排版之失。此爻旨在強調群龍謙讓，是以爲吉。

二、文本詮釋

此節先行申說「直、方、大，不習」而「吉」在於陰中見陽；「群龍无首」而「吉」在於陽中有陰。陰陽交互爲用，故能達到萬物並存，和之至也的願望。復就訟、師、比等卦之卦德論證卦、爻辭意義，再以「子曰」起首講述卦、爻辭道理。惜因缺文嚴重，故此從略。

三、分 析

（一）爻名爲用六，爻辭卻爲六二

此爲〈易之義〉通篇脫漏最嚴重的部分，無法辨識處極多，即使稍可辨識，也由於通假、異文及缺漏，欲逐一了解整段旨意，亦非易事。大抵而言，前半部（約第三行中間至第十行中間）係就卦德、卦象論證卦、爻辭的意義，形式上類似同篇第三十九行至第四十一行初之「三陳九卦」；後半部（約第十行末至第十三行末）則以「子曰」起首，講述卦、爻辭道理。在長達十一多行的文章中，唯一能夠清楚辨認的，只有第二行末至第三行初約一行之敘述。然而，此段敘述卻出現爻名爲用六，爻辭卻爲六二之前後不一現象。

首先，就形式言，「用六，贛（坎）也；用九，盈也，盈而剛。」乃分別簡述用六，用九二爻代表坎凹及盈滿剛強之意。其後的「故《易》曰：直、方、大，不習，吉也。因不習而備。故《易》曰：見群龍無首，吉也。」顯然是就前文已述之用六、用九二爻進行補充說明。其中，「見群龍無首，吉也」指用九爻辭，與通行本《易經》、帛書本《易經》及〈易之義〉等相關資料所述一致；至於「直、方、大，不習，吉也。」依形式推斷，也應指用六爻辭才較符合前後相承、文句對稱關係。然查通行本《易經》、帛書本《易經》及

〈易之義〉等相關資料，用六爻辭應為「利永貞」，「直、方、大，不習，吉」當為六二爻辭。以下將由內容對此部分再行分析。

用九代表盈滿剛強，與爻辭指涉之「群龍」相符。在易卦裡，乾卦六爻及用九爻皆稱龍，也都具有陽剛本色，故以盈而剛說明群龍。群龍雜處，易恃才而爭，若輔以陰柔，則能謙讓不爭。不強居人首，占則為吉，故曰「无首，吉也。」是以前者「盈也，盈而剛」為簡述，後者「見群龍无首，吉也」為詳說及結論。前後不但語意相承，亦能突顯〈易之義〉篇首強調陰陽和合之用心。

再觀用六及其爻辭，若從形式對稱原則推之，「贛也」與「直、方、大，不習，吉也」必然存在前後關係，且依分析前文用九爻辭之手法，「贛也」應為簡說，「直、方、大，不習，吉也」當為詳說及結論。但一為用六，一為六二，其在內容上有何關係？〈易之義〉釋用六爻辭為坎凹之義。〈文言傳〉釋坤卦卦辭為：「坤至柔而動也剛，至靜而德方，……含萬物而化光。」其中，「剛」、「方」、「光」與六二爻辭之「直」、「方」、「大」意思相近，強調坤卦本性柔靜，若隨從陽動，則能展現剛直、方正、光大以生萬物之性。因此，用六表面上雖代表坎凹陰柔，但從接序之六二爻辭內容觀之，並配以〈文言傳〉坤卦釋義，可知〈易之義〉此處之安排，實欲表達用六爻本體雖陰，亦含陽剛本性，內容上同樣具有突顯〈易之義〉篇首強調陰陽和合之用心。是以就形式及內容析論之，「見群龍无首，吉也。」「直、方、大，不習，吉也。」都是對用九、用六之補充和延申，並強調陰陽和合之要。此處爻名、爻辭之異，或許並非〈易之義〉作者關注的重心，陰陽平衡才是申述的焦點所在。因此，先舉用九、用六略述性質，再就其失分別以「无首」、「直、方、大」以制衡之，以透顯和合相濟為「吉」之狀態。

（二）六二爻辭為「吉」或「无不利」

〈易之義〉坤卦六二爻辭皆書為：「直方大，不習，吉。」然查通行本《易經》以及帛書本《易經》，坤卦六二爻辭皆為「直、方、大，不習，无不利。」兩者差異在於占辭部分。通行本《易經》及帛書本《易經》皆占為「无不利」，〈易之義〉則直言「吉」。通觀〈易之義〉一文，此爻辭計出現四次，其中兩次，是直接依據墓內絹帛作出的釋文，另兩次則是據前述兩次之行文補入。就程度言，「无不利」所占之事並非不利，至於是否為「吉」，通行本及帛書本《易經》皆未進一步說明；〈易之義〉則明確點出：具備剛直、方正、廣大德性者，可「不習而備」，而至吉祥。造成經文與傳文於占辭上歧異之因，或

因〈易之義〉作者誤記經文，或由於所根據之經文異於通行本及帛書本《易經》，或由於抄手筆誤，今日已難論斷。黃師慶萱《周易讀本》闡釋屯卦六四爻辭「无不利」引船山《易內傳》：「於己爲吉，於物无不利矣。」〔註13〕作爲「吉」與「利」之別，文中認爲：

> 「吉」是己有所得。所以繫辭傳上説：「吉凶者，失得之象也。」
> 「利」是爲民造福。所以乾文言傳言：「利物」；繫辭傳上言：「爲天下利」；繫辭傳下言：「利天下」〔註14〕。

此甚爲精當。然吾師於目見〈易之義〉六二爻之占斷辭爲「吉」，而非傳統之「无不利」時，指出王氏之説，可能分析過密，「吉」與「利」於〈易之義〉時代應未區分爲「於己」與「爲人」。今亦從之。故於後文對此爻辭意旨之闡發，將承吾師之説，由六二爻辭「稟性正直，行爲合矩，人格自然偉大，不必矯揉做作」〔註15〕著手，至於占辭則以吉辭視之。

第三節　「占」、「數」、「卦」、「爻」、「義」、「命」、「理」

本部分原在全文的第十三行至第十六行行中，茲錄如下：

〔昔者聖人之作易也，幽〕13行贊於神明而生占也，參天雨1地而義數也，觀變于陰陽而立卦也，發揮于剛柔而〔生爻也，和順於道德〕而理于義也，窮（窮）理盡生（性）而至于命〔也，將以順性命之〕理也。是故位（立）14行天之道曰陰與陽，位（立）地之道曰柔與剛，位（立）人之道曰仁與義。兼三財（才）兩之，六畫而成卦，分陰分陽，迭用柔剛，故《易》六畫而爲章也。天地定立（位），〔山澤通氣〕，火水相射，雷風相樽2（薄），八卦相厝（錯），數往15行者順，知來者逆，故易達數也。

一、校　注

1. 雨：陳松長與廖名春合釋之文以及鄧球柏校釋本皆爲「雨」。廖名春獨立釋文及趙建偉疏證則爲「兩」。〈說卦傳〉亦爲「兩」。疑「雨」字爲「兩」字之訛。

〔註13〕王船山《周易內傳》卷一，（台北：廣文書局西元 1971 年 5 月），頁 58。
〔註14〕黃師慶萱《周易讀本》（台北：三民書局，西元 1980 年），頁 80。
〔註15〕同前註，頁 56。

2. 溥：陳松長、廖名春合釋之文以及鄧球柏《白話帛書周易》皆爲「槫」。
廖名春獨立釋文以及鄧本《帛書周易校釋（增訂本）》則爲「槫」。
「槫」與「槫」應是陳氏、廖氏隸定判讀時產生之差距。由於絹
帛黏連，判讀不易，此種差異在所難免。唯此二字之差，並未對
意義闡釋造成重大影響。

二、文本詮釋

此節係說明古之聖人作易時，藉由神明指示，產生占筮；靠著天地奇偶之
異，立下數的概念；觀察陰陽變化，確立卦形；發揮剛柔道理，生出爻畫；行
事順著萬物之道，和者萬事之德，並將道德納入義理的範圍，以窮究萬物之性
與萬事之理，達到順合天命造化的境界。所以，天的道理爲陰與陽，地的道理
爲柔與剛，人的道理爲仁與義。結合天、地、人三才的特點，再交錯地運用陽
剛與陰柔，形成《易經》六十四卦，每卦爲六爻的道理。又天地、山澤、火水、
雷風兩兩相對相錯，構成宇宙基本模式，從而啟示人們透過從前經驗的累積，
可以作爲未來發展的借鏡。此種鑑往知來的功能，便是《易》的主要效用。

三、分 析

（一）贊於神明而生「蓍」與生「占」

〈說卦傳〉言：「幽贊於神明而生蓍。」〈易之義〉言：「幽贊於神明而生
占。」一言「蓍」，一謂「占」，足見〈易之義〉時代，求卦之法不一定使用
蓍草，可能尚有其他方法。自古流傳占卦之法，大要言之，一爲卜，一爲筮。
前者使用龜甲、獸骨，後者使用蓍草。帛書〈繫辭〉及其他五篇佚文皆無「大
衍之數章」，可以確認〈易之義〉作者所處時代，占問仍是人民普遍的習慣，
至於求問之法則不只一種。

（二）「天地定位」八句

此節敍述略同〈說卦傳〉第一、二、三章，〈說卦傳〉稱：

> 昔者聖人之作易也，幽贊於神明而生蓍，參天兩地而倚數，觀
> 變於陰陽而立卦，發揮於剛柔而生爻，和順於道德而理於義，窮理
> 盡性以至於命。昔者聖人之作易也，將以順性命之理。是以立天之
> 道曰陰與陽，立地之道曰柔與剛，立人之道曰仁與義。兼三才而兩

之，故易六畫而成卦；分陰分陽，迭用柔剛，故易六位而成章。天
地定位，山澤通氣，雷風相薄，水火不相射，八卦相錯，數往者順，
知來者逆，是故易，逆數也。

兩相比較，最大差異爲「天地定位」四句。〈易之義〉之順序爲「天地定
位、山澤通氣、火水相射、雷風相槫」，其中「山澤通氣」四字由於闕文，故
按今本補入。〈說卦傳〉之順序爲「天地定位、山澤通氣、雷風相薄、水火不
相射」。〈易之義〉先言「火水」，再言「雷風」，〈說卦傳〉則先言「雷風」，
再言「水火」，此乃就卦名先後次序而言。又〈易之義〉言「火水相射」，〈說
卦傳〉謂「水火不相射」。一爲「相射」一爲「不相射」，多出「不」字，意
義就差多了，此乃就義理上說。此外，〈易之義〉言：「故易達數也。」〈說卦
傳〉謂：「故易逆數也。」一言「達」，一謂「逆」，於意義之發揮亦異。由於
這些問題牽涉極廣，故一併於第七章第一節再予討論。

（三）與〈說卦傳〉之比較

廖名春於〈帛書《易之義》簡說〉中曾說：

> 《易之義》同於《說卦》前三章文字，也屬援引[註16]。

然從〈易之義〉之結構分析，〈說卦傳〉前三章文字當爲〈易之義〉本有，
下文將由〈說卦傳〉及〈易之義〉之內容探討，以肯定該部分在〈易之義〉
的歸屬。〈說卦傳〉計十一章，第一、二、三章著眼於陰陽、剛柔等二元命題
探討，以及《易》形成之過程、方法及功用和八卦方位。第四、五、六、七、
八、九、十、十一章分別言及八卦屬性、所屬方位、代表德性以及象徵之動
物、身體部位、人倫關係及日用器物等。〈易之義〉通篇論述陰陽大義，強調
和合之要。相較之下，〈說卦傳〉除第五章亦述及八卦方位與第三章稍同外，
其餘各章與第一、二章所述內容不同。反觀〈易之義〉，通篇內容與〈說卦傳〉
第一、二相近。這些略同〈說卦傳〉前三章之文字置於〈易之義〉，不但意義
得到彰顯，也可作爲〈易之義〉陰陽相合觀點之佐證。

第四節　「文而能朕」、「武而能安」

本部分原在全文的第十六行至第十九行中，茲錄如下：

子曰：萬物之義，不剛則不能撞（動）₁，不撞（動）則无功，恒撞（動）

〔註16〕廖名春〈帛書《易之義》簡說〉，見《道家文化研究》第三輯，頁99。

而弗中則〔亡〕₂，〔此剛〕之失也。不柔則不靜（靜），不靜（靜）則不安，久靜（靜）不嬥（動）則沈，此柔之失也。是故鍵（乾）之炕（亢）龍，壯（大壯）之觸藩₁₆行，句（姤）之離角，鼎之折足，鄷（豐）之虛盈，五繇者，剛之失也，嬥（動）而不能靜（靜）者也，川（坤）之牝馬，小蓄（畜）之密雲，句（姤）之〔適〕（蹢）屬（躅），〔漸〕之繩（孕）婦，肫（屯）之泣血，五繇者，陰之失也，靜（靜）而不能嬥（動）者也。是故天之義，剛健嬥（動）發₁₇行而不息，亓吉保功也。无柔栽（救）之，不死必亡。嬥（動）陽者亡，故火不吉也。地之義柔弱沈靜（靜）不嬥（動），亓吉〔保安也。无〕剛栽₃之，則窕（窮）賤遺亡。重陰者沈，故水不吉也。故武之義保功而恒死，文之義₁₈行保安而恒窕（窮）。是故柔而不狂₄，然后文而能朕（勝）也；剛而不折，然后武而能安也。易曰：直方大，不〔習，吉。〕□□□之屯於文武也。此易贊也。

一、校 注

1. 動：陳松長、廖名春合釋之文為「僮」。廖名春獨立釋文以及鄧球柏釋文皆為「嬥」。「嬥」與「僮」皆為「動」之異體字。雖然釋文不同，但對句義實無影響。

2. 亡：陳松長、廖名春合釋之〈帛書《二三子問》、《易之義》、《要》釋文〉、廖名春之〈帛書《易之義》釋文〉與趙建偉之《出土簡帛《周易》疏證》皆以空格表之。鄧球柏之《帛書《周易》校釋（增訂本）》及廖名春之〈帛書《衷》釋文〉則於空格處填入「亡」。觀後文「无柔栽之，不死必亡」，「无剛栽之，則窕賤遺亡」二處皆言「亡」，故就句義及邏輯推之，「亡」字可供參考。

3. 栽：陳松長、廖名春合釋之文以空格表示。廖名春獨立釋文以「文」表示。鄧球柏釋文以「栽」表之。趙建偉疏證以「救」示之。「文」有文飾、修飾之義，強調用剛健來修飾過柔之失。「栽」字，鄧球柏釋為「匹配」，隱涵以陽剛匹配陰柔。「救」字，趙建偉疏為輔助。由於此段主要側重陰陽之間的調合、互補，因此，無論是「文」字、「栽」字或是「救」字皆不離本意。

4. 狂：陳松長，廖名春合釋之文及趙建偉疏證皆為「狂」或「枉」。廖名春〈帛書《易之義》釋文〉為「犹」。另廖氏之〈帛書《衷》釋文〉為狀。鄧球柏釋文為「狂」。釋文雖異，其義皆強調不過分。

二、文本詮釋

此謂萬物之理，皆著重動靜相兼，剛柔和合，文武相濟，陰陽平衡；皆反對動而不靜，剛而不柔，文而不武，陰而不陽。是以乾卦上九爻辭：「亢龍」，大壯卦上六爻辭：「觸藩」，姤卦上九爻辭：「離角」，鼎卦九四爻辭：「折足」和豐卦卦辭：「虛盈」，皆為剛而不柔之失；坤卦卦辭：「牝馬」，小畜卦卦辭：「密雲」，姤卦初六爻辭：「適屬」，漸卦九三爻辭：「婦繩」，屯卦上六爻辭：「泣血」，皆是陰而不剛之誤。此提醒世人，剛強固然可以保持功業，若一味如火，陽剛過盛，不知節制，則會導致敗亡；同理，柔靜能維護穩定，但若如水，任由陰柔恣意擴展，也會導致窮亡。所以陰柔的適度表現，「文」才能恰如其分的展現保安功效；適當的表現陽剛特質，「武」才能確實的顯現功能。《易經》言：「直、方、大，不習，吉。」意指能達到文武兼備之境界，這就是易贊。此外，該節末句〈易之義〉提到「直、方、大，不習，吉。」此乃第二次引用坤卦六二爻辭。顯而易見，此一爻辭並非單純強調坤柔質性，而是用於說明文武和合。當陰柔能濟以陽剛，並作適度的發揮時，即使不特別學習，亦能臻至祥和境地。

三、分析：過剛五繇，過柔五繇之「繇」

這一節〈易之義〉作者列舉鍵（乾）之炕（亢）龍，壯（大壯）之觸藩，句（姤）之離角，鼎之折足，酆（豐）之虛盈為過剛五繇，又舉川（坤）之牝馬，小蓄（畜）之密雲，句（姤）之〔適〕（蹢）屬（躅），〔漸〕之繩（孕）婦，肫（屯）之泣血為過柔五繇，以明剛柔並濟之要。「繇」通「爻」，當指爻辭。然十繇中僅乾卦之上九爻、大壯卦之上六爻、姤卦之上九爻、鼎卦之九四爻、姤卦之初六爻、漸卦之九三爻、屯卦之上六爻言及爻辭，坤卦、小畜卦言及卦辭，而豐卦則包括〈象傳〉之「天地盈虛」及上六爻義的概括。換句話說，十爻中實際上只有七處是據爻以證，其餘三處則包括卦辭及《易傳》之陳述。此一現象若非〈易之義〉之失，則可推斷當時「繇」字所指涉之範圍宜較今日為大。趙建偉《出土簡帛《周易》疏證》言：「可能所謂繇，一方面作動詞講指宣讀卦爻辭及解釋卦爻辭的文字（如《左傳‧僖公十五年》），另一方面作名詞講則在秦漢時不但指卦爻辭而且也包括《易傳》」〔註17〕值得參考。

〔註17〕頁247。

第五節　「柔而能方」，「剛而能讓」

本部分原在全文的第十九行至第二十二行中，茲錄如下：

子曰：鍵（乾），六剛能方，湯武之德也。潛龍勿用者，匿也 19行。見蠪（龍）在田也者，德也。君子冬（終）日鍵（乾）鍵（乾），用也。夕沂（惕）若厲，無咎，息也。或鑃（躍）在淵，隱〔而〕能䴖（靜）也。翡（飛）蠪（龍）〔在天〕，□而上也。炕（亢）龍有悬（悔），高而爭也。群龍無首，文而耶（聖）也。川（坤），六柔相從順，文之至也。君子 20行先迷后得主，學人之謂也。東北喪崩（朋）西南得崩（朋），求賢也。履霜堅冰至，豫□□也。直方大，〔不習，吉，〕□□□〔也〕。含章可貞，言美請（情）也。聒（括）囊，無咎，語無聲也。黃常（裳），元吉，有而弗發也 21行。龍單（戰）于野，文而能達也。或從王事，无成有冬（終），學而能發也。《易》曰：何校，剛而折也。鳴嗛（謙）也者，柔而□〔也〕。〔遁（遯）之〕黃牛，文而知朕（勝）矣。渙之緣（彖）辭，武而知安矣。川（坤）之至德，柔而反于方，鍵（乾）之至德 22行，剛而能讓，此鍵（乾）川（坤）之厽（參）1說也。

一、校　注

厽：陳松長、廖名春合釋之文、鄧球柏釋文及廖名春〈帛書《衷》釋文〉皆爲「厽」。廖名春〈帛書《易之義》釋文〉爲「三」。趙建偉疏證則爲「參」。綜觀〈易之義〉全文，乾、坤兩卦之解說計二次：一爲簡說，一爲詳說，所以「三」說於理不通；且乾、坤兩卦之申說，第一次出現於此，因此，「三」說也未合邏輯，當以「厽」說爲佳，乃參互比較之意。

二、文本詮釋

本部分主要由六個剛爻構成乾卦爲始，說明乾卦具備方正、平直之特性，象徵商湯、周武王品德；坤卦由六個陰柔之爻組成，代表文柔的極至。然後分說乾坤二卦之義旨，文末並略述噬嗑卦上九爻辭、謙卦六二爻辭、遯卦六二爻辭及渙卦卦辭之特質，以重申剛而能讓，柔而反方爲人生的最高目標。

三、分析：坤卦六三爻辭與六四、六五、上六爻辭之文句誤置

此節將乾、坤兩卦特點以極簡約之文字揭示出來，並據其特點闡明文武

並重，陰陽相互爲用之理，爲後文乾、坤詳說之總目。然於簡釋坤卦六三爻辭：「含章可貞，或從王事，无成有冬（終）」時卻出現簡釋六四爻辭、六五爻辭以及上六爻辭之敘述介於折開分釋的六三爻辭間。也就是說，六四爻辭：「聐（括）囊，無咎」六五爻辭：「黃常（裳），元吉」上六爻辭：「龍單（戰）于野」的解釋文字置於六三爻辭：「含章可貞」及「或從王事，无成有冬（終）」之間。

　　檢示前文分釋坤卦卦辭之先後順序爲：「君子」、「先迷後得主」、「東北喪崩（朋），西南得崩（朋）」，可知在坤卦簡說中並未置任何卦辭或爻辭於折開分釋的坤卦卦辭間。復考核後文詳釋坤卦六三爻辭之敘述爲：「《易》曰：『含章可貞，吉。』言美請（情）之胃（謂）也。文人鐪（動），小事時說，大〔事〕順成，知毋過數而柔和。《易》曰：『或從王事，无成又（有）冬（終）』。子曰：言詩書之胃（謂）也。君子笱（苟）得亓冬（終），可必可盡也。」顯然的，亦未於折開分釋的六三爻辭間置入其他卦辭或爻辭。是以置於六三爻辭間的六四爻辭、六五爻辭、上六爻辭爲文句誤置。換句話說，二十二行之「或從王事，无成有冬（終），學而能發也」當置於二十一行「含章可貞，言美請（情）也」後，「聐（括）囊，無咎，語無聲也」前。

　　是以此部分之前後順序當爲：

　　　　含章可貞，言美請（情）也。或從王事，无成有冬（終），學而
　　能發也。聐（括）囊，無咎，語無聲也。黃常（裳），元吉，有而弗
　　發也。龍單（戰）于野，文而能達也。

　　經此更動，不但坤卦六三爻辭得以完整，簡釋、詳釋又可充分配合，實有助於文章敘述之前後連貫性及語意表達之合理性、充分性及完整性。

第六節　乾之詳說

　　本部分原在全文的第二十三行至第二十九行中，茲錄如下：

　　子曰：《易》之用也，段（殷）之无道，周之盛德也。恐以守功，敬以承事，知（智）以辟（避）患，□□□□□□□□□文王之危知（智），史說之數書，孰能辯焉？《易》曰：又名爲曰鍵（乾）。鍵（乾）也者，八卦 23 行之長也。九也者，六肴（爻）之大也。爲九之狀，浮首兆（頫）下，蛇身僂曲，其爲龍類也。夫蠪（龍），下居而上達者□□□□□□□□□□而成章。在下

爲榕（潛），在上爲炕（亢）。人之陰德不行者，元陽必失類。《易》24行曰：潛龍勿用，元義潛清勿使之胃（謂）也。子曰：廢則不可入于謀，朕（勝）則不可與戒，忌者不可與親，繳□□□□□□。〔《易》〕曰：潛龍〔勿用〕，炕（亢）龍有悬（悔），言其過也。物之上搕（盛）而下絕者，不久大立（位），必多元 25行 咎。《易》曰：炕（亢）蠻（龍）有悬（悔），大人之義不實于心，則不見于德；不單于口，則不澤于面。能威能澤，胃（謂）之蠻（龍）。《易》〔曰：見龍在田，利〕見大人，子曰：君子之德也。君子齊明好道，日自見以侍（待）用也。見男（用）則 26行 嬞（動），不見用則鞙（靜）。《易》曰：君子冬（終）日鍵（乾）鍵（乾），夕沂（惕）若屬，无咎。子曰：知息也，何咎之有？人不淵不鼃（躍）則不見□□□□□□反居其□□。《易》曰：或鼃（躍）在淵，无咎・子曰：恒鼃（躍）則凶。君子鼃（躍）以自見，道以自 27行 成。君子窈（窮）不忘達，安不忘亡，鞙（靜）居而成章，首福又（有）皇。《易》曰：罪（飛）蠻（龍）在天，利見大人，子曰：天〔之〕□□□□□□□□□□□□□□□□文而溥，齊明而達矣。此以剚（專）名，熟能及〔乎〕？《易》曰：見群 28行 蠻（龍）无首。子曰：讓善之胃（謂）也。君子群居莫敢₁首，善而治，何諓₂元（其）和也？龍不侍（待）光而嬞（動），无階而登，□□□□□□□□□□□□□□此鍵（乾）之羊（詳）說也。

一、校　注

1. 敢：陳松長、廖名春合釋之文爲「耴」，解釋爲「亂」。趙建偉疏證亦爲「亂」。廖名春獨立釋文及鄧球柏釋文則爲「敢」。前者隱含處於大團體中，不以己見左右眾人意見，以形成混亂現象之意；後者說明於團體中，不敢以首領自居，而應廣納眾人意見，擇善而治。前者指出身爲團體一份子應有的態度；後者則提出身爲領導人物應該掌握之重點。雖然二者立足點稍有不同，但是強調謙讓和善之宗旨則一。自古以來，龍在中國人的心目中即具有上天下地，千變萬化的本事。沿襲日久，龍成爲天子、有德者之代稱。此卦即以龍象徵君子德業之修持已臻完善境界，故「群龍」表示最佳人選聚集一處，「无首」代表莫敢自居爲首。天下人若皆能秉持君子謙和不爭的態度，不以己意爲是，他意爲非，也就事事太平，故言「吉祥」。

2. 䛧：陳松長，廖名春釋文皆作「䛧」。鄧球柏釋文作「誅」。此間差異
疑為鄧本之失。今從陳氏、廖氏。

二、文本詮釋

本部分說明《易經》興起之因，並探討乾陽以「九」示之緣由，為陽爻
用九，陰爻用六之因由提供線索。且在第五節簡說之基礎下，以極短文字針
對乾卦爻辭作了詳實解說。由初九之「潛清」，上九之太「過」開始，而後九
二之「德業」，九三之「知息」，九四之「窮達」、「安亡」，九五之「齊明而達」
以及用九之「讓善」。主要揭示君子於人生各階段之修身養性原則，解說方式
類似〈文言傳〉，可惜未對乾卦卦辭予以說明，實為憾事。

三、分析：墨點「‧」

此節於二十七行出現通篇唯一之墨點——「‧」。墨點前之敘為：「《易》
曰：『或鼉（躍）在淵，无咎。』」墨點後之敘述為：「子曰：恒鼉（躍）則凶。
君子鼉（躍）以自見，道以自成。君子竆（窮）不忘達，安不忘亡，靖（靜）
居而成章，首福又（有）皇。」也就是說墨點前後同為乾卦九四爻辭之陳述。
何以〈易之義〉要於未說明完備的語句間點上圓點？令人質疑。

觀〈易之義〉中，墨點標示之法於帛書《易傳》各篇中最難理解。帛書
《易傳》各篇之墨點標示，有表示段落之隔開（例如〈二三子〉、〈繆和〉）也
有代表大段之分別（例如〈要〉、〈昭力〉）。然而，〈易之義〉通篇只有一個墨
點，出現在第二十七行中間。墨點前後句子關係密切，很難斷開，皆為述說
乾卦九四爻辭之旨意，但與〈二三子〉稍微類似處則為墨點前之內容偏向原
理，墨點後之內容則偏向解釋〔註 18〕。然由墨點前後語句欠缺完整的情形推
斷，此處墨點似很隨意，無法發揮畫分章節的效用，因此，文中之墨點，不
乏抄手誤點，或翻釋過程中之疏失。因此，於後文析義時，除由原理、解釋
兩方面分析外，亦將擺脫墨點之約束，而把墨點前後所述之內容視為一整體，
以便全面探討。

〔註18〕貝克定《馬王堆〈易之義〉「數往／知來」段及其相關問題研究》，國文台灣
大學中國文學研究所碩士論文，黃沛榮指導，1999 年 6 月。

第七節　坤之詳說

本部分原在全文的第二十九行至第三十四行中，茲錄如下：

子曰：《易》又名曰川（坤），雌道也。故曰牝馬之貞 29行，童歡也，川（坤）之類也。是故良馬之類，廣前而景后，遂臧，尚受而順，下安而竫（靜），外又美刑（形）則中又□□□□□□□□乎，艮以來群，文德也。是故文人之義，不侍（待）人以不善，見亞（惡）墨（默）然弗 30行反，是胃（謂）以前戒后，武夫昌慮，文人緣序。《易》曰：先迷後得主，學人胃（謂）也，何先主之又（有）？天氣作□□□□□□□□，亓寒不凍，亓暑不渴（渴）。易曰：履霜堅冰至。子曰孫（遜）從之胃（謂）也。歲之義 31行，始于東北，成于西南。君子見始弗逆，順而保毅。《易》曰：東北喪崩（朋），西南得崩（朋），吉。子曰：非吉石也。亓□□□□與賢之胃（謂）也。〔武夫〕又（有），拂，文人有輔，拂不橈（撓），輔不絕，何不吉之又（有）？《易》曰：直方大，不習 32行，吉。子曰：生（性）文武也，雖強學，是弗能及之矣。《易》曰：含章可貞，吉。言美請（情）之胃（謂）也。文人燻（動），小事時說，大〔事〕順成，知毋過數而務柔和。《易》曰：或從王₁事，无成又（有）冬（終）。子曰：言詩書之胃（謂）也。君子笱（苟）得亓 33行冬（終），可必可盡也。君子言于无罪之外，不言于又（有）罪之內，是胃（謂）重福。《易》曰：利〔永〕貞。此川（坤）之羊（詳）說也。

一、校　注

王：陳松長，廖名春釋文皆爲「或從事，無成又（有）冬（終）。」鄧球柏釋文則爲「或從王事，無成又（有）冬（終）。」其間差異在於「王」之有無。查前文簡說，陳氏、廖氏、鄧氏釋文皆有「王」，故疑「王」乃抄手漏抄之失，至於鄧本「王」字，則爲鄧氏自行補入。

二、文本詮釋

本部分主要申說坤卦卦辭以及坤卦初六、六二、六三、用六爻辭之意義。由「牝馬」柔順之質爲始，及於文武合德之要，再言及文人行事著重大局，不抵觸法律，凡事秉持謙遜柔和的態度，並與武人特質稍作區分。

三、分析：坤卦卦辭、初六爻辭之文句誤置

觀本部分闡述坤卦初六爻辭旨意之「天氣作□□□□□□□□，亓寒不凍，亓暑不曷（渴）。《易》曰：『履霜，堅冰至。』子曰：『孫（遜）從之胃（謂）也。』」前為敘述坤卦卦辭之「《易》曰：『先迷後得主』，學人胃（謂）也，何先主之又（有）？」後亦為敘述坤卦卦辭之「歲之義，始於東北，成於西南。〔武夫〕又（有）拂，文人有輔。拂不橈，輔不絕，何不吉之又（有）？」換句話說，坤卦初六爻辭置於斷開的坤卦卦辭間，令人費解。

經查前文坤卦簡說，其敘述之先後順序為「君子」、「先迷後得主」、「東北喪崩（朋），西南得崩（朋）」、「履霜，堅冰至」、「直、方、大，不〔習，吉〕」；也就是坤卦卦辭、坤卦卦辭、坤卦卦辭、初六爻辭、六二爻辭。顯然的，在坤卦簡說中，初六爻辭並未置於拆開的坤卦卦辭間。再觀本部分對坤卦六三爻辭之解析，亦拆開成二部分，而並未在拆開的兩爻辭間置入其他卦辭或爻辭。是以有理由相信，置於坤卦斷開之卦辭間的初六爻辭，乃為文句誤置。「天氣作□□□□□□□□，亓寒不凍，亓暑不曷（渴）。《易》曰：『履霜，堅冰至。』子曰：『孫（遜）從之胃（謂）也。』」應當置於「拂不橈，輔不絕，何不吉之又（有）？」後，「《易》曰：『直、方、大，不習，吉。』」前。

因此，此部分的內容順序應為：

> 《易》曰：「先迷後得主」，學人胃（謂）也，何先主之又（有）？歲之義，始於東北，成於西南。君子見始弗逆，順而保毅。《易》曰：「東北喪崩（朋），西南得崩（朋），吉。」子曰：「非吉石也。亓□□□□與賢之胃（謂）也。〔武夫〕又（有）拂，文人有輔。拂不橈，輔不絕，何不吉之又（有）？」天氣作□□□□□□□□，亓寒不凍，亓暑不曷（渴）。《易》曰：「履霜，堅冰至。」子曰：「孫（遜）從之胃（謂）也。」《易》曰：「直、方、大，不習，吉。」子曰：「生文武也，雖強學，是弗能及之矣。」

如此，不但坤卦卦辭得以保持完整，簡說、詳說又能充分配合，當有助於文章敘述之合理性。

第八節　易之要

本部分原在全文的第三十四行至第三十八行中，茲錄如下：

子〔曰〕:《易》之要,可得而知矣。鍵(乾)川(坤)也者,易之門戶也。鍵(乾),陽物也。川(坤),陰物也。陰陽合德而剛柔有體(體) ₃₄行,以體(體)天地之化。又(有)口能斂之,无舌罪,言不當亓時則閉慎而觀。《易》曰:聒(括)囊,无咎。子曰:不言之胃(謂)也。□□□□〔何〕咎之又(有)?墨(默)亦母譽,君子美亓慎而不自箸(著)也。淵深而內亓華。《易》曰:黃常(裳)元吉。子 ₃₅行曰:尉(蔚)文而不發之胃(謂)也。文人內亓光,外亓龍,不以亓白陽人之黑,故亓文茲(滋)章(彰)。易□□既沒,又(有)爵□□□□□居亓德不忘。蠿(龍)單(戰)于野,亓血玄黃。子曰:耵(聖)人信<u>弍(哉)</u> ₁!隱文且鞙(靜),必見之胃(謂)也 ₃₆行。龍七十變而不能去亓文,則文亓信于,而達神明之德也。亓辯名也,<u>雜</u> ₂而不戉(越),于指(稽)易□,衰世之膓與?易□□〔不〕□〔不〕〔用〕而〔察〕來者也。微顯贊絶,巽而恒當,當名辯物,正言巽辭而備。本生(性)仁義,所 ₃₇行以義剛柔之制也。亓稱名也少,亓取類也多,亓指閒(簡),亓辭文,亓言<u>曲</u> ₃而中,亓事隱而單。因齎(濟)人行,明〔失得之報〕。

一、校 注

1. 哉:陳松長與廖名春合釋之文及廖名春〈帛書《衷》釋文〉爲「弍」,釋爲「哉」。廖名春〈帛書《易之義》釋文〉爲「䷳」,此符號爲艮卦,艮卦有抑止之義,強調人的行爲必須自我節制。鄧球柏釋文及趙建偉疏證則直言「哉」。四人之釋文、疏證以廖氏最爲特別,在通篇皆爲文字的敘述中加入艮卦符號。觀此部分對坤卦六四、六五、上六爻辭的解釋,形式皆以「子曰」起首,再以簡短文字對爻辭意義作總說,最後再爲詳說。因此,「聖人信哉」應是總說,「隱文且鞙,必見之胃(謂)也。龍七十變而不能去亓文,則文亓信于」則爲詳說。觀詳說內容,並未出現對「䷳」之解釋,只提到「信」字。因此,當以「哉」字較佳,如此,文句方更具完整性與連貫性。另廖氏於 1998 年之〈帛書《衷》釋文〉已對 1995 年之釋文作了改動,足證前文推論之合理。

2. 雜:陳松長、廖名春合釋之文及鄧球柏釋文皆作「雜」。廖名春單獨釋文作「襍」。《說文解字》:「襍,五采相合也。」段玉裁注:「引申爲凡參錯之稱,亦借爲聚集字。《詩》言:『襍佩』謂集玉石爲佩

也。《漢書》凡言襃治之猶今云會審也。」今從廖名春單獨釋文作
「雜」。

3. 曲：陳松長、廖名春合釋之文、鄧球柏釋文、廖名春之〈帛書《衷》
釋文〉及趙建偉疏證皆作「曲」。廖名春〈帛書《易之義》釋文〉
作「幽」。今從「曲」。

二、文本詮釋

本部分除對坤卦六四、六五、上六爻辭予以闡釋外，主要說明乾卦、坤
卦爲《易》之門戶。以爲透過陰陽合德，即可體現天地陰陽剛柔之化，進而
通達神明之德。及於人世，則主張作爲應以仁義爲準繩。可知《易經》乃是
一助人釐清不明，並以簡約婉轉文字，示人善惡，明人得失之書，足可作爲
人們日後行事之借鑒。

三、分析：《易》之要義與坤卦六四、六五、上六爻辭之文句誤置

此處主要探討介於《易》之要義間之六四、六五、上六爻辭。藉由分析，
證明其爲坤卦詳說之文句誤置，並試圖回復坤卦詳說與《易》之要義本然面貌。

（一）形式之相似性

本部分所謂：

> 又口能斂之，无舌罪，言不當亓時，則閉慎而觀。《易》曰：「聏
> （括）囊，无咎。」子曰：「不言之胃（謂）也。□□□□何咎之又
> （有）？墨（默）亦毋譽，君子美亓慎而不自箸（著）也。淵深而
> 內亓華。」《易》曰：「黃常（裳），元吉。」子曰：「尉（蔚）文而
> 不發之胃（謂）也。文人內亓光，外亓龍，不以亓白陽人之黑，故
> 亓文茲（滋）章（彰）。」易□□既沒，又爵□□□□□□居亓德不
> 忘。「蠶（龍）單（戰）于野，亓血玄黃。」子曰：「耴（聖）人言
> 戈（哉）！隱文且靜（靜），必見之胃（謂）也。龍七十變而不能去
> 亓文，則文亓信于。」

主要解釋坤卦六四、六五以及上六三爻之意旨，而此處之解釋方式與同
篇提及之「鍵（乾）之羊（詳）說」、「川（坤）之羊（詳）說」相似，形式
上皆包含「子曰」二字，並以簡短語句對各卦爻辭加以說明，最後再予詳說

或總結。如乾卦九二爻辭「見龍在田，利見大人。」其解釋方式爲：

　　子曰：君子之德也。君子齊明好道，日自見以侍用也。見男（用）
　　則矑（動），不見用則靜（靜）。

再如乾卦九四爻辭「或鑻在淵，无咎。」其說明方式爲：

　　子曰：恒鑻（躍）則凶。君子鑻（躍）以自見，道以自成。君
　　子窢（窮）不忘達，安不忘亡，靜（靜）居而成章，首福又皇。

又坤卦卦辭「東北喪崩（朋），西南得崩（朋）。」闡釋方式爲：

　　子曰：「非吉石也。亓□□□與賢之胃（謂）也。〔武夫〕又
　　（有）拂，文人有輔，拂不橈，輔不絕，何不吉之又（有）？」

坤卦六三爻辭「含章可貞，吉。」解釋手法爲：

　　言美請之胃（謂）也。文人矑（動），小事時說，大〔事〕順成，
　　知毋過數而務柔和。

「或從王事，无成又（有）冬（終）。」解釋爲：

　　子曰：言詩書之胃（謂）也。君子笱（苟）得亓冬（終），可必
　　可盡也。君子言於无罪之外，不言於又（有）罪之內，是胃重福。

　　依上所列，乾卦詳說與坤卦詳說實具有形式上相似之特色。至於介在「鍵
（乾）川（坤）也者，易之門戶也……以體（體）天地之化」段與「而達神明
之德也，亓辯名也，……明失得之報也。」段間之坤卦六四、六五、上六爻
辭的闡釋方式則如下述。

坤卦六三爻：

　　子曰：「不言之胃（謂）也。□□□□〔何〕咎之又？墨（默）
　　亦毋譽，君子美亓慎而不自箸（著）也。淵深而內亓華。」

坤卦六四爻：

　　子曰：「尉（蔚）文而不發之胃（謂）也。文人內亓光，外亓龍，
　　不以亓白陽人之黑，故亓文茲（滋）章（彰）。」

坤卦六五爻：

　　子曰：聖人信戈（哉）！隱文且靜（靜），必見之胃（謂）也。
　　龍七十變而不能去亓文，則文亓信于。

　　將此部分描述方式與坤卦詳說加以比較，可以發覺彼此之形式相當接
近。因此，可以推測，置於此節之坤卦六四、六五、上六爻辭，是前段坤卦
詳說之錯置。

（二）內容之完整性

坤卦詳說只述及六三爻辭，之後便直接跳至用六爻辭之解說，在六四、六五、上六爻辭既皆未說明的情況下，何來詳說之實。乾卦詳說雖未闡釋卦辭，然其解說方式極有規律，由初九、上九、九二、九三、九四、九五、至用九循序說來，條理清晰，相當整齊，因此，卦辭可能是作者脫漏了。至於坤卦在解說次序上則顯得相當零亂，對照通行本《易經》以及帛書本《易經》可以發現〈易之義〉乃將卦辭分成三部分探討，依序為：「牝馬之貞」、「先迷後得主」、「東北喪崩（朋），西南得崩（朋）」。然第三部分「東北喪崩（朋），西南得崩（朋）」則是置於初六爻辭「履霜，堅冰至」之後，顯然，初六爻辭是將坤卦卦辭區隔開來。再觀六三爻辭之闡釋，雖亦區分為二部分探討，即：「含章可貞，吉。」以及「或從王事，无成又冬（終）。」然於敘說時，則無錯置情形，足見前述坤卦之失。又〈易之義〉脫漏之六四、六五、上六爻辭，卻在僅隔一行，主在敘說乾陽、坤陰相合有德，則可體現天地化育之功的內容中道出，則脫漏之說已顯而易見。然〈易之義〉為何作此安排，頗值玩味。檢示坤卦詳說編排次序為：坤卦卦辭、坤卦卦辭、初六爻辭、坤卦卦辭、六二爻辭、六三爻辭、六三爻辭、用六爻辭。與乾卦之整齊清晰完全不同，若非作者所為，很可能是抄手之失。且既言坤卦詳說，卻獨漏三爻，於理亦不通。至於〈易之義〉於簡述坤卦各卦、爻之特質時，亦述及坤卦六四、六五、上六之爻辭，何以於詳說時卻漏列三爻，亦未切合完整性原則。是以若將出現於同篇而非同節之三爻詳說補入於適當位置，將可成為名符其實之坤卦詳說。因此，有理由推斷，介於「鍵（乾）川（坤）也者，易之門戶也……以膛（體）天地之化」句，和「而達神明之德也，元辯名也，……明失得之報」句間之坤卦六四、六五、上六爻辭，當為坤卦詳說之誤置，其位置應在「是胃重福」後，「《易》曰：『利〔永〕貞。』」前。

（三）文意之連貫性

介於「鍵川也者，易之門戶也，……以膛天地之化」句，與「而達神明之德也，……明〔失得之報〕」句間之坤卦三爻爻辭，在語意的承接上與前後文格格不入。前文為：

> 子〔曰〕：「易之要，可得而知矣。鍵（乾）川（坤）也者，易之門戶也。鍵（乾），陽物也，川（坤），陰物也。陰陽合德而剛柔有膛（體），以膛（體）天地之化。」

後文為：

　　而達神明之德也。亓辯名也，雜而不戉（越），于指易□，衰世
之爐（動）與？易□□〔不〕□〔不〕〔用〕而〔察〕來者也。微顯
贊絕，巽而恒當，當名辯物，正言巽辭而備。本生（性）仁義，所
以義剛柔之制也。亓稱名也少，取類也多，亓指閒，亓辭文，亓言
曲而中，亓事隱而單。因齌人行，明〔失得〕之報。

在兩者中間加入：

　　又口能斂之，无舌罪，言不當亓時則閉慎而觀。《易》曰：「聉（括）
囊，无咎。」……《易》曰：「黃常（裳），元吉。」……「龍單（戰）
於野，亓血玄黃」……龍七十變而不能去亓文，則文亓信于。

　　便形成文意之混亂現象。前面才說明若陰陽合德，即可明瞭天地化育之
功，後面馬上過渡到收斂口舌，閉慎而觀，所以能達到無咎境地。前頭闡述
乾坤兩卦與《易經》之關係未完，後頭忽然接著解析坤卦六四、六五、上六
爻辭示人宜收斂口舌，以及聖人誠信之要旨。要言之，前者是站在宏觀立場
鳥瞰《易》之意涵，具有總覽全部經文之功效，後者則是站在微觀立場分析
坤卦三爻之人生道理，著重細部意義之闡明。兩部分如此明顯的不同，卻無
適當的承接句以為輔助。因此，可以論斷，在「以體天地之化」後，必定還有
文句將此部分之意義作一結束。其次，「而達神明之德也。亓辯名也」句前為
「龍七十變而不能去亓文，則文其信于。」若不將「文亓信于」句與「而達
神明之德也」句在語意上斷開，則「而達神之德也。亓辯名也，雜而不戉（越），
于指易□，衰世之爐（動）與？」句，便是說明坤卦上六爻辭之意義。換句
話說「亓辯名也」之「亓」指坤卦上六爻辭，也就是說坤卦上六爻辭除了代
表聖人誠信外，又具有繁雜而不逾越之辯名功用，更可表現衰微時代之思想
特質。然在整個坤卦上六爻辭卻看不出任何與辯名有關之敘述，且依照乾坤
詳說的基本方式，坤卦上六爻辭的內容是以誠信二字為主軸加以發揮而成，
與「辯名」、「衰世之爐（動）」皆無關係。因此，「則文亓信于」句，與「而
達神之德也」句間應該斷開，斷開後，「而達神明之德也」句，在缺乏上文承
接的情況下，卻引用「而」這一連詞作為起始，就顯得文法不通。故「而達
神明之德也」句前，應該有文字說明。此時若將上述前文、後文視為文意連
貫之整體，可以發現，這一部分主要將乾坤兩卦提昇至《易經》入門之階，
認為陰陽、剛柔、天地、乾坤若能相濟相合，則足以了解天地之化育，通達
神明之德業，更可藉由《易經》簡約之言辭，進一步明瞭人世盛衰之源由。

是以就結構的完整性觀之，被截開的兩部分要合併才合文理。

總之，不論就乾坤詳說方式的雷同性，或是內容的完整性，還是該段文意之連貫性分析，該部分之坤卦六四、六五、上六之爻辭應爲坤卦詳說誤置的可能性極高。造成此種失誤之因，則可能是該篇作者之疏失，也可能是輾轉傳抄過程中，由於年代久遠，加上書寫工具不易，文字使用不普及等所形成的錯誤，當然也有可能是該篇抄手在抄錄過程中一時大意所致，今日雖已難查，然而透過分析，卻可試圖回復其原本面貌。因此，該部分之內容順序應是：

> 子〔曰〕：「易之要，可得而知矣。鍵（乾）川（坤）也者，易之門戶也。鍵（乾），陽物也；川（坤），陰物也。陰陽合德而剛柔有膿（體），以膿（體）天地之化，而達神明之德也。亓辯名也，雜而不戍（越），于指易□，衰世之膧（動）與？易□□〔不〕□〔不〕〔用〕而〔察〕來者也。微顯贊絕，巽而恒當，當名辯物，正言巽辭而備。本生（性）仁義，所以義剛柔之制也，亓稱名也少，亓取類也多，亓指閒，亓辭文，亓言曲而中，亓事隱而單，因齎人行，明〔失得〕之報也。」

至於介於「陰陽合德而剛柔有膿（體），以膿（體）天地之化」句與「而達神明之德也」句間對坤卦六四、六五、上六爻辭之說明，則應併入前節坤卦詳說才合理。透過此一調整，上節之坤卦詳說亦可藉此而得以完整展現。

第九節　憂患九卦

本部分原在全文的第三十八行至第四十一行中，茲錄如下：

〔亓□〕興也，於中故（古）乎？作《易》者，其又（有）患憂與？上卦九者，贊以德而占以義者 38行 也。履也者，德之基也。嗛（謙）也者，德之秉₁也。復也者，德之本也。恒也者，德之固也。損也者，德之脩也。益〔也者〕，德之譽也。困也者，德之欲也。井者，德之地也。渙也者，德制也。是故占曰：履，和而至；39行 嗛（謙），莫（尊）而光；復，少而辨于物；恒，久而弗厭；損，先難而後易；益，長裕而與；宋（困），竆（窮）而達；井，居其所而遷；〔渙〕，□□□而救。是故履，以果（和）行也；嗛（謙），以制禮也；復，以自知也；恒，以一德也；損，以遠害也；益，以興 40行 禮也；困，以辟（避）咎也；井，以辨義也；渙，以行權也。子曰：渙而不救，則比矣。

一、校　注

秣：陳松長、廖名春、鄧球柏三位釋文皆作「秣」。「柄」、「秣」雙聲疊韻，且同爲揚聲韻尾，音可通假。鄧氏釋爲禾名，引申爲好結局。

二、文本詮釋

本部分說明《易經》興起於商末周初的中古時代，探其動機，則歸結於憂患意識的產生。履、謙、復、恒、損、益、困、井、渙九卦即是指導人們處事謹慎，謙虛禮讓，趨向仁善，固守貞正，克制欲望，充實善念，辨別善惡，自廣德澤以及因地制宜的法則，亦即以德示人解憂防患之門徑。

三、分析：九卦本屬〈易之義〉之內容

這一部分提到《易經》作者的憂患意識，並且列舉九卦分三次陳述，第一次陳述卦德，第二次陳述卦義，第三次陳述功用。此種敘述與通行本〈繫辭傳下〉第七章比較，大致相同，如謂：

> 易之興也，其於中古乎？作易者，其有憂患乎？是故履，德之基也；謙，德之柄也；復，德之本也；恒，德之固也；損，德之脩也；益，德之裕也；困，德之辨也；井，德之地也；巽，德之制也。履，和而至；謙，尊而光；復，小而辨於物；恒，雜而不厭；損，先難而後易；益，長裕而不設；困，窮而通；井，居其所而遷；巽，稱而隱。履以和行，謙以制禮，復以自知，恒以一德，損以遠害，益以興利，困以寡怨，井以辯義，巽以行權。

至其差異，則大致有二：一爲敘述九卦前，〈易之義〉多了「上卦九者，贊以德而占以義者也。」一爲九卦之末卦，通行本爲巽卦，〈易之義〉爲渙卦。前者於第六章第三節當予以論述，後者於第四章第一節加以探討。此外，九卦的敘述形式，在〈易之義〉中得到普遍的使用，茲比較如下：

九卦：

> 履也者，德之基也；嗛（謙）也者，德之秣也；復也者，德之本也；……履，和而至；嗛（謙），奠（尊）而光；復，少而辨於物；……履，以果行也；嗛（謙），以制禮也；復，以自知也；……

其他各卦：

　　　　履者，諢之行也；益（泰）者，上下交矣；婦（否）者，〔陰〕

　　陽姦矣；……大有之卦，孫（遯）位也；大床（壯），小腫而大從，

　　□□□也；……隋（隨）之卦，相而能戒也；……家〔人〕者，得

　　處也；井者，得之徹也。

　　如上所列，兩者敘述方式都是採用「得之……」的句式來解釋卦義，這種
形式上的雷同，表明三陳九卦一章本應為〈易之義〉的一部分。且在九卦前〈易
之義〉多出「上卦九者，贊以德而占以義者也」句，更申明九卦本具德義，故
占問者亦應注重品德涵養。此種訴之德義的說法，與三陳九卦中的「德之基」、
「德之秋」相類相合。所以，三陳九卦之內容，原本即是〈易之義〉的一部分。

第十節　「无德而占，則《易》亦不當」

　　本部分原在全文的第四十一行至第四十二行中，茲錄如下：

　　《易》之為書也，難前 ₁，為道就砨（邊），□□□嬞（動）而不居，周
流六虛，上下无常，剛柔相易也，不可為典要，唯變所次，出入又（有）度，
外 ₄₁ ₎ 内皆瞿（懼），又知患故，无又（有）師保而親若父母，印衛（率）亓
（其）聲（辭），楑（揆）度亓方，无又（有）典尚。后（苟）非亓人，則道
不〔虛行〕。□□无德而占，則《易》亦不當。

一、校　注

　　前：陳松長、廖名春、鄧球柏三位釋文皆作「前」。鄧氏釋為遠，引申為
　　　　捨棄。

二、文本詮釋

　　本部分謂《易經》體現道的本質為不斷推移變動，此種變動不拘執於某
一定規，只按照適合的方式不斷變化，以作為啓發人們進退合宜的法則，並
使人能察憂戒害。又言習《易》要認真，占筮須合德，方能體悟《易》理而
析難辨惑。

三、分析：「既」有典常，「无」有典尚

　　此主要探討《易》道之變與不變原則，也就是討論「變」與「常」的關

係，並將此一思想推廣至人事，強調處事貴在權變，不可拘泥一端。

此部分之內容與通行本〈繫辭傳下〉第八章略同，如謂：

> 易之為書也，不可遠，為道也屢遷，變動不居，周流六虛，上下无常，剛柔相易，不可為典要，唯變所適。其出入以度，外內使知懼，又明於憂患與故，无有師保，如臨父母。初率其辭，而揆其方，既有典常。苟非其人，道不虛行。

由此可見，兩者除了字義表達方式略有出入外，在意義上基本相同。至於差異仍有二處：一為〈易之義〉在該節最末提到「□□无德而占，則易亦不當」，此二句不見於通行本〈繫辭傳下〉第八章。一為〈易之義〉言：「印衞（率）亓㗊（辭），楔度亓方，无又（有）典尚。」〈繫辭傳〉言：「初率其辭，而楔其方，既有典常。」〈易之義〉言「无」有，〈繫辭傳〉言「既」有。前者差異足見〈易之義〉對道德修養之重視，認為占筮者必須具備品德操守，否則《易經》便無法針對問題適切回覆。此擬於第六章第二節再予詳述。就差異二觀之，〈易之義〉之「无有典尚」，代表《易》道變動不居，無常規可茲遵循。〈繫辭傳〉之「既有典常」，表示道雖屢變，但人可於无常的變化中體察到不變的定則。也就是有法度可茲依循。此兩義皆通。然以〈易之義〉「无」字較佳，此非但能與上文「不可為典要」相互呼應，且通觀〈易之義〉之敘述方式，更能突顯變與常之相互關係。〈繫辭傳〉以「既有典常」四字，強化變中視常雖可，但不若〈易之義〉以「□□无德而占，則《易》亦不當」來得直接。〈易之義〉指出《易》道變動，難以掌握，唯有修德行義，方能得當。此處之「德」即指「常道」，相較於〈繫辭傳下〉之敘述，非但持有理論，亦說出方法，更切合實際需要。王夫之《周易內傳》卷六釋〈繫辭傳下〉「初率其辭，而揆其方，既有典常，苟非其人，道不虛行」謂：

> 《易》道之至近而寓無窮之變，非君子莫能用也。……憂患與故象不能著，而聖人以辭顯之，則由辭以研究其精微，而揆度其周流無方之方，則天化人事之變盡，而所以處之者之義精於無典要之中，得其至當不易之理矣。然占者非徒以知吉而喜，知凶而憂也。苟為君子之人，則察其隨時之中，而乾惕以慎守其至正之則，於是而易之道乃以行萬變；而利用非其人，則恃其吉而委其凶於無可奈何之數。其占也不如弗占，《易》道虛設矣。《易》之為書，言得失也，非言禍福也；占義也，非占志也，此學易者不可不知也。

王氏認爲「乾惕以愼守其至正之則」，那麼《易》道便足以顯現千變萬化的姿態，申明持守貞正之德爲學《易》之本。此處之貞正之德，即是〈易之義〉所言之合德而占。王氏之說與〈易之義〉相近，都一致強調習《易》非占《易》。學《易》之人應愼守「至正之則」。因此，〈易之義〉先言「无有典尙」，指明《易》道變化萬千，再言「□□無德而占，則易亦不當」，道出德即定則，較之〈繫辭傳〉以「既有典常」一語帶過更爲詳實。

第十一節　「多譽」、「多凶」、「多懼」、「多功」

本部分原在全文的第四十二行至文末，茲錄如下：

《易》之義，贊始〔反〕₁冬（終）以爲質，六肴（爻）相雜，唯侍時物也。是故〔亓初〕_{42行}難知而上易知也，本難知也而末易知也。□則初如疑（擬）之，敬以成之，冬（終）而无咎。□□□□□□□□□□□□□□□□脩道，鄉物異德，大明在上，正亓是非，則〔非亓中爻〕不〔備〕。□□□□□□□占，危戋）（哉）。□□不_{43行}當，疑德占之，則《易》可用矣。子曰：知者觀亓緣（彖）辭而說過半矣。《易》曰：二與四同〔功而異位，亓善不同，二〕多譽，四多瞿（懼），近也。近也者，嗛（謙）之胃也。《易》曰：柔之〔爲道，不利遠者，亓〕要无〔咎，亓用〕柔若〔中也。《易》〕_{44行}曰：三與五同功異立（位），亓過□□，〔三〕多凶，五多功，〔貴賤〕之等□□□□□□□□□□□□□□□□□□□。

一、校注

反：陳松長、廖名春合釋之文以空格表之。廖名春獨立釋文與鄧球柏釋文皆以「反」字填入，今從廖氏、鄧氏之說。

二、文本詮釋

本部分告訴人們凡事由始終入手，探討其本質，並依據公理行事，以爲抉擇判斷事物對錯的依歸。《易經》各卦六爻相互錯雜，可以反映特定的時空與物象，雖初爻難曉，上爻易明，中爻示理，但只要秉持敬愼態度行事，自可避免災咎產生。總之，此章由六爻相雜開始，論及初、上爻之特點，以及中爻之重要，最後告誡人們，唯有積累德性，方能占卦，方可用易。

三、分 析

（一）〈易之義〉與通行本〈繫辭傳〉之異同

此部分敘述，與通行本〈繫辭傳下〉第九章略同。其內容為：

> 易之為書也，原始要終，以為質也。六爻相雜，唯其時物也。其初難知，其上易知，本末也。初辭擬之，卒成之終。若夫雜物撰德，辯是與非，則非其中爻不備。噫！亦要存亡吉凶，則居可知矣。知者觀其彖辭，則思過半矣。二與四同功而異位，其善不同。二多譽，四多懼，近也。柔之為道，不利遠者，其要无咎，其用柔中也。三與五同功而異位。三多凶，五多功，貴賤之等也。其柔危，其剛勝邪？

兩相比較，除基本意旨相同外，文字敘述略有差異外。其他仍有三處不同：一為〈易之義〉末句「□□不當，疑德占之，則易可用矣。」於通行本〈繫辭傳下〉未言及，此乃申明積累德性為占卦之先決條件，顯示〈易之義〉對於德性之重視。此差別擬於第六章第三節再加詳述。另外兩處差別則為：〈易之義〉於說明二、三、四、五爻特點前，冠以「易曰」二字，以及〈易之義〉於說明二、四爻特點後，多了「近也者，嗛之胃也」句。茲析論如下：

1、《易》曰：「二與四同〔功而異位〕」之「易曰」探析

廖名春認為，〈繫辭傳〉在當時很可能就已被視為《周易》的一部分，因此，〈易之義〉作者便以「易曰」稱引。按此推測，今日習見的〈繫辭傳〉成書年代應該早於〈易之義〉，且〈易之義〉作者很可能已看過〈繫辭傳〉，而〈易之義〉後部敘述內容略同〈繫辭傳下〉第六、七、八、九章部分亦是〈易之義〉在〈繫辭傳〉的基礎下增刪改變而成。但若單以「易曰」二字之有無來推斷通行本〈繫辭傳〉早於〈易之義〉則證據稍嫌薄弱。因為除了「二與四同〔功而異位，其善不同，二〕多譽，四多懼，近也。近也者，嗛之胃也」、「柔之為道也，不利遠〔者，其〕要无咎，用柔若〔中也〕。」和「三與五同功異立，亓過□□，〔三〕多凶，五多功，〔貴賤〕之等」外，其他略同〈繫辭傳下〉六、七、八、九章文字，並未稱引「易曰」；且若真如廖氏分析，則〈易之義〉自第三十四行末至該篇結束之內容皆應冠上「易曰」二字才合理。然檢示全文，並非如此。

再觀〈要〉中之一段敘述，與〈繫辭傳下〉第五章後半部亦幾乎全同，

也只有在卦、爻辭處前加上「易曰」，其餘則無。〈要〉之內容爲：

〔夫子曰：〕「危者，安亓立（位）者也，亡者，保〔亓存者也。

亂者，有其治者也，是故〕君子安不忘危，存不忘亡，治不忘〔亂。

是以身安而國〕家可保也。」《易》曰：「亓（其）亡亓（其）亡，

繫于枹（苞）桑。」夫子曰：「德薄而立（位）奠（尊），〔知小而謀

大，力小而任重〕，鮮不及。」《易》曰：「鼎折足，復公茋（餗），

亓（其）刑（形）屋（渥），凶。言不朕（勝）任也。」

通行本〈繫辭傳下〉第五章後半之部分內容爲：

子曰：「危者，安其位者也；亡者，保其存者也；亂者，有其治

者也。是故君子安而不忘危，存而不忘亡，治而不忘亂，是以身安

而國家可保也。」《易》曰：「其亡其亡，繫于苞桑。」子曰：「德薄

而位尊，知小而謀大，力小而任重，鮮不及矣。」《易》曰：「鼎折

足，覆公餗，其形渥，凶。言不勝其任也。」

兩相比較，差異只有一處，〈繫辭傳下〉言：「子曰」，〈要〉言：「夫子曰」。
此種差異，當然不能說兩者行文有何不同，只是更具體說明〈要〉篇這段話
是孔子所言，至於〈繫辭傳下〉之「子曰」學界一般也認爲是孔子所述，所
以二者並無差異。若依據廖氏說，〈要〉篇作者何不如同「二與四同功而異位」
等句一樣，前面加上「易曰」呢？

且〈易之義〉第二十二行述及陰陽和合之要時，略舉三爻一卦以爲例證
處，以「易曰」引起下文，其內容爲：

《易》曰：「何校」，剛而折也。「鳴嗛（謙）」也者，柔而□〔也〕。

〔遯之〕「黃牛」，文而知朕（勝）矣。渙之綠（彖）辭，武而知安

矣。川（坤）之至德，柔而反於方。鍵（乾）之至德，剛而能讓。

若依廖氏所述，此部分內容應見於通行本〈繫辭傳〉，然比對的結果，通
行本〈繫辭傳〉並未出現類似之文字敘述。

故以〈易之義〉文中「引〈繫辭〉之文多次稱爲易曰」〔註19〕來證明〈易
之義〉是稱引、改編〈繫辭〉文而成之理論稍嫌牽強，且〈易之義〉文中「易
曰」二字的引用，只能證明該段敘述出自當時同樣具有《易經》權威的史冊
中，至於這些史冊是否就是通行本〈繫辭傳〉仍需更多的資料加以證明。

〔註19〕《道家文化研究》第三輯，頁197。

2、「近也者，嗛（謙）之胃（謂）也」試析

〈易之義〉作者在述及第二、第四爻辭特質時言：「近也者，嗛（謙）之胃（謂）也。」隱涵敬懼之義。又云：「柔之爲道也，不利遠〔者，其〕要无咎，用柔若〔中也〕。」則重視柔道的宣揚，守中思想的提倡。其中「近也者，嗛（謙）之胃（謂）也」在通行本〈繫辭傳〉中並未言及，〈易之義〉於此引入謙義釋「近」，說明四爻近君，秉承敬懼態度並持謙侍君，方可化危轉安，敘述上更爲詳備。因此就目前釋文來看，〈易之義〉此部分敘述較通行本〈繫辭傳下〉第九章突出。

（二）〈易之義〉「鄉物巽德」段與帛書〈繫辭〉「若夫雜物撰德」段之較論

通行本〈繫辭傳下〉第九章「若夫雜物撰德，辯是與非，則非其中爻不備。噫！亦要存亡吉凶，則居可知矣」句與帛書本〈繫辭〉第四十四行末幾句「〔若夫雜物撰德，辨〕是與非，則下中教不備。初大要存亡吉凶，則將可知矣。」幾乎相同。且此部分內容亦與〈易之義〉第四十三行末幾句「鄉物巽德，大明在上，正亓是非，則〔非亓中爻〕不〔備〕。」略同。這是以通行本《易傳》爲基礎，逐一核對帛書《易傳》內容後，發現意義相同，而敘述手法略異之文字同時出現於帛書《易傳》二篇的唯一現象。二者皆是說明中爻的重要。查帛書〈繫辭〉，此段敘述乃介於解釋豫卦六二爻辭和統言乾、坤兩卦德性間，且只述及中爻特點，未言及初、上爻之特性，就整體結構言，並不完整，是否亦爲他段錯置？或是抄手將初、上爻部分抄漏，以致於該處獨留其身而不見頭尾。再觀〈易之義〉此段敘述，在文字表達上，雖與通行本〈繫辭傳下〉第九章差距較大，然於介紹各爻特性則相當完整，除了述及各爻特點外，還對二、三、四、五爻「多譽」、「多凶」、「多懼」、「多功」作了區別，相較帛書〈繫辭〉的說明，〈易之義〉顯得更爲完備。

小　結

〈易之義〉通篇以陰陽爲主軸，探討《易經》所蘊涵的道理，並將之用於實際的生活上。除此之外，通篇花了極大的篇幅講述乾、坤二卦的意旨，不但擴充了兩卦的意涵，也幫助讀者對卦、爻辭意義進行更深入的了解。至於占通篇約三分之一篇幅，闡述《易》之大意以及爻位特點的部分，則提供

研究者一份可以對通行本〈繫辭傳〉第六章、第七章、第八章、第九章之內
容以及形式加以比較分析的根據；而其中道德意涵的提出，除了透露當時人
們的生活態度外，又呈顯出人之禍福已逐漸由不可知的神祇掌控過渡至自己
的主動修為中，人的價值已受到相當關注。因此，〈易之義〉不僅可以作為
對照通行本《易經》以及《易傳》的素材，更可以解決一些有關《易經》的
相關問題。

第三章 〈易之義〉乾坤綜論

第一節 萬物本源

　　乾坤兩卦，在歷來各注家的眼中，始終佔著重要地位。〈文言傳〉也只對乾坤兩卦作了比較完整、詳細的說明，其餘六十二卦都隻字未提。可知這兩卦在《易經》體系中的確佔著重要地位，而乾卦更是不容忽視。

　　帛書〈繫辭〉曾言：「鍵（乾）川（坤），其易之經與？鍵（乾）川（坤）成列，易位（立）乎其中。鍵（乾）川（坤）毀，則无以見易，易不可見，則鍵（乾）川（坤）不可見，鍵（乾）川（坤）不可見，則鍵（乾）川（坤）或幾乎息矣。」此文字略同〈繫辭傳下〉第五章，明確點出，若是乾坤兩卦毀滅不存，便沒有辦法顯現易理，易理無法展現，則乾坤化育萬物之理也近乎止息了。又〈易之義〉也說：「易曰又名焉曰鍵（乾），鍵（乾）也者，八卦之長也。九也者，六肴之大也。……子曰：易又名曰川（坤），雌道也。」明顯將乾坤兩卦視爲通往《易》的門戶，故〈易之義〉又以乾坤爲易之別名。

　　嚴靈峰在《馬王堆帛書易經初步研究》中〔註1〕曾指出：

　　　　文言之辭，照理應同於〈象傳〉、〈象傳〉在各卦都應有的，……

　　現在的〈繫辭傳〉中就有不少文言的錯簡。

　　他首先將〈繫辭傳〉中單獨解釋某卦、某爻的部分進行整理，並認爲這些部分應納入〈文言傳〉中。換句話說，〈繫辭傳上〉之中孚卦九二爻辭「鳴

〔註1〕嚴靈峰《馬王堆帛書易經初步研究》，（中華叢書「經子叢著」第五冊，國立編譯館中華叢書編審委員會，西元1983年5月），頁28～43。

鶴在陰」句，同人卦九五爻辭「同人」句，大過卦初六爻辭「藉用白茅」句，謙卦九三爻辭「勞謙」句，乾卦上九爻辭「亢龍有悔」句，節卦初九爻辭「不出戶庭」句，解卦六三爻辭「負且乘」句，大有卦上九爻辭「自天祐之」句及〈繫辭傳下〉之咸卦九四爻辭「憧憧往來」句，困卦六三爻辭「困於石」句，解卦上六爻辭「公用射隼于高墉之上」句，噬嗑卦初九爻辭「屨校滅趾」句，噬嗑卦上九爻辭「何校滅耳」句，否卦九五爻辭「其亡其亡」句，鼎卦九四爻辭「鼎折足」句，豫卦六二爻辭「介于石」句，復卦初九爻辭「不遠復」句，損卦六三爻辭「三人行」句，益卦上九爻辭「莫益之」句，皆應歸屬於〈文言傳〉。同時，嚴氏還認為上列各卦、爻辭「與〈繫辭傳上下〉均不甚相符，這種體例卻和乾坤二卦的〈文言〉辭相彷彿。」〔註2〕提高了將〈繫辭傳〉中解釋卦爻辭的章節併入〈文言傳〉的合理性。除此以外，他還推測「從體例、格式和文字的結構來判斷，同樣可肯定連帛書的文字都是錯簡。」〔註3〕嚴氏此說與吳澄的看法接近〔註4〕，其推理判斷過程又極縝密。

的確，從十翼整體內容分析，不難發現，〈彖傳〉、〈象傳〉、〈文言傳〉及〈繫辭傳〉的部分篇章都存有對各卦、爻辭的解釋。其中〈文言傳〉與〈繫辭傳〉對各卦爻辭的說明都不似〈彖傳〉、〈象傳〉般及於六十四卦，而是選擇性的只介紹幾卦，並且〈繫辭傳〉中詮釋各卦爻辭的部分和其他內容間似又欠缺連貫。在此基礎下，嚴氏將置於〈繫辭傳〉中對各卦爻的解釋抽離出來併入〈文言傳〉，或有其道理。然而在〈易之義〉、〈二三子〉釋文公布後，此一說法似有再商榷之必要。

〈易之義〉通篇以陰陽論述為主軸，反覆闡述動靜、剛柔等相對範疇。

〔註2〕同前註，頁67。

〔註3〕同前註，頁68。

〔註4〕吳澄《易纂言・文言傳第七》，《通志堂經解》八，漢京文化事業有限公司，頁4546～4549。此卷除了包含習見之〈文言傳〉內容外，吳澄又將「危者，安其位者也……《易》曰：『其亡其亡，繫于苞桑』」「同人先號咷……同心之，言其臭如蘭」「《易》曰：『自天祐之……自天祐之，吉无不利也』」「勞謙，君子有終……致恭以存其位者也」「知幾，其神乎……君子知微知彰，知柔知剛，萬夫之望」「小人不恥不仁……《易》曰：『屨校滅趾，无咎，此之謂也』」「積不足以成名《易》曰：『何校滅耳，凶』」「顏氏之子……《易》曰：『不遠復，无祗悔，元吉。』」「初六，藉用白茅……无所失矣」「《易》曰：『憧憧往來……窮神知化，德之盛也』」……「我有好爵……言行，君子之所以動天地也，可不慎乎」等原置於〈繫辭傳〉之段落，皆納入〈文言傳〉中加以解說。

如「萬物之義，不剛則不能橦（動），不橦（動）則无功，恒橦（動）而弗中則〔亡〕，〔此剛〕之失也。不柔則不靜（靜），不靜（靜）則不安，久靜（靜）不橦（動）則沈，此柔之失也。」又如「故武之義保功而恒死，文之義保安而恒窮（窮）。是故柔而不犾（狂），然后文而能朕（勝）也；剛而不折，然后武而能安也。」等。是以陰陽概念之闡述在全篇內容中佔有相當篇幅，除了陰陽概念外，〈易之義〉亦對乾坤二卦作了大幅度詳實的說明外，其餘各卦、爻，如第三行至第十三行間之卦、爻及過剛、過柔和剛柔相濟計十四卦、爻和所謂三陳九卦，均只略微介紹。相對比較之下，〈易之義〉對乾坤兩卦卦、爻辭意義詳實之闡說，都是其對乾、坤兩卦重視之明證。

再觀〈二三子〉，此是一篇採用問答體的對話方式解釋各卦、爻辭意義的作品，問者是「二三子」，答者是「孔子」，其中孔子的回答大都直指人事，只有謙卦卦辭一處稍微涉及卦象，通篇尤重德義之闡述，說法近於〈文言傳〉及〈繫辭傳〉中「子曰」的部分。如通行本〈繫辭傳下〉，解釋鼎卦九四爻辭言：「子曰：『德薄而位尊，知小而謀大，力小而任重，鮮不及矣。』」〈二三子〉言：「孔子曰：『此言下不勝任也。非亓任也而任之，能毋折虖（乎）？下不用則城不守，師不戰，內乳（亂）上，胃（謂）折足；路亓國〔無亓〕地，五種不收，胃（謂）復公莡（餗），口養不至，飢餓不能食，謂刑（形）屋（渥）。』」二篇釋爻皆強調應選擇適任之人擔當職務，以免致凶。此外，〈二三子〉第一行至第七行後，第十三行中至第二十一行前皆是討論乾、坤二卦的道理，內容佔了全篇的三分之一多，其餘將近三分之二的篇幅才論及蹇卦六二爻辭、鼎卦九四、上九爻辭等計二十卦之卦、爻辭，由此可見，〈二三子〉對乾坤二卦的重視，亦不在話下。

其中，〈二三子〉對各卦、爻的說明手法，近於〈文言傳〉或〈繫辭傳〉的釋卦、爻部分，只能表達〈二三子〉與〈文言傳〉、〈繫辭傳〉之編者或作者對卦、爻辭旨意之瞭解有相同傾向，卻無法據以推測手法相同的作品即如嚴氏所說，應屬於同篇，而將〈繫辭傳〉中對各卦、爻的說明納入〈文言傳〉中。再觀〈易之義〉與〈二三子〉二篇都同樣對乾、坤二卦的意旨作了異於其餘六十二卦的詳細介紹。此種寫作取向，益加突顯乾、坤兩卦在〈二三子〉、〈易之義〉乃至〈文言傳〉的成書年代，占有相當份量。前述三篇不似〈彖傳〉、〈象傳〉般對各卦、爻辭作全面的解釋，而是擷取主觀認知上重要或必須揭諸世人的部分來作闡發。所以，儘管嚴氏對〈文言傳〉、〈繫辭傳〉作了

鞭辟入裡之分析，若依據馬王堆的資料推斷，則似仍應還原〈文言傳〉與〈繫辭傳〉本來面貌。至於〈文言傳〉、〈二三子〉以及〈易之義〉對乾坤兩卦之詳細說明，便是證明這兩卦在其所屬時代，確有不可磨滅之重要地位。

帛書〈繫辭〉曰：

> 鍵（乾）知大始，川（坤）作成物，鍵（乾）以易知，川（坤）以閜（簡）能。易則傷（易）知，閜（簡）則易從，傷（易）知則有親，傷（易）從則有功；有親則可久，有功則可大也；可久則賢人之德，〔可大則賢人之業。〕

此段略同通行本〈繫辭傳上〉第一章的文字，主要說明乾主始物，坤主生物的道理，易於讓人們了解、遵從，久而久之便能創造賢人之德業。這是從宇宙起源推至人生至道的過程，以為乾主施，坤主受；乾為易知、有親、可久、賢人之德，坤為易從、有功、可大、賢人之業。所以，乾、坤非僅止於始物、成物之功，還透過其本具的特質進行大生、廣生，終至成就天下之德業。帛書〈繫辭〉又曰：

> 夫鍵（乾），亓靜（靜）也圜，亓動也搖，是以大生焉；夫川（坤）亓靜（靜）也斂，亓動也辟，是以廣生焉。廣大肥（配）天地，變迵（動）肥（配）四〔時〕，陰〔陽〕之合肥（配）日月，易閜（簡）之善肥（配）至德。

此段略同通行本〈繫辭傳下〉第六章的文字，旨在指明乾、坤之德足以配合宇宙、天地、四時、日月之變化，且合於人類社會之善德。並強調陰非孤陰，陽非寡陽，陽中有陰，陰中有陽，陰陽相合，動靜相宜，方能成就事功。〈易之義〉言：「鍵（乾）川（坤）也者，易之門戶也。鍵（乾），陽物也；川（坤），陰物也。陰陽合德而剛柔有膛（體），以膛（體）天地之化，而達神明之德也。」除了隱涵早期人類藉由卜筮窺知上天旨意外，還透露出人們靠著對乾、坤二卦的了解，已逐步體悟天地造化之功。

總體而言，《易經》特別重視代表天地的乾、坤兩卦。故將為六十四卦所表現的平等排列之卜筮系統發展為以乾、坤二卦所代表的哲學綜攝系統。此等轉變，在〈二三子〉、〈易之義〉已現出端倪，〈文言傳〉獨言乾、坤，不言他卦的敘述方式，更是繼承了此一轉變。

孔穎達《周易正義》謂：

> 天為定體之名，乾者體用之說，〈說卦〉云：『乾健也，』言天

之體以健爲用，聖人作易本以教人，欲使人法天之用，不法天之體，

故名乾不名天也〔註5〕。

便是說明乾、坤不等於天、地，乾、坤抽象而天、地具體，乾、坤即陽、陰，即剛、柔，剛、柔相索相交，產生八卦，而八卦也不完全是八種要素，乃是八種變化的態勢。因此，天、地並非宇宙主宰，乾、坤之道才是萬物本源。

第二節　乾　卦

帛書《易傳》之〈易之義〉、〈二三子〉對八卦中的乾、坤兩卦作了異於其他諸卦的詳細介紹。其中，〈易之義〉更二次言及乾、坤二卦爲《易》的入門之階。同時，又以乾代表陽的德能，以剛、天、動、建（健）、功、武類比之；以坤代表陰的德能，以柔、地、靜、弱、安、文類比之。進一步認定天地間萬有品類皆源於乾、坤，可說是將乾、坤地位抬高至其他六十二卦之上。至於〈易之義〉及〈二三子〉對乾、坤兩卦卦、爻辭的闡發重心，則不外是君王治國之法及君子進退之道。

綜觀帛書《易傳》對乾卦爻辭的解釋，與歷來文獻資料或同或異，且各篇作者或編者對六爻及用九的偏好亦有差別，爲了便於分析，茲略就相關資料列表明之。比較如下：

〔註5〕唐孔穎達《周易正義》，（台北：藝文印書館《十三經注疏》本，西元 1960 年 1 月再版），乾傳第 1，頁 8。

通行本《易經》、《易傳》與帛書本《易經》、《易傳》中之乾坤

	初九．上九	九二	九三	九四	九五	用九
帛書本《周易》	浸（潛）勿用。抗（亢）龍有悔。	見龍在田，利見大人。	君子終日鍵（乾），夕泥（惕）若厲，無咎。	或躍（躍）在淵，无咎。	翟（飛）龍在天，利見大人。	見群龍无首，吉。
通行本《周易》	潛龍勿用。亢龍有悔。	見龍在田，利見大人。	君子終日乾乾，夕惕若，厲无咎。	或躍在淵，无咎。	飛龍在天，利見大人。	見群龍无首，吉。
帛書本〈二三子〉	易曰：「寖（潛）龍勿用。」孔子曰：「龍寖矣而不陽，時至矣而不出，可胃（謂）寖（潛）矣。大人安失矣而不朝，猷（猶）龍狀（蟄）之寖（潛）也。亓（其）行淜（潛）而不可用也，故曰寖（潛）龍勿用。」易曰：「抗（亢）龍有悔（悔）。」孔子曰：「此言為上而驕下，驕下而不始（殆）者，未之有也。聖人之立正（政）也，若遁（循）木，愈（愈）前愈（愈）畏下，故曰抗（亢）龍有悔（悔）。」	卦曰：「見龍在田，利見大人。」孔子曰：「□□□□□嗛（謙）也。見龍（謙），就民也；□□□□君子之德也。□□□□見龍，易曰龍，易□□□□□□遇也，度民宜之貴也，故曰利以見大人。」	卦曰：「君子終日鍵（乾）鍵（乾），夕沂（惕）若，厲无咎。」孔子曰：「此言君子務時，時至而動，□□□□屈力以成功，亦日中而不淹，至老不止，君子之務時，□□□□驅馳，故曰君子終日鍵（乾）鍵（乾）。夕沂（惕）若，厲无咎，言畫（晝）身而靜，故曰夕沂（惕）若，厲无咎。」		易曰：「蜚（飛）龍在天，利見大人。」孔子曰：「□□□□□□□□□君子□□□□君子在上，□□□□□□在上，亓利，賢者不蔽，故曰蜚（飛）龍在天，利見大人。」	卦曰：「見群龍［无首］，吉。」孔子曰：「□龍神威而精處而上通亓（其）德，□□□□無首□用□□□□者□□□□見群□□子□吉也。」

帛書本〈繫辭〉	「抗龍有悔(悔)。」子曰:「貴而无立(位)，罙(高)〔而〕无民，賢人在亓(其)下立(位)而无輔，是以動而有悔(悔)也。」					
帛書本〈易之義〉	潛龍勿用者，匿也。龍有悔(悔)，高而争也。在下為"潛"；在上為"抗(亢)"。"潛"〔者〕人之陰德不行者也，亓(其)義潛清勿使，易曰:「潛龍勿用。」子曰:「潛龍不廢則不見□□□，朕則可與謀，緻則可入於□□〔用〕，不忌者不可與親□□□，〔用〕。□」「抗(亢)」〔者〕，言亓(其)過也。「抗(亢)龍有悔(悔)。」撅而下絕者也。易曰:「抗(亢)龍有悔(悔)。」多亓(其)咎。易曰:「龍」多亓(其)咎。易曰:「□(龍)」，言不見澤於面，亓(其)義龍(龍)，不單(戰)實於□，龍不單(戰)於心，則不實於面，能威能澤，胃(謂)之鍵(乾)，龍，剛鍵(乾)之抗(亢)，動之童(動)也。堕(動)之失也者，精(靜)者也。	見龍在田也者，德也。易〔曰:「見龍〕在田，利見大人。」子曰:「君子齊明好道，日自見以待以侍(待)用也。見男(用)也，見男(用)則瞳(動)，不見男(用)則精(靜)。」君子終日鍵(乾)鍵(乾)，用也。夕沂(惕)若，息也。易曰:「君子冬(終)日鍵(乾)鍵(乾)，夕沂(惕)若，无咎。」子曰:「知息也，何咎之有?」	或鱅(躍)在淵，隱(而)能精(靜)也。人不淵不鱅(躍)，則不見□□□□□□反居□□。易曰:「或鱅(躍)在淵，无咎。」子曰:「恒鱅(躍)則凶，君子鱅(躍)以自見，道以自成，君子龜(?)不忘亡，不忘窮，居能澤，精(靜)不忘亡，首福又(有)皇。」	翡(飛)龍〔在〕天，□而上也。易曰:「翡(飛)龍在天，利見大人。」子曰:「□□□□□□□□□□□□文而達□，齊明而達矣。此以剸(專)名，執能及之才(乎)?」	群龍无首，文(文)即(明)也。易曰:「見群龍无首(龍)。」子曰:「讓善之胃(謂)也。君子群居莫敢首，善而治，何誅亓(其)和也?」用九，盈而剛也，盈而······故易曰:「見群龍无首，吉。」

通行本〈象傳〉	「潛龍勿用」陽在下也。「亢龍有悔」,盈不可久也。	「見龍在田」,德施普也。	「終日乾乾」,反復道也。	「或躍在淵」進无咎也。	「飛龍在天」,大人造也。	「用九」,天德不可爲首也。
通行本〈文言傳〉	「潛龍勿用」何謂也?子曰:「龍德而隱者也。不易乎世,不成乎名,遯世无悶,不見是而无悶,樂則行之,憂則違之,確乎其不可拔,潛龍也。」「亢龍有悔」何謂也?子曰:「貴而无位,高而无民,賢人在下位而无輔,是以動而有悔也。」「潛龍勿用」下也。「亢龍有悔」窮之災也。「潛龍勿用」陽氣潛藏。君子以成德爲行,日可見之行也。「潛」之爲言也,隱而未見,行而未成,是以君子弗「用」也。「亢」之爲言也,知進而不知退,知存而不知亡,知得而不知喪。其唯聖人乎?知進退存亡而不失其正者,其唯聖人乎?	「見龍田,利見大人」,何謂也?子曰:「龍德而正中者也。庸言之信,庸行之謹,閑邪存其誠,善世而不伐,德博而化。《易》曰:『見龍在田,利見大人。』君德也。」「見龍在田」,時舍也。「見龍在田」天下文明。君子學以聚之,問以辯之,寬以居之,仁以行之。《易》曰:『見龍在田,利見大人。』君德也。	「君子終日乾乾,夕惕若,厲无咎。」何謂也?子曰:「君子進德修業。忠信,所以進德也。修辭立其誠,所以居業也。知至至之,可與言幾也;知終終之,可與存義也。是故居上位而不驕,在下位而不憂,故乾乾因其時而惕,雖危,无咎矣。」「終日乾乾」,行事也。「終日乾乾」與時偕行。九三重剛而不中,上不在天,下不在田,故乾乾因其時而惕,雖危,「无咎」矣。	「或躍在淵,无咎。」何謂也?子曰:「上下无常,非爲邪也。進退无恒,非離群也。君子進德修業,欲及時也,故无咎。」「或躍在淵」,自試也。「或躍在淵」,乾道乃革。九四重剛而不中,上不在天,下不在田,中不在人,故「或」之,「或」之者,疑之也,故「无咎」。	「飛龍在天,利見大人」,何謂也?子曰:「同聲相應,同氣相求。水流濕,火就燥,雲從龍,風從虎,聖人作而萬物睹。本乎天者親上,本乎地者親下,各從其類也。」	乾元「用九」,天下治也。乾元「用九」乃見天則。

			「飛龍在天」，上治也。「飛龍在天」，乃位乎天德。夫「大人」者，與天地合其德，與日月合其明，與四時合其序，與鬼神合其吉凶。先天而天弗違，后天而奉天時。天且弗違，而況于人乎？況于鬼神乎？

註：1. 本表彙整之順序，為帛書本居首，通行本居首。概因本論文以帛書探討為重心。又帛書《易傳》各篇提列之前後為：〈二三子〉、〈繫辭〉、〈易之義〉、〈要〉。此乃依照出土帛書之順序編列。雖本論文論文探討重心為〈易之義〉，理應將〈易之義〉置於帛書《易傳》之首，然為求不離帛書帛書之編排次，故以〈二三子〉居首。又各爻之提列順序，以〈易之義〉述敘方式為根據，而為初九、上九、九二、九三、九四、九五、用九。

　　帛書〈繫辭〉與通行本〈繫辭傳〉除了文字敘述方式提乾卦之卦、爻辭，文辭，大意幾乎全同，故此暫略。

　　2. 〈要〉、〈繆和〉、〈昭力〉全篇未提乾卦之卦、爻辭，故表中不列。又〈易之義〉皆未述及乾卦卦辭，故表中亦不列入。

　　為了便於比較分析，帛書《易經》、《易傳》及〈象傳〉、〈文言傳〉述及乾卦各爻之相關內容皆一併列入：帛書《易經》、《易傳》提及之相關資料，由於具有時間上相近及編著者或同或近的特性，故列入；〈象傳〉、〈文言傳〉因併入十翼，具一定的權威性，亦列入表中，以便比較；因〈二三子〉、〈繫辭〉或〈易之義〉皆未言及乾卦卦辭，故表中從略。至於歷來各注家對乾卦之解釋雖不勝枚舉，與上述所列六項亦各有異同，唯本文係以〈易之義〉義理之探討為主軸，故各家之說於表中皆暫從略。

　　因初九、上九爻辭在〈易之義〉中具有不可分割之關係，故表中加以合併。六爻及迵（用）九的排列方式係參考〈易之義〉本文，採用初九、上九、九二、九三、九四、九五、用九之先後順序，而非習見之初九、九二、九三、九四、九五、上九、用九，以求〈易之義〉敘述之完整並突顯其強調「中和」之重心。表中各篇的提列，皆依照帛書《易傳》之〈二三子〉、〈繫辭〉、〈易之義〉的先後次序。

　　龍是乾卦的表徵，乾卦六爻及用九爻皆緊扣龍的特質加以發揮，〈二三子〉、〈易之義〉文中亦述及「龍」之特質。

〈二三子〉曰：

　　二三子問曰：「易屢稱於龍，龍之德何如？」孔子曰：「龍大矣。龍荆（形）卷（遷），段（假）賓（名）于帝，倪神聖之德也。高尚齊犀星辰日月而不眺（眺），能陽也；下綸（淪）竆（窮）深潚之潚而不沫，能陰也。上則風雨奉之，下綸則有天□□方。竆（窮）乎深潚則魚蛟先後之，水流之物莫不隨從。陵處則雷神養之，風雨辟鄉，鳥守弗干。曰：『龍大矣。』龍既能雲變，有（又）能蛇變，有（又）能魚變，鷔（飛）鳥蜨虫，唯所欲化，而不失本刑（形），神能之至也。□□□□□□□□□□□□□焉，有弗能察也。知者不能察其變，辯者不能察亓義，至巧不能贏亓文，□□〔不〕能察□也。□□焉，化蜨虫，神貴之容也，天下之貴物也。曰：龍大矣。龍之剛德也，曰□□□□□易□□□，爵之曰君子。戒事敬合，精白柔和，而不諱賢，爵之曰夫子。或大或小，亓方一也，至用也，而名之曰君子。兼，「黃常（裳）」近之矣；尊威精白堅強，行之不可撓也，「不習」近之矣。

〈易之義〉曰：

九也者，六肴之大也。爲九之狀，浮首兆下，蛇身僂曲，亓爲
龍類也。夫蠪（龍），下居而上達者，□□□□□□□□□□而成章，
在下爲「楷（潛）」，在上爲「炕（亢）」。

又曰：

大人之義不實於心，則不見於德；不單於口，則不擇於面。能威
能澤，胃（謂）之蠪（龍）。龍不侍（待）光而爐（動），无階而登。

〈二三子〉首先以二三子提問，孔子回答之方式，對龍的特質作了描述。
在近九分之一（〈二三子〉總計三十六行，此部分占了四行）的篇幅中，孔子
以「大」字來概括龍德，再分別以神聖之德、神能之至、神貴之容及天下之
貴物來描述龍的超凡，說明龍具有能陽、能陰、能上、能下、千變萬化的屬
性。最後將龍具有的「大」、「神」、「剛」之德與夫子、君子的品德加以類比，
提出夫子的品德是「戒事敬合，精白柔和，而不諱賢。」君子的特點是「或
大或小，亓方一也。」這些敘述表面上談的是龍，實際上龍只不過是襯托君
子品格的指標，並非述說主體，在作者心目中，品格、德性的修持才是重心
所在。

〈易之義〉則首先提及何以「九」象徵龍，接著，提出飛騰而上者爲亢
龍，潛行而下者爲潛龍，這一點和〈二三子〉所述「高尙齊虖（乎）星辰日
月而不眺（眺），能陽也；下綸（淪）竆（窮）深潚之潚而不沫，能陰也。上
則風雨奉之，下綸（淪）則有天□□方。」相似，皆指明龍具有上天下地的
本事，然而在言即龍德時，〈易之義〉側重恩威並重的君王風度，與〈二三子〉
強調「戒事敬合，精白柔和，而不諱賢」以及「尊威精白堅強，行之不可撓
也」稍有出入，更與〈文言傳〉中言及的「隱」、「中正」〔註6〕不同。儘管如
此，各篇作者藉由述說龍德，進一步將龍之特性與君子連接，都是指導時人，
無論身處何種境地，皆能如龍般適得其所。

總體而言，〈易之義〉、〈二三子〉顯然都是以具體形象的龍爲起始，而後
旁及君子或國君應具備的德性、態度，是透過實體影射虛象，〈文言傳〉則直
言君子應具備的修養，至於何以拿龍來比附，則未加說明。

對先民口中的龍，雖然始終只是模糊的概念，在幾千年前的生態環境中，
究竟是否眞有這一種能飛天遁地、呼風喚雨、變化萬端的生物存在，也常令

〔註6〕〈文言傳〉解釋乾卦初九爻辭言：「龍德而隱者也。」解釋乾卦九二爻辭言：
「龍德而中正者也。」

人半信半疑，細查《說文》〔註7〕，亦只有「鱗蟲之長，能幽能明，能細能巨，能短能長，春分而登天，秋分而潛淵」的解釋，可是透過〈二三子〉、〈易之義〉的說明，卻隱約可見「龍」應是一種體積龐大的生物，在祖先們的眼中，它似乎能通天入地，並顯現多種先民們無法達成的技能，因此，久而久之，便成為神聖高尚的表徵，也逐漸成為古人企求的目標，故舉凡國君、君子等莫不以龍為榜樣，龍也就變成中華民族潛意識中擁有非凡能力的圖騰。就這一層面觀之，〈二三子〉、〈易之義〉由龍的特徵、性質出發，言及聖賢君子應以龍為仿效對象，最後指明聖君、德人應遵守那些原則，循序漸近，相較於〈文言傳〉的直言龍德要完整得多，且〈易之義〉還進一步說明何以陽爻用九表示，因此，就述說龍的相關資料而言，〈二三子〉、〈易之義〉既舉龍之體，又言龍德之用，相較於〈文言傳〉只言龍德之用要清楚得多。

　　復次，由上表資料，還可以發現，以〈易之義〉對乾卦爻辭的解釋最詳，平均每爻說明二次，解說方式亦略同〈文言傳〉。然〈文言傳〉是相當平均的對六爻分四次就文義、人事、天時、字義等方面加以敘述，〈易之義〉則將述說的主體放在初九、上九二爻，強調凡事宜取中和，過與不及皆非最佳狀態。此一說法，與〈易之義〉通篇反覆論述陰陽和合相濟是同方向的。故就持守中道言，〈易之義〉較〈文言傳〉明顯。〈二三子〉的解釋，獨缺九四爻。分析手法多從政治角度切入，除了九三爻辭言及君子修身，用九爻辭因缺損嚴重，不易辨識外，其餘四爻，幾乎都緊扣上位者治理國家應有的態度闡發。這種特色，與〈文言傳〉較偏重君子個人修身亦有差異。〈繫辭〉則只就乾卦上九爻辭進行說明，且近〈文言傳〉。故就帛書《易傳》作者或編者對乾卦的偏好程度視之，當以〈易之義〉之喜好度最高，〈二三子〉居次，〈繫辭〉最弱；另就內容之詳實、取向觀之，則以〈易之義〉最詳，〈二三子〉最富政治色彩〈繫辭〉則稍簡，三篇各有特色。以下將就各爻作一探討：

一、初九、上九

　　初九爻辭顯示不論政治上的隱匿、仕宦或人生之出處進退，於此時皆應著眼於遯，故龍於此時「不陽」、「不出」；聖人、君子於此時亦應「不朝」、「不易乎世」、「不成乎名」、「遯世而无悶」。基本上，〈易之義〉、〈二三子〉、〈文

〔註7〕《說文解字注》龍部，（台北：黎明文化事業公司，西元1993年7月），卷23，頁588。

言傳〉對此爻的看法一致。至於何以「勿用」，〈二三子〉的解釋爲「亓行滅，而不可用也」；〈文言傳〉的解釋爲「隱而未見，行而未成，是以君子弗『用』也。」同樣代表時機不對，即使擁有高超智慧，強健體魄，亦應養精蓄銳，待時善估。〈易之義〉則除了強調「隱」字外，又提出「廢則不可入於謀」之觀點，認爲不在其位，不謀其政，既已廢除之官員，則不應與其謀劃朝政，以維政治綱常。

上九爻辭主張戒驕尚謙，以掌握進退、存亡、得喪之先機，故〈易之義〉以上撼下絕多咎[註8]。〈二三子〉以居上驕下爲悔[註9]。〈繫辭〉及〈文言傳〉以貴無位、高無民、下無輔爲悔[註10]。都強調離開了「下」的支撐、配合、奠基而成的「上」，不可能長久地存在下去。這種思想，跟〈繆和〉所謂「舜取天下」是因爲「能下人」的說法以及所謂「處尊思卑，處貴思賤」的政治、人生主張有一致的取向[註11]，也與〈二三子〉解說乾卦九二爻辭言「易告」、「易遇」有相同的意思。此外，〈易之義〉言：「炕（亢）龍有慁（悔），高而爭也。」說明悔恨產生的原因在於居高而爭，指出物至極盛，當知持盈保泰之不易，若不知謙沖自守，一味好與人爭，必將導致衰亡的命運。引而申之，若居上位者，彼此爭鬥，則易招凶咎，是以有悔。此一觀點，與前文述及之謙虛不爭的處事態度亦相吻合，都是警惕世人，爲人處事當持守中正之道，即使位高權重，仍應虛懷若谷，不與人爭，以避免行事太過的缺失。是以〈二三子〉言：「聖人之立正也。」〈文言傳〉言：「不失其正者。」皆指明上九爻辭之所以有悔、有咎，皆由於失正所致。〈二三子〉認爲高而畏下能導不正入於正。〈文言傳〉認爲唯有聖人能於握有大權之時，仍能秉持虛心納下的原則，避免剛愎自用，一意孤行，並能於出處進退、存亡得喪之際，察覺時勢之轉變，從而採取適當的應變措施而不背離正道。

〈易之義〉一文，甚爲重視事物間的和合相濟，認爲凡事太過或不及，皆未合乎常道，若宇宙萬事無法取得平衡發展，則悔咎必由此而生。此一觀

[註8]　〈易之義〉曰：「物之上撼而下絕者，不久大立，必多亓咎。」
[註9]　〈二三子〉曰：「孔子曰：『此言爲上而驕下，驕下而不伤（殊）者，未之有也。聖人之立正也，若遁（循）木，俞（愈）高俞（愈）畏下。』」
[註10]　〈繫辭〉曰：「子曰：『貴而无立（位），稟（高）〔而无民〕，賢人在亓下矣，位而无輔，是以動而有慁（悔）也。』」〈文言傳〉曰：「子曰：『貴而无位，高而无民，賢人在下位而无輔，是以動而有悔也。』」
[註11]　此一命題於第七章第六節再作詳細探討，此處暫略。

點，於敘說乾卦爻辭時已現出端倪。〈易之義〉云：

> 在下爲「欖（潛）」，在上爲「炕（亢）」。人之陰德不行者，亓陽必失類。……〔易〕曰：「潛龍勿〔用〕」，「炕（亢）龍有悉（悔）」。言亓過也。物之上撼而下絕者，不久大立，必多亓咎。易曰：「炕（亢）蠪（龍）有悉（悔）。」大人之義不實於心，則不見於德；不單於口，則不澤於面。能威能澤，胃（謂）之蠪（龍）。

其意蓋謂，大人之「咎」，是由於陰陽、下上未能配合得當所致；能威能澤之「龍」德，是由於「實於心」、「單於口」所生，此以大人類比於龍，而強調大人言行必須表裡一致，謹守分寸。另〈二三子〉言：

> 此言爲上而驕下，驕下而不佁（殆）者，未之有也。聖人之立正也，若遁（循）木，俞（愈）高俞（愈）畏下。

此乃強調從政者對人民的尊重，以爲上位者若驕橫不講道理，必帶來危險，並以爬樹爲喻，說明聖人建立政權，取得統治地位，就像爬樹一樣，爬得越高就應越謹愼小心。換句話說，越是得到民心的領導者，越能了解給予群眾適度尊重的必要。〈文言傳〉言：

> 亢之爲言也，知進而不知退，知存而不知亡，知得而不知喪。其唯聖人乎！知進退存亡，而不失其正者，其唯聖人乎！

提出進退、存亡、得喪幾個範疇，認爲只有聖人能於這些看似相反，實際相關的境界中悠然自處。此種採用二元概念論述的方式，與〈易之義〉強調天地相參、陰陽相濟、剛柔相生、動靜相兼、文武相成的理念，互爲呼應。又〈象傳〉言：「盈不可久也。」強調物極必反，水滿則溢，月盈則虧，大自然的事物並非永遠處於不變，而是正負兩面不斷循環變化的結果。

〈易之義〉、〈二三子〉、〈繫辭〉、〈文言傳〉、〈象傳〉都側重平衡、中和之道的闡發，認爲亢進至極皆非至善境界，唯有平衡發展，才能締造最佳結果。並將此一思想落實於人事社會，以持守中正、虛懷若谷、尊重群眾、窮不忘達、安不忘亡爲君子修身養性的原則。

綜上所論，自然現象之盛衰消長，或是人世社會之存亡得喪，皆爲循環往復的周流變化。在變動的過程中，凡事物到了極點，皆會以相反的姿態走向另一面，所謂否極泰來，盛極則衰，物極必反，就是道出事物的變化發展有其限度，若爲不足，則爲「潛龍」，而應「勿用」；若超過限度，就成爲「亢龍」而「有悔」，具有相當深刻的思想及警世作用。用之於人事，則不外提醒

從政者，勿以位高而驕傲自滿，必須給予百姓適度的尊重，並要廣泛採納賢人的意見，充滿以民爲本的思想。最後，則以和合境界爲企求目標，尋求剛柔、陽陰、武安、進退、存亡、得喪之間的和諧。

二、九　二

〈易之義〉對此爻的闡釋近〈文言傳〉，而與〈二三子〉不同。

〈易之義〉及〈文言傳〉是從君子德性出發，指出君子平日修身宜把握的原則，同時強調時機的掌握，以期出世而有所作爲。〈二三子〉則是從政治面言及國君治國應有的態度。〈易之義〉言：

> 易〔曰：「見龍在田，利」見大人。〕子曰：「君子之德也。君子齊明好道，日自見以侍（待）用也。見男（用）則爐（動），不見用則靜（靜）。」

〈文言傳〉言：

> 子曰：「龍德而中正者也。庸言之信，庸行之謹，閑邪存其誠，善世而不伐，德博而化。《易》曰：『見龍在田，利見大人。』君德也。」

又言：

> 君子學以聚之，問以辯之，寬以居之，仁以行之。《易》曰：「見龍在田，利見大人。」君德也。

〈易之義〉及〈文言傳〉皆主張君子以德修身，等待時機，見用於世。

至於修身的原則，〈文言傳〉進一步提出，權衡時機，凡事合乎中正及誠之律則，行使方法則包括「學以聚之」、「問以辯之」、「寬以居之」、「仁以行之」，能循序漸進，必能達到「閑邪存其誠」、「善世而不伐」、「德博而化」的境地。〈二三子〉言：

> 孔子曰：「□□□□□□□□見嗛（謙），易告也；就民，易遇也。聖人君子之貞也，度民宜之，故曰利以見大人。」

〈二三子〉提出上位者應遵守謙虛原則以就民、度民之宜，如此，方能「易告」、「易遇」。換句話說，〈易之義〉及〈文言傳〉認爲君子平日應注意德性的修養，以等待時機，而見用於世；〈二三子〉則建議上位者除了平日的自我約束外，出訪田野山村、勤政愛民都是造成人民樂於見到他的原因，這是一種親民、用賢的政治理念，與日後的專制體制不同。

　　總之〈易之義〉重視「時」義的拿手捏。〈文言傳〉雖亦提到時機掌握，然「中正」、「誠」的陳述更是重心所在，故爻辭中所謂「大人」，可包含在位者及有德者，然似以有德者較符合旨意。〈二三子〉則注重給予上位者治國意見，故爻辭中所謂「大人」較偏向在位者、官者。與〈易之義〉及〈文言傳〉所談的「君德」略微不同。又〈易之義〉及〈文言傳〉強調君子修身以待用，重視下對上的負責；〈二三子〉強調國君應親民、用賢，重視上對下的態度。

三、九　三

　　〈易之義〉對此爻的解釋只提及「息」字。按：《說文解字注》心部「息，喘也。」又引申為休息、生長之意。是以〈易之義〉此爻應是強調不止息的努力，故能無咎。而〈二三子〉、〈文言傳〉對此爻之闡釋則表明了相同的看法，皆強調君子行事應把握適時、順時之原則。所以，〈二三子〉言：

> 此言君子務時，時至而動，□□□□□□屈力以成功，亦日中而不止，時年至而不淹。君子之務時，獻（猶）馳驅也。故曰：『君子終日鍵（乾）鍵（乾）。』時盡而止以置身，置身而靜（靜），故曰：『夕沂（惕）若，屬无咎。』

〈文言傳〉言：

> 子曰：「君子進德修業，忠信所以進德也。修辭立其誠，所以居業也。知至至之，可與言幾也；知終終之，可與存義也。是故居上位而不驕，在下位而不憂。故乾乾因其時而惕，雖危，无咎矣。」

又言：

> 「終日乾乾」，與時偕行。

　　然而，〈二三子〉對時局不適時所提的君子修養，只言「置身而靜」，認為此時若靜居反省，便能時至而有功；〈文言傳〉則較詳細的提及君子平日進德修業應注意「忠信」、「立誠」的原則，進而能「言幾」、「存義」、「不驕」、「不憂」。故就君子平日修為之法，〈文言傳〉的敘述較詳，〈二三子〉在這一點上則略顯不足。總之，〈二三子〉及〈文言傳〉對此爻的解釋，都是說明君子處事，宜確切把握時機，當動則動，當靜則靜，動靜之際，不驕亦不憂。

四、九　四

　　〈易之義〉對此爻的解釋與〈文言傳〉有些許不同。

〈易之義〉主張宜於相反事物間取得平衡狀態，故曰：

> 恒鼉（躍）則凶。君子鼉（躍）以自見，道以自成。君子竆（窮）
> 不忘達，安不忘亡，靖（靜）居而成章，首福又皇。

強調恒動則易招致凶險，隱涵動靜相宜的重要。〈文言傳〉則指明身處上下之交，進退之際，應把握時機，故云：

> 上下无常，非爲邪也。進退无恒，非離羣也。君子進德修業，
> 欲及時也，故无咎。

儘管前者強調平衡，後者重視時機，然而二者同樣主張君子平時要進德修業。至於如何進德修業？〈易之義〉提出：「君子竆不忘達，安不忘亡，靖居而成章。」〈文言傳〉則僅略微說明進德修業要及時。故〈易之義〉在此方面的解說優於〈文言傳〉。

傳統上，對此爻的解釋，多著眼於審時度勢，待機而動。認爲行動前，當細細斟酌；於理該不該做，在環境上宜不宜作，在能力上可不可作，在時機上應不應作，在效果上利不利作。思慮既明，則行果決明確，合則躍，不合則退，也就是順時而不強求之意。〈易之義〉則認爲「恒鼉則凶」，故此爻之可貴處，在於隱而能靜，揭示事物的發展並非恒動或恒靜，而須於動靜之間取得平衡，人世的變化亦然，困窮、顯達、安樂、危亡構成人生的高低起伏，處事宜有「窮不忘達，安不忘亡」的認知及涵養。此一觀點亦與〈要〉闡釋否卦九五爻辭相近。〈要〉云：

> 〔夫子曰〕：危者，安亓立（位）者也；亡者保〔亓存者也；亂
> 者，有亓治者也。是故〕君子安不忘危，存不忘亡，治不忘〔亂。
> 是以身安而國〕家可保也。易曰：〔亓亡亓亡，系（繫）于枹（苞）
> 桑。〕（略同通行本〈繫辭傳下〉第五章）

雖然二者解釋之卦爻不同，但都認爲君子自修當具憂患意識。

五、九　五

〈易之義〉由於缺字嚴重，較難辨析旨意，從殘存之「文而溥」、「齊明而達」、「剸名」及「孰能及」析之，可知〈易之義〉強調行事秉持謙讓、中正之德，必可至恢宏廣大、名譽顯達之境地，其賢明聲望無人能及，顯示九五已臻至善。但由於此則主詞部分已殘而無法辨視，故其稱頌對象暫略。〈二三子〉言及聖君治國特色。〈文言傳〉除了強調聖君在上，萬物咸見外，更重

視物與物、人與天、人與物的相互感應。

〈二三子〉曰：

〔孔子曰：「此〕言□□□□□□□□□君子在上，〔則〕民被

亓利，賢者不蔽。故曰：『蜚（飛）龍在天，利見大人。』」

此從政治面出發，告誡人君要爲民謀求福利，更要讓賢良樂於爲己所用，與自己同心同德而不背離。所作的闡釋，與九二爻辭前後呼應。九二爻辭言：「就民」、「易遇」、「度民宜之」；九五爻辭言：「民被其利」、「賢者不蔽」。前者強調親民、愛民、遇賢；後者主張澤民、利民、用賢，二者具有時間上相承關係。且兩爻之爻辭皆言「利見大人」，二處之「大人」皆指在位者而言。然而九二爻辭似未直言「大人」已至尊位，九五爻辭則云「君子在上」，可見此時之「大人」已位極至尊，並擁有絕對的權力以利民、用賢。

〈文言傳〉則首先指明世間萬物本有同質相涵、同類相聚的物物相感之道，故云「同聲相應，同氣相求。水流溼，火就躁。雲從龍，風從虎。……本乎天者親上，本乎地者親下。」再言聖君賢主奉天順時，能與天地、日月、四時、鬼神契合，提出人與天相應之理，故言：「夫『大人』者，與天地合其德，與日月合其明，與四時合其序，與鬼神合其吉凶。」此時，大人之德既與天地合，故天地亦具有德性而不僅爲塊然之物。所謂「大人與天地合其德」，所顯現的，並非僅爲一種人格性的善行，亦可說是大人表現了客觀而規律的行爲，就如天地所表現的一樣。最後，〈文言傳〉總言聖君興起，天下相從，顯現出人與物、人與天感應之則。

僅管〈二三子〉與〈文言傳〉對於「大人」之解釋，有「君子」、「聖君」及「大人」之不同，但都一致強調此爻乃賢主君臨天下之際。〈二三子〉認爲當此之時，全民將同蒙其利。〈文言傳〉則將恩澤推廣至天下萬物，「合德」一詞，實隱涵「人」已至與天地同流共化的最高境界，而〈二三子〉卻只言及「大人」之德展現於朝政上之功效，因此，〈文言傳〉所言，較爲寬闊與詳密。

六、用　九

此乾卦用九之探討，主要以〈易之義〉爲主，〈象傳〉、〈文言傳〉爲輔，〈二三子〉由於缺字嚴重，理解有困難，僅能依據殘文稍作比較。

〈易之義〉、〈象傳〉、〈文言傳〉對此爻的詮釋，都著眼於君子群居眾處不敢以首領自居而強調謙讓之德。此爻之群龍，象徵剛強自恣又具權力慾之

人，「有首」則代表這群人互結黨派，如此必形成有如晉朝的八王之亂以及唐朝的藩鎮之禍，勢必動搖國家根基，故警誡世人，勿以剛強氣勢強壓他人，以免遭致忌諱，進而主張剛健有力之人尤應謙虛持重，以保吉祥。

　　細觀此爻，又可與上九爻辭互爲呼應。上九爻辭因「高而爭」，故「有悔」；用九爻辭因「群龍无首」，故「吉」，兩相對照，益發突顯剛健與謙虛並重於處事上之效益。

　　此外，〈易之義〉又云：「群龍无首，文而耴（聖）也。」是以「群龍」表示陽剛之極致，以「文」代表陰柔之要素，提醒世人剛強太過易導致如上九爻辭之悔咎，唯有如用九爻辭般適時輔以陰柔，才可避免災咎的發生。這是繼初九、上九爻辭之後，〈易之義〉再次重申剛柔兼具、動靜互用、陰陽相佐之理。〈二三子〉此處用「龍神威而精處」來解釋「見群龍无首，吉」，「无首」，似乎成爲龍展現「神威」、「精處」的方式。此種說明方式則與其他版本不同。

　　綜上所述，帛書《易傳》各篇對乾卦六爻及迵九爻之解釋，各見特色：〈易之義〉站在陰陽相輔爲用的立場，對乾卦六爻及迵九爻作了全面性的分析，認爲初、上二爻弊在其過；四爻及用九貴在躍而能靜，剛而能柔，故能无咎、吉祥；二、三爻則指出君子自修與時並進，見用則動，不見用則靜。〈二三子〉對六爻的詮釋則多從政治面考量，主張國君宜謙虛向賢以親民、愛民，君子自修則應掌握時至而動，時盡而止的原則。〈繫辭〉在對乾卦上九爻辭的闡釋時，亦由政治面出發，強調无位、无民、无輔，雖位居尊位，亦必有悔。這些詮釋，與今日所見之乾卦解析有同有異。唯六篇《易傳》皆未對乾卦卦辭進行說明，此乃美中不足之處，若能將帛書《易傳》與〈象傳〉、〈文言傳〉合併解析，則彼此或有補充，將可合成更完整之乾卦解說。

第三節　坤　卦

　　坤卦爲柔順之德的代表，在易學的領域中，始終扮演著輔佐乾卦的角色，地位同於乾卦。故下文將探討帛書《易傳》中有關坤卦卦、爻辭之內容，並析論其異同。附帶一提的是，〈易之義〉於述說陰陽合德時，有二處以坤卦六二爻辭作爲小結，內容分別出現於第二行末、第三行初以及第十九行初，其中一處更與乾卦用九爻辭相互爲說，由於此部分涉及〈易之義〉通篇思想旨

趣，還出現爻名為用六，爻辭卻是六二之問題，故表中從略，相關說明可參
考第二章。至於陰陽和而相濟部分，則留至第八章再予論述。帛書《易傳》
六篇中只有〈二三子〉、〈易之義〉、〈繆和〉述及坤卦卦、爻辭，故下表僅就
這三篇有關部分進行討論，並參考帛書《易經》、〈彖傳〉、〈象傳〉、〈文言傳〉
之相關說明以茲比較。

通行本《易經》、《易傳》與帛書本《易經》、《易傳》中之坤卦

	坤卦	初六	六二	六三	六四	六五	上六	用六
帛書本《周易》	川(坤),元亨,利牝馬之貞,君子有攸往,先迷,後得主。利西南得朋,東北亡(喪)朋,安貞吉。	禮(履)霜(履)冰至。	直、方、大,不習,无不利。	合(含)章可貞,或從王事,无[成]有終。	[括囊,无咎无譽。]	黃常(裳),元吉。	龍戰于野,其血玄黃。	利永貞。
通行本《周易》	坤,元、亨、利牝馬之貞,君子有攸往,先迷,後得主。利西南得朋,東北喪朋。安貞吉。	履霜,堅冰至。	直、方、大,不習,无不利。	含章可貞,或從王事,无成有終。	括囊,无咎无譽。	黃裳,元吉。	龍戰于野,其血玄黃。	利永貞。
帛書本〈二三子〉		卦曰:「履霜,堅冰至。」孔子曰:「此言天時潛,戒葆常也。戒□□□□□□□□□□□□□□□□□□□□□□德與天道始,必順五行,	戒事敬合,精白柔和,而不□□奪,此□□□尊□□夫子……威精白堅強,行之不可撓也。「不習」近之矣。卦曰:「直方,大,不習,无不利。」□□□□□□孔子□□□曰:「□□□	卦曰:「含章可貞。」□□□□□□□□□□□□□□□□□□□□□□□□亦□□也,亦□□□。	易曰:「昆(括)囊,無咎無譽。」孔子曰:「此言箴小人之口也。小人之言多言多過,多事多患,□□□□以行言矣,而不可以言,箴之。『昆(括)囊』者,□□□也,莫出莫入,故曰:『無咎無	或大或小,亓方一也,至用□□也,而名之曰君子。兼『黃裳』□□近之矣。	或易曰:「龍戰于野,亓血玄黃。」孔子曰:「此言大人之廣德而施教於民也。夫文之孝,采物畢存者,亓唯龍乎?德義廣大,灋(法)物備具者,亓唯聖人乎?『龍戰于野』者,言大人	

帛書本〈易之義〉			
川（坤）之牝馬，陰之失也，輔（靜）而不能疃（動）者也。「君子亓先迷後得主」，學人之胃（謂）也。「東北喪朋（明），西南得朋（明）」，求賢也。	「直、方、大，不習」吉」也。〔直〕□□□□方、大、不智，亓智不囿□□□。易曰：「直、方、大，不習，吉。」子曰：「□□□□生文、不智，吉。」易曰：「履雖武，雖強能及學，是弗能及學，是弗能及之矣。」	「合（括）囊」，章可貞，言美請從王事、无成有冬（終）。」學而能發也。易曰：「黃於无罪又（有）罪之內，不言於无言言之外，不言於无言言之外。易曰：「黃（裳），元吉。」子曰：「□令章可貞，美請之胃（謂）之福。又曰：「无咎罪之胃（謂）也。」	「黃常（裳），吉。」「合（括）囊，无咎」，无譽」者，元言。吉。」子曰：「龍單（戰）于野」，文而能達也。「龍（戰）」者，□亓血玄黃，曰：「黃文，常（裳），元吉。」子曰：「聖人信文且精（靜），故文且精（靜），必見之□□□□□之胃（謂）也。龍
「履霜，堅冰，至」言[務]豫也。天氣□□□者也，亓寒作□□□□□□□□。□君子亓先迷後得主」也。「□□東北喪朋（明），西南得朋（明）」，求賢也。			贛，易用六，也。易曰：「利〔永貞〕」

亓孫貴而宗不鯩。」	□□□□□□□大者言亓直，或之咎□□直、或之咎□□也。□无□故曰无不□利。」	譽。』二三子問曰：『獨無歲於聖乎？』孔子曰：『聖人之言也。德之首也。聖人之有口也，獻（猶）地之有川浴也，財用所繇（由）出也；獻（猶）山林陵澤也，衣食〔所〕繇（由）生也。聖人一言，萬世用之。唯恐亓不言也，有何歲焉？』	之廣德而下綬（接）民也。『亓血玄黃』者，見聖人出鳴教以道民，亦獻（猶）龍之文也，可胃（謂）『玄黃』矣。曰『玄黃』矣。故曰『龍』矣。見龍而稱莫大焉。」

七十變而不能
去亓文,則亓
信于。」

胃(謂)
也。文人入内
亓光,外亓
龍,不以亓
人之黑,故
亓文玆章
易曰□□□
□□□□
居亓□□□
德不忘。」

不當亓時則閉
愼而觀。易曰:
「昍(括)囊,
无咎。」子曰:
「不言之咎
(謂)也,□□
□□各之
□□又(有)冬
(終)。」子
(默)又(有)?
亦毋愼而
不自箸(著)
也。淵深而內亓
華。」

也。文人擁
(動),小事時
大[事]
順成,知毋過
數而務柔和。
易曰:「或從王
事,无成又
(有),无成
(終)。」子
曰:「言詩之
胃(謂)也。
君子美亓箸書而
胃(謂)箸(著)
君子笱得亓可
盡也。」

故曰:「牝馬之貞。」
童獸也,川(坤)
之類也。是故良馬
之類,廣前而景
后,逐臧,尚受而
順,下安而鞴
(靜),外又美荊
(形),則中又□□
□□□□□□乎、
艮以來群,文德
也。是故文人之
義,不待人以不
善,見亞(惡)
善,見亞(惡)默
(默)然弗反,是
胃(謂)□□以戒後、
武夫昌憂,文人縁
序。易曰:「學人胃(謂)
得主。」何先主之又
也,何先主之義又
(有)?歲之義始
於東北,成於西
南。見始而逆,順
而保終。易曰:「東
北喪朋(朋),吉。」
子曰:「非吉石也。
亓□□□與賢之
胃(謂)也。[武夫]

帛書本〈繆和〉	又（有）拂，文人有輔。拂不撓，不絕，何不吉之又（有）?」	子曰:「川(坤)之六二曰:『直、方、大,不習,无不利。』子曰:「直、方者,知之胃（謂）也。不習者,□□〔之胃（謂）也〕,不利者,无道之胃（謂）也。與夫□德以與人,□則夫人和矣,非人之所習也,則近言矣。故曰:『直、方、大,不習,无利。』」
通行本〈彖傳〉	至哉坤元,萬物資生,乃順承天。坤厚載物,德合无疆,含弘光大,品	

通行本	卦辭／大象	初六	六二	六三	六四	六五	上六	用六
（〈彖傳〉）	物咸亨。牝馬地類，行地無疆，柔順利貞。君子攸行，先迷失道，後順得常。西南得朋，乃與類行；東北喪朋，乃終有慶。安貞之吉，應地無疆。							
通行本〈象傳〉	地勢坤，君子以厚德載物。	履霜堅冰，陰始凝也；馴致其道，至堅冰也。	六二之動，直以方也；不習无不利，地道光也。	含章可貞，以時發也；或從王事，知光大也。	括囊无咎，慎不害也。	黃裳元吉，文在中也。	龍戰於野，其道窮也。	用六，永貞，以大貞也。
通行本〈文言傳〉	坤至柔而動也剛，至靜而德方，後得主而有常，含萬物而化光。坤道其順乎！承天而時行。	積善之家，必有餘慶；積不善之家，必有餘殃。臣弒其君，子弒其父，非一朝一夕之故，其所由來者漸矣，由辯之不早辯也。《易》曰：「履霜堅冰，至。」蓋言順也。	直，其正也；方，其義也。君子敬以直內，義以方外，敬義立而德不孤。直方大，不習无不利，則不疑其所行也。	陰雖有美，含之以從王事，弗敢成也。地道也，妻道也，臣道也。地道无成而代有終也。	天地變化，草木蕃；天地閉，賢人隱。《易》曰：「括囊，无咎无譽。」蓋言謹也。	君子黃中通理，正位居體，美在其中而暢於四支，發於事業，美之至也。	陰疑於陽必戰。為其嫌於无陽也，故稱龍焉；猶未離其類也，故稱血焉；夫玄黃者，天地之雜也，天玄而地黃。	

註：1. 同乾卦列表註1、註2。

2. 〈繫辭〉、〈要〉、〈昭力〉全篇未提乾卦之卦、爻辭，故表中不列。

　　由上表所列，得知〈易之義〉對坤卦卦辭的闡述，可分三部分探討，第一部分為「牝馬之貞。」第二部分為「先，迷；後，得主。」第三部分為「東北喪崩（朋），西南得崩（朋）。」第一部分言：

> 「牝馬之貞」童獸也，川（坤）之類也。是故良馬之類，廣前而景後，尚受而順，下安而靜（靜），外又美荊（形），則中又□□□□□□□乎，戾以來群，文德也。是故文人之義，不侍人以不善，見亞（惡）墨（默）然弗反，是胃（謂）以前戒後，武夫昌慮，文人緣序。

　　此乃以牝馬柔順沈靜之特質類比文人的品德，提出「廣前景後」、「尚受而順」、「下安而靜（靜）」、「外又美荊（形）」、「戾以來群」是牝馬本具的良好特質，又因其柔順之性，所以，能接受人們訓練，象徵文人待人以善，見惡弗逆，以前戒後，循規蹈矩的品德，並有別於武人之昌明思慮。此處以「牝馬」比喻「文德」是〈易之義〉的特殊描述。第二部分言「學人」，此乃學習至道之意。第三部分言：

> 歲之義始於東北，成於西南。見始弗逆，順而保穀。

又曰：

> 非吉石也。亓□□□□與賢之胃（謂）也。〔武夫〕又（有）拂，文人有輔。拂不撓，輔不絕，何不吉之又（有）？

　　此乃由大自然的變化著手，呈顯出宇宙運行有一定的法則與規範，順天而行，則保平安；推至國家之興衰，亦有律則可供參考，若得賢臣良將輔弼，則社稷吉祥康泰。

　　〈易之義〉通篇極重視剛柔相濟，動靜相合。故於闡述剛柔和合之要時，以坤之「牝馬」為柔之失的代表，警誡世人柔弱沈靜，循規蹈矩，雖可吉善保安，但若無陽剛匹配調合，則會貧窮下賤，甚至遭到遺棄的命運。隱涵唯有陰中有陽，陽中帶陰，行使中庸之道，才可獲得吉祥。此說與歷來學者肯定雌馬溫柔和順，能追隨健行公馬，並守著陰柔正道，所以能夠安順貞正，獲得吉祥之解釋並無不同。

　　〈彖傳〉、〈象傳〉則首先論說坤陰本性柔順，故宜奉承乾陽而動，有如牝馬柔順貞正的特質，強調陰隨陽動，陰陽互相配合才能發揮生物成物功能。

　　〈文言傳〉認為坤卦雖本性至柔，然柔中有剛，靜中有動，並進一步由坤陰的性質與作用來說明萬物的生成是源於陰陽兩性的結合。

顯然，〈易之義〉除了論述坤卦柔順本性外，又提出學習常道及賢臣輔弼的觀點，故就卦義發揮的角度言，〈易之義〉優於〈彖傳〉、〈象傳〉、〈文言傳〉。以下再就各爻逐一探討：

一、初　六

透過上表所列，可以發現，〈易之義〉及〈二三子〉對此爻的陳述並非十分完整。

從〈易之義〉剩餘的文字觀之，此爻強調謙遜順從的道理。由〈二三子〉殘存的文字視之，此爻說明遵循自然變化的規律，能達到與天道合一的境界。由於此部分的文字缺漏，故只略述旨意。〈象傳〉、〈文言傳〉則認爲事物的發展，皆始於微，故特別重視防微杜漸的工夫〔註12〕。〈文言傳〉認爲陽生陰殺，乃天道必然；下及人事，則提出理國脩身，應以積善爲本。故于坤卦初六，陰始生之時，著此微言，以爲深戒。誠能防微杜漸，則災害不生，且可開國承家，又能君臣同德，所以〈繫辭〉云：「善不責（積），不足以成名；亞（惡）不積，不足以滅身。」就是此理。

二、六　二

通觀上表各篇對坤卦六二爻辭的引述，除了〈易之義〉言：「直、方、大，不習，吉。」外，其餘各篇皆言：「直、方、大，不習，无不利。」其間差異，在於占斷辭，一言「吉」，一言「无不利」。由於此一差別已於第二章論述，「吉」與「无不利」又無絕對差異，僅是對象或是程度上的不同，概略而言，都是說明占得此，爲上籤，故接下來只從大方向著眼，而不細分二者之別。

〈易之義〉對此爻的解釋強調文武兼備的特色。〈二三子〉重視君子德性的描寫。〈繆和〉指明爲人處事之態度。〈文言傳〉則由字義的解釋爲始，逐步引入君子之德。其中〈易之義〉、〈二三子〉意旨較近，皆是在提及述說主體本具特質後，再言「不習」或「雖強學，是弗能及之矣。」以彰顯此爻擁有高於他爻的能力，或是暗示具有此爻特點之人握有異於凡人的稟賦。〈繆和〉

〔註12〕〈象傳〉言：「履霜堅冰，陰始凝也；馴致其道，至堅冰也。」
〈文言傳〉言：「積善之家，必有餘慶；積不善之家，必有餘殃。臣弒其君，子弒其父，非一朝一夕之故，其所由來者漸矣，由辯之不早辯也。《易》曰：『履霜，堅冰至。』蓋言順也。」

由於關鍵字缺漏，故難深究。

〈易之義〉曰：

> 子曰：「生文武也。雖強學，是弗能及之矣。」

〈易之義〉認爲文武全才無人能及，此處文武二字的合併使用，實際上已囊括個人至國家的一切優點。就個人言，「文」代表處事上柔性的態度，「武」表示爲人上剛性的姿態。就國家言，「文」是德治，「武」爲刑殺；「文」是文化建設，「武」是戰力防禦。換句話說，一文一武，一柔一剛，一靜一動，一陰一陽的配合，彼此相互協調，才能臻於完善境界。此觀點，與〈易之義〉通篇強調陰陽相濟，不謀而合，亦與〈易之義〉文中兩次以坤卦六二爻辭作爲陰陽和合之結論相符，可以說〈易之義〉認爲此爻還具有貫穿通篇陰陽旨意之效。〈二三子〉曰：

> 戒事敬合，精白柔和，而不諱賢，爵之曰夫子。　尊威精白堅
> 強，行之不可撓也。「不習」近之矣。

此以「戒」、「敬」、「柔和」、「堅強」、「不諱賢」象徵具有龍德的君子，由於此爻強調的是君德，是就成德者而言，故說「不習」，並未對成德過程或成德前之狀態加以說明。儘管表面上言「不習」，實際上卻隱涵德性的養成是由習開始，君德是眞積力久而至。〈文言傳〉曰：

> 直，其正也；方，其義也。君子敬以直內，義以方外，敬義立
> 而德不孤。直、方、大，不習，无不利，則不疑其所行也。

說明「敬」與「義」是君子之德，君德如此，是以「不孤」、「不疑」。其解釋方式略同〈易之義〉、〈二三子〉，然〈易之義〉、〈二三子〉於君德外又強調「不習」、「強學弗及」來突顯君德，〈文言傳〉則僅止於述及君德而已。

三、六　三

〈易之義〉對坤卦六三爻辭的解釋與〈象傳〉、〈文言傳〉及歷來各家的說法不盡相同。〈二三子〉由於缺字相當嚴重，故暫難論述。

基本上，〈易之義〉將爻辭拆開成二部分，分段解釋：第一段爲「含章可貞。」釋爲「美請也。」第二段爲「或從王事，无成有冬（終）。」釋爲「學而能發也。」又釋爲「詩書之冑（謂）也。」；〈象傳〉釋「含章可貞」爲「以時發也。」釋「或從王事」爲「知光大也。」而〈文言傳〉則從「陰雖有美」、「弗敢成也」來闡發此爻的意義。

　　大體而言，〈易之義〉由「順」及「柔和」之美肯定「含章」之「貞正」，就這一點而言，不論是〈象傳〉的「時發」，或是〈文言傳〉的含陰之美，乃至歷來各家的解說，都大致相同，認爲君子出處進退不宜過亢，宜待時善估，並衡量事件之輕重緩急，考量本身之身份、地位，再採取適當的應變措施，故〈易之義〉言：「文人燌（動），小事時說，大〔事〕順成，知毋過數而務柔和。」就是此理。

　　至於〈易之義〉對「或從王事」句的闡明，則與歷來各家說法顯著不同：〈易之義〉之「從王事」，指對《詩》、《書》〔註13〕的學習，「有終」是所謂「能發」，或是「可必可盡」；〈文言傳〉之「王事」，則指國家、親族等有關政治、社會之關係，「有終」意謂六三功成不居，是以有功。換句話說，〈易之義〉側重個人之學習、修養，指出《詩》、《書》爲君子自修之典籍；〈文言傳〉著重天地、君臣、夫婦間之關係，提出坤卦本質柔順，用於處事上則應謹守配合之角色而不居功，方能有終。前者說明深入了解《詩》、《書》所蘊涵的道理，並將之用於生活處事，才能以和順的態度解決問題，避開過偏之失；後者則認爲處於何種地位，就應扮演何種角色，字裡行間已顯現出帝制時期，尊卑上下絕對服從的雛形。

　　又〈易之義〉提出，文人之動宜注意「毋過數」、「務柔和」，即是說明凡事宜把握中庸原則，這一點與〈易之義〉通篇旨意相當契合。總之，〈易之義〉與歷來各家對坤卦六三爻辭的不同詮釋，提供更寬廣的探索空間，明瞭六三爻不僅代表柔順的地道、臣道、妻道，還與《詩》、《書》的學習有關。

四、六　四

　　〈易之義〉、〈二三子〉及〈象傳〉、〈文言傳〉對坤卦六四爻辭的解釋，都強調「慎」字。〈易之義〉、〈二三子〉尤其高喊慎言的重要。

　　〈易之義〉謂：

　　　　語无聲也。君子言於无罪之外，不言於又（有）罪之內，是胃（謂）重福。又口能斂之，无舌罪，言不當亓時則閉慎而觀。《易》

〔註13〕這是帛易各篇有並同觀念的地方。〈要〉第十四行之「《尚書》多缺矣，《周易》未失也。」第二十三行之「而《詩》、《書》、《禮》、《樂》不□百扁（篇）。」〈繆和〉第三行之「《詩》也曰。」第八行之「書春秋詩語。」以及〈昭力〉第十二行之「明以察乎人之欲亞（惡）《詩》、《書》。」都對《詩》、《書》等典籍有所提及。

> 曰：「聒（括）囊，无咎。」子曰：「不言之胃（謂）也，□□□□
> 〔何〕咎之又（有）？墨（默）亦毋譽，君子美亓慎而不自箸（著）
> 也。淵深而内亓華。」

〈易之義〉認爲，收斂口舌之快能避免災咎的發生，於此同時，亦斷絕提昇自我聲譽的機會，然而君子所重，並非顯露於世，而是注重自己內在光華的涵養。〈二三子〉則認爲聖人開口，群臣百姓同謀其利，故爲人所貴；小人開口，則多事多患，多過多咎，是以爲人所忌。〈二三子〉曰：

> 孔子曰：「此言箴小人之口也。小人多言多過，多事多患，□□
> □以衍矣，而不可以言箴之。亓猷（猶）『聒（括）囊』也。莫出莫
> 入，故曰：『無咎無譽』。」二三子問曰：「獨無箴於聖〔人之口乎？〕
> 孔子曰：〕「聖人之言也，德之首也。聖人之有口也，猷（猶）地之
> 有川浴也，財用所緣（由）出也；猷（猶）山林陵澤也，衣食家□
> 〔所〕緣（由）生也。聖人壹言，萬世用之。唯恐亓不言也，有何
> 箴焉？」

〈象傳〉、〈文言傳〉則提出，君子行事謹慎的原則。

總體而言，四篇的解析都圍繞著「愼」字。就主題言，〈易之義〉、〈二三子〉直言愼言較〈象傳〉、〈文言傳〉來得明確，但若就廣度析之，則〈象傳〉、〈文言傳〉擁有更寬闊的思考空間，而不受限於言語一事，且能透過觀察大自然變化，賦予事物道德涵義，進而成爲指導人們行事謹慎的依據。例如〈文言傳〉言：「天地閉」，就是譬喻的說法，在這一段解釋中，易經對自然的天、地賦予德性的涵義。故「天地閉」一詞隱涵人格化的意義。「天地變化，草木蕃」則是相對於「天地閉，賢人隱」而說，就自然意義言，是天地在規律運行的變化中，產生草木生長繁盛的現象。「天地閉」則代表陰暗蔽塞，萬物不生的蕭條景象。故此處所說的天地即爲自然的天地。但帶有德性化或人格化的涵義。

職是之故，通行本與帛書本各有優缺。當然，不論傳統或〈易之義〉的解釋，都只強調謹慎或愼言以避害，並未涉及聖人言語的功效；〈二三子〉則對聖人與小人之言作了比較，予人不同印象，內容又較他本充實。

五、六 五

坤卦六五爻辭重在君子德性的闡釋，此在〈易之義〉、〈二三子〉及〈象傳〉、〈文言傳〉中表露無疑。

　　〈易之義〉對君德的闡發則是由謙虛著手，認爲君子平日自修要韜光養晦，謹守本份，故云：「有而弗發。」「尉文而不發。」又云：「不以亓白陽（揚）人之黑。」其中，〈易之義〉與〈象傳〉同時言及「文」字，〈象傳〉云：「文在中也。」二者皆提出君子具有「文」之特質，且內涵其中，而不隨意發外。

　　究竟「文」爲可義？項安世《周易玩辭》解釋爲：「六五以陰居陽者也，陰陽相雜爲文，故有文章之象。」由項氏之說明可知坤在性質上雖然爲陰，然而卻高居陽位，顯示此時它已非純陰，而是陰中涵藏著乾陽，陰陽相雜而成文采，故〈易之義〉曰：「文人內亓光，外亓龍。」實際上即隱涵君子內蘊高貴品德，卻不恣意表現，外則顯現如龍般的謙沖大度。前者是就坤卦本具柔順屬性而言，後者是就六五爻當具天子之位而說。另〈二三子〉言：「或大或小，亓方一也，至用也，而名之曰君子。兼，『黃裳』，近之矣。」雖然此段旨意隱晦，但由於前承龍德，且以君德比於龍德，可知此爻具有龍般的神貴之德。

　　大體而言，〈易之義〉、〈象傳〉及〈文言傳〉都明言守中謙下的君子風度。其中「文」字的使用，更揭示陰陽相合爲用之理。

六、上　六

　　〈易之義〉與〈二三子〉對坤卦上六爻辭的解釋，與〈象傳〉、〈文言傳〉完全不同。

　　〈易之義〉說明聖人特質。〈二三子〉由聖人廣德以教民的教化方式來闡發。〈象傳〉及〈文言傳〉則由道窮而變，變而相交的層面來探討。

　　基本上，〈易之義〉與〈二三子〉皆以聖人爲中心，偏向聖人之施爲；〈象傳〉、〈文言傳〉則從爻位的變化，言及事物的發展。〈易之義〉以「信」、「文」、「靜」來說明聖人之德。〈二三子〉則以廣德教民釋「龍戰于野」，以龍文釋「其血玄黃」，最後又以「見龍而稱莫大焉」來呼應篇首之「龍大矣」。可謂相當完整。〈象傳〉與〈文言傳〉提出道窮而戰，戰極而交，交而合，陰陽交合，故呈天地相雜之色。

　　大體而言，〈易之義〉以龍喻聖人，以野象徵聖人德業影響範圍之廣。〈二三子〉以龍喻聖人君子，以野喻黎民百姓，以血玄黃喻聖君之教育德化，呈現出聖人施爲，全民同化的理想境界。雖然，〈易之義〉未如〈二三子〉明言聖人教化之功，但「文而能達也」句，則隱涵此種文德教化必能通達於民。〈象

傳〉與〈文言傳〉則皆抓緊變作發揮，認爲物極則變，此一解釋方式，與〈文言傳〉釋乾卦上九爻辭言「窮之災也。」相同，都主張乾極變坤，剛濟以柔，坤極變乾，柔濟以剛，剛柔相濟，以應無窮。

總之，〈易之義〉、〈二三子〉異於〈象傳〉、〈文言傳〉的詮釋，無疑爲此爻提供了另一層面的思考空間。

七、用 六

坤卦用六爻辭僅〈易之義〉出現一次，其餘各篇並無記載。

〈易之義〉通說陰陽和合之要時，以「用六，贛也；用九，盈也。」作爲該部分小結之開頭；至於坤卦詳說的最後，也僅提及爻辭，未進一步爲爻辭作解說。因此，只能由「用六，贛也。」來推知該爻具有坎凹之意，且在〈易之義〉作者心目中，含有調合用九滿盈的功效。

綜上所述，不論是〈易之義〉或〈二三子〉，對坤卦的解釋，都是扣緊和順來發揮，且除了卦辭及上六爻辭的解析較偏向政治層面抒發外，其餘各爻皆是強調君子自修之道。由於此部分缺字較爲嚴重，故分析起來難度較高，加上各卦、爻辭的闡釋與〈象傳〉、〈象傳〉以及〈文言傳〉的出入亦較大，使得通行本《易傳》與帛書《易傳》間可互爲補充處多，意義加深處較少。分析的過程中，甚至於必須暫時擱置對傳統卦、爻辭之解說印象，以便擁有全新的視野，以對帛書《易傳》的相關部分進行瞭解。

小 結

嚴靈峰曾言：「帛書文字也是錯簡。」或許嚴氏寫作時，帛書佚文內容尚未完全公布，所以，尚無法對〈二三子〉、〈易之義〉及帛書《繫辭》作較完整的分析。筆者認爲，〈文言傳〉的性質一如〈二三子〉以及〈易之義〉中對乾坤二卦作大幅解析一樣，突顯了乾坤二卦的地位，誠如〈易之義〉所言：「鍵川也者，易之門戶也。」且觀六篇佚文，亦未對六十四卦逐卦詳細介紹，因此，是否應將〈繫辭傳〉中解釋卦、爻辭意義的文字納入〈文言傳〉中，實仍值得考慮。

乾卦居於六十四卦之首，歷來各家對《易經》的解釋亦以乾卦爲最詳。乾卦以「天」爲象徵形象，揭示了「陽剛」元素，爲「強健」氣質的本質作用。乾卦的卦辭多用「龍」、「君子」來比喻，展示的是陽剛向上、奮鬥不息

的氣質是大自然及人類社會發展過程中不可缺少的創造力量。但陽剛之氣的
發展必須遵循內在規律，換句話說，在特定的環境條件下，陰陽剛柔之間的
相互調濟或制約至為重要。坤卦是六爻純陰之卦，以「地」為象徵形象，喻
示「陰柔」元素，為「溫順」氣質的本質作用。整體寓意，在於表明「陰」
與「陽」相輔相成的對立與統一。「陰」處於附從地位，依順於「陽」而存在、
發展。〈繫辭〉云：「乾知大始，坤作成物。」又云：「乾坤其易之門邪？」全
部《周易》以乾坤為總樞紐，坤與乾相配，則天地合而萬物生。

第四章 〈易之義〉其他卦、爻綜論

〈易之義〉通篇除了約有三分之一篇幅闡述乾坤二卦外，又以約四分之一的篇幅說明鍵（乾）、師、比等計約二十九卦之卦辭。而這部分的敘述方式，則不若乾、坤兩卦般遍及爻辭，也不像乾、坤一樣分簡說與詳說反覆論述，乃是以簡單的一、二句話，就卦的得（德）義來加以論證。理論上，應可作爲傳統卦義的補充或加強，對各卦的瞭解也有莫大幫助。可惜此部分的殘缺相當嚴重，所以，只能就篇後所謂三陳九卦的內容進行分析。

綜觀三陳九卦內容與通行本〈繫辭傳下〉第七章相當接近，但仍有二處差異：一爲論述九卦德義前，〈易之義〉多了「上卦九者，贊以德而占以義者也。」一句話。一爲九卦之末卦，通行本爲巽卦，帛書本爲渙卦。此章擬就第二個問題於第一節論述，至於第一個問題則於第五章再予分析。

〈易之義〉通篇極重視陰陽和而相濟，故於理論闡發後，習慣於後文附上卦、爻辭以爲例證，並作爲支持理論之依據，故有所謂過剛五證及過柔五證。前者爲乾卦的上九爻辭：「抗龍有悔」、大壯卦的九二爻辭：「羝羊觸藩，羸其角」、姤卦的上九爻辭：「姤其角」、鼎卦的九四爻辭：「鼎折足」以及豐卦：「虛盈」；後者爲坤卦卦辭：「利牝馬之貞」、小畜卦卦辭：「密雲不雨」、姤卦初六爻辭的：「蹢躅」、漸卦九三爻辭的：「繩婦」以及屯卦上六爻辭的：「泣血」。前者說明陽剛太過，不知靜止的缺失；後者說明陰柔太過，不知運動所造成的危害。其中，十證裡有三處分別是豐卦、坤卦、小畜卦之卦辭，此將於第二節論述，其餘七爻則於第四節進行分析。

〈易之義〉除了引用過剛五證及過柔五證來論述動靜相兼、陰陽協調之重要外，於乾、坤兩卦簡說後有一段以「易曰」開頭的文字，出現於第十二

行，亦引用各卦、爻所具之特色再行申明剛柔和合之要，茲列如下：

> 易曰「何校」，剛而折也。「鳴嗛（謙）」也者，柔而□〔也〕。〔遯
> 之〕「黃牛」，文而知朕（勝）矣。渙之緣（彖）辭，武而知安矣。
> 川（坤）之至德，柔而反於方；鍵（乾）之至德，剛而能讓。此鍵
> （乾）川（坤）之參說也。

此引用噬嗑卦上九爻辭「何校滅耳，凶」說明過剛之失，又援引謙卦六
二爻辭「鳴謙，貞吉」、遯卦六二爻辭「執之用黃牛之革，莫之勝說」以及渙
卦卦辭「渙，亨，王假有廟，利涉大川，利貞」闡明剛柔參互為用之效益，
最後強調坤德本柔，動以方剛；乾德本剛，靜則順讓，以為乾、坤簡說之結
論。渙卦卦辭將於第二節說明，噬嗑卦上九爻辭、謙卦六二爻辭及遯卦六二
爻辭則於第四節進行論述。

此外，〈易之義〉第四十二行末至此篇結束，有二段略同通行本〈繫辭傳
下〉第九章的文字，主要介紹各爻特點，此亦併入本章，於第三節論述。

第一節 九 卦

〈易之義〉云：

> 亓□興也，於中故（古）乎？作《易》者，其又（有）患憂與？
> 上卦九者，贊以德而占以義者也。履也者，德之基也。嗛（謙）也
> 者，德之枋也。復也者，德之本也。恒也者，德之固也。損也者，
> 德之脩也。益〔也者〕，德之譽也。困也者，德之欲也。井者，德之
> 地也。渙也者，德制也。是故占曰：履，和而至；嗛（謙），莫（尊）
> 而光；復，少而辨于物；恒，久而弗厭；損，先難而後易；益，長
> 裕而與；宋（困），竆（窮）而達；井，居其所而遷；〔渙〕，□□□
> 而救。是故履，以果（和）行也；嗛（謙），以制禮也；復，以自知
> 也；恒，以一德也；損，以遠害也；益，以興禮也；困，以辟（避）
> 咎也；井，以辨義也；渙，以行權也。子曰：渙而不救，則比矣。

此段首先指明，《易經》的興起，源於憂患意識的產生。相同的敘述，亦
見於同篇第二十三行：

> 段（殷）之无道，周之盛德也。恐以守功，敬以承事，知以辟
> 患，□□□□□□□文王之危知，史說之數書，孰能辯焉？

此又同於〈要〉篇十六行：

> 文王仁，不得亓志，以成其慮，紂乃无道，文王作，諱而辟咎，
> 然後易始興也。

本段指出，《易經》是示人憂患之書，目的在使人知所戒懼，王夫之於《周易內傳》卷六釋通行本〈繫辭傳下〉三陳九卦云：

> 此言聖人當憂患之世，以此九卦之德，修已處人，故上以凝天
> 命，下以順人情，文王以之而成其至德，周公以之而保人，進以成
> 大業，而退不傷於道之正，故九卦時雖危而可因之以爲德〔註1〕。

可爲詮解。對於易書憂患意識之心理原因的形成，徐復觀有一段話足資說明，他說：

> 憂患心理的形成，乃是從當事者對吉凶成敗的深思熟慮而來遠
> 見；在這種遠見中，主要發現了吉凶成敗與當事者行爲的密切關係，
> 及當事者在行爲上所應負的責任。憂患正是這種責任感而來的，要
> 以己力突破困難而尚未突破的心理狀態〔註2〕。

所以《易經》非常重視道德修養，認爲道德修養與行爲良窳密切相關，故以九卦明人成德之法，示人九卦之德及其效益，且於闡述過程中緊扣「德」字抒發，便是提示人們解憂防患之道，教民如何趨吉避凶，實爲衰世中之「道德哲學」〔註3〕。下文將就前八卦略微介紹，末卦則俟最後再予討論。

一、九卦之前八卦

（一）履　卦

《說文》卷十五履部云：「履，足所依也。」〔註4〕這是履的本義。然《詩經·周頌·長發毛傳》卻說：「履，禮也。」〈序卦傳〉也說：「履者，禮也。」帛書《周易》更將履卦寫爲禮卦。可見禮爲履字本義的引申，著重依禮而行。另履、禮二字，在段玉裁的古韻分部同屬第十五部，亦可知這是以疊韻爲訓，

〔註1〕王夫之《周易內傳》卷六，見《船山易學（上）》，（廣文書局，西元1971年5月），頁558。

〔註2〕徐復觀《中國人性論史》先秦篇，（台灣：商務印書館，西元1977年4月），頁20～21。

〔註3〕馮滬祥《易經的生命哲學》，（台北：天下圖書公司，西元1973年），頁69。

〔註4〕《說文解字注》，頁407。

而《說文》卷一示部云：「禮，履也。」〔註5〕正是以此取義。履卦卦辭為「履虎尾，不咥人，亨。」說明當環境惡劣，只要戰戰兢兢，謹慎從事，一切循禮而行，也就無從擔憂。《論語・學而》曰：「禮之用，和為貴。」可見禮的作用就是保持彼此之間的和諧，重視實踐務本，言行一致，身體力行，而不尚空談。

〈易之義〉言：「履也者，德之基也。」基者，所以立。此乃說明履為一切德行之基礎，德行之養成須靠自行而來，不日行，則德行無以為積。「履，和而至。」「和」涵「中」、「和」二義，指明履可達至和合境界。「履以和行」乃三陳履卦之作用，只要行事依和而行，則所履無傷。總之，履為一切德行之基礎，必和而後能至，亦即必以和行之。履即禮，行禮之道在於中和。

（二）謙　卦

《說文》卷五言部云：「謙，敬也。」〔註6〕謙卦卦辭記為「亨，君子有終。」〈二三子〉釋為：

> 孔子曰：「〔此言〕□□□□□〔也。嗛（謙）〕，上川（坤）而下根（艮）。川（坤）也；根（艮），精質也，君子之行也。□□□□□□□吉焉。吉，嗛（謙）也；凶，橋（驕）也。天乳（亂）驕而成嗛（謙），地徹驕而實嗛（謙），鬼神禍福嗛（謙），人亞（惡）驕而好〔嗛（謙）〕。□□□□□□□□□□□□□□□好善而不伐。夫不伐德者，君子也。亓盈如□□□□□□□□舉而再說，亓有終也，亦宜也。」

〈繆和〉釋為：

> 子曰：「天之道稟（崇）高神明而好下，故萬勿（物）歸命焉；地之道精傅（博）以尚而安卑，故萬物得生焉。耵（聖）君之道尊嚴叡知而弗以驕人，嗛（謙）□比德而好後，故□□□□□。」《周易》曰：「溓（謙），亨，君子又（有）冬（終）。」子曰：「嗛（謙）者，溓（謙）然不足也。亨者，嘉好之會也。夫君人者，以德下亓人，人以死力報之。亓亨也，不亦宜乎？」子曰：「天道毀盈而益嗛（謙），地道銷〔盈而〕流嗛（謙），〔鬼神害盈而福嗛（謙），人道〕亞（惡）〔盈〕而好溓（謙）。溓（謙）者，一物而四益者也；盈者，

〔註5〕同前註，頁2。
〔註6〕同前註，頁94。

一物而四損者也。故取（聖）君以爲豐者。是以盛盈使祭服忽，屋成加苦，宮成刜隅。溓（謙）之爲道也，君子貴之。故曰：『溓（謙），亨，君〔子又（有）冬（終）〕。』」

〈二三子〉將謙虛、驕傲與吉凶聯繫起來分析；〈繆和〉將君王謙卑待民之態度與天地好下、安卑的質性互相比擬。二者一致認爲天、地、鬼、人都惡驕尙謙，此說法和〈象傳〉「天道下濟而光明，地道卑而上行。天道虧盈而益謙，地道變盈而流謙，鬼神害盈而福謙，人道惡盈而好謙；謙尊而光，卑而不可踰；君子之終也。」的思想相近。所以，不論是〈二三子〉中的「亂驕成嗛」、「徹驕實嗛」、「禍福嗛」、「亞驕好嗛」，還是〈繆和〉中的「毀盈益嗛」、「銷盈流嗛」、「害盈福嗛」、「亞盈好溓」或是〈象傳〉中的「虧盈益謙」、「變盈流謙」、「害盈福謙」、「惡盈好謙」都主張減損盈滿，增益謙虛。強調身處憂患環境時，若能謙躬自省，定可否極泰來；身處優裕環境，若能卑以自牧，則可光大其德。

陸象山謂：「謙者，不盈也，盈則其德喪矣！常執不盈之心，則德乃日積。」因此，「嗛（謙）也者，德之枋也。」便指出卑遜自持，以不盈自勵，將至良好結局。「嗛（謙），奠（尊）而光。」說明謙讓持事則人莫得逾越，尊人而人恆尊之，謙德因以光顯。〈繫辭傳上〉第七章言：「知崇禮卑，崇效天，卑法地。」卑即謙德，而禮儀制度即依謙德之理所制定，蓋禮本諸制約，是以「嗛（謙）以制禮」。總之，謙雖卑以自牧，然其道則尊而光，故以謙作爲制定禮儀法度之依據。

（三）復　卦

《說文》卷四彳部云：「復，往來也。」〔註7〕所謂往來，也就是來復的意思。《易經》中常提到往來二字，所謂往是指由內卦到外卦，也就是由下而上；而所謂來，是指由外卦到內卦，亦即由上而下之意。將此處之「往來」、「上下」落實於人世社會，即老子所謂復歸於嬰孩。孟子所謂反身而誠，樂莫大焉。亦即王弼所云：「復即見天地之心乎！」人心善念的復歸需要自省的功夫，能自省則於物之危害甚微之時便能去惡從善，反省思過，而遷善自新，故〈易之義〉又云：「復少而辨於物。」即指察事機之善惡於先，必能辨別事物之吉凶得失。《尙書‧大禹謨》云：「道心惟微，人心惟危，惟精惟一，允

〔註7〕同前註，頁76。

執厥中」即是透過自省而至的復道之心。

陸象山曰：

> 人性本善，其不善者遷於物也，知物之爲害而能自反，則知善
> 者乃吾性之固有，循吾固有而進德，則沛然無它適矣，故曰復德之
> 本也。……復貴不遠，言動之微，念慮之隱，必察其爲物所誘與，
> 否不辨於小，則將致悔咎矣。……復以自知，自克乃能復善，他人
> 無與焉。

此言甚諦。總之，「復也者，德之本也。」本，猶根也。以復卦作爲脩德之根本，生命力乃能源源不絕。「復少而辨於物。」乃明動之微，當察其爲物所誘之因，幡然改過，則無悔咎。「復，以自知也」能辨物之微，則有不善未嘗不知，是以當天心來復之時，其初雖難，然莫不萌見於事物，終能復善歸根。

（四）恒 卦

《說文》第二十六卷二部云：「恒，常也。從心舟在二之間上下，心以舟施恒也。」〔註8〕常，即長久之意。卦辭曰：「亨，无咎，利貞，利有攸往。」說明雖處憂患之中，只要能把握原則，擇善固執，便能轉危爲安。〈彖傳〉云：

> 日月得天而能久照，四時變化而能久成，聖人久於其道而天下
> 化成。觀其所恒，而天地萬物之情可見矣。

指明古人觀察宇宙，發現晝終則夜始，夜終則晝始，因此，「日月得天而能久照」，寒終則暑始，暑終則寒始，所以「四時變化而能久成」，如此終而又始，循環無端，形成了天地之恒久。從而瞭解所以暢達亨通的道理。是以聖人固守正道，並對天下百姓遍施教化，指示面對繁雜紛亂的人情社會，必堅守常道，又知變通，始能有所成就。

「恒也者，德之固也。」固者，乃謂天地之道恆久不已，人若仿天之行而固結脩德之決心，則必日有所進。「恒，久而弗厭。」乃謂日雜而不厭，古人仰觀天地變化，領悟日月寒暑相推，萬象錯綜複雜，極深研幾，方知其有恆久不厭之實在，可以資之崇德廣業。「恒，以一德也。」一者，統也、率也，有貫通之義。謂之一德，即謂恆久不已故可貫通九卦，統率九德。

總之，恒卦就天道來說，是天地運行之常道；就人生修養來說，是義理的常規；就學習歷程而言，是長久不息的動力。期勉人們只要凡事秉持常一

〔註 8〕同前註，頁 687。

的勇氣與毅力必能成功。

（五）損　卦

《說文》卷二十三手部云：「損，減也。從手員聲。」〔註9〕減損其深，以增益其高，而有損之象。《論語》曰：「仁者，先難而後獲，可謂仁矣。」即謂先難後易。此以爲行事宜減損忿慾，事之初行最難，經弘習慣，始覺其易，終能有獲。

「損也者，德之脩也。」脩者，自脩、潛脩之意。荀爽曰：「懲忿窒慾，所以脩德。」是以修德之法在於抑制忿怒，減損慾望，損久又損，以至於无，則德成，此乃就人生修養而言；若從君王治國之角度析之，當時運乖舛，卻欲大有爲時，必先苦心壹志，脩習治國、平天下之方，以見機而作，待明辨有所可爲與有所不可爲，始可漸嫻熟通達，是以〈易之義〉認爲：「損，先難而後易。」〈易之義〉又云：「損，以遠害也。」指明損卦之目的在於「遠害」；文王拘羑里以演周易，晉文公忍受驪姬之禍終至成就霸業，都是由於能克制忿慾，掌握變化契機而遠害迎福。〈要〉云：

> 孔子繇易至於損益一卦，未尚不廢書而嘆，戒門弟子曰：二三子！夫損益之道，不可不審察也。吉凶之〔門〕也。益之爲卦也，春以授夏之時也，萬勿（物）之所出也，長日之所至也，產之室也，故曰益。授者，秋以授冬之時也，萬物之所老衰也，長□〔之〕所至也，故曰產（損）。道窮（窮）焉而產，道□焉。益之始也吉，亓冬（終）也凶；損之始凶，亓冬（終）也吉。損益之道，足以觀天地之變而君者之事已。是以察於損益之變者，不可動以憂喜。故明君不時不宿，不日不月，不卜不筮，而知吉與凶，順於天地之心，此胃（謂）易道。

〈要〉由損益兩卦之相互關係著手，由天地四時之運行探討人生吉凶消長的道理，呈顯憂喜相參的人生哲學，指明《易》道的總原則是損益之道，也就是變化之道，此種議論方式與〈易之義〉直指人事稍有不同，其意涵又較爲寬廣。《淮南子・人間訓》曰：

> 孔子讀《易》至損益，未嘗不憤然而嘆曰：「益損者，其王者之事與？事或欲以利之，適足以害之，或欲害之，乃反以利之。利害

之反，禍福之門戶，不可不察也。」

此說與〈要〉所載孔子對損益之道的執著追求相似，也與《老子》所謂「反者，道之動也」相同。透過〈要〉之補充說明，有助於詮解〈易之義〉憂患九卦之「德」。

（六）益　卦

《說文》卷九皿部云：「益，饒也。從水皿。水皿，益之意也。」〔註10〕換句話說，益即增美之意。益卦旨在說明進德修業之發展無有止境，道德理念之追求無有終止，此不僅指工夫之久，而且指歷程之無窮，唯有不斷遷善改過，方可達到充裕境地。〈象傳〉曰：「君子以見善則遷，有過則改。」即謂不斷增益善行，則德日益充實。

〈易之義〉言：「益，德之譽。」通行本〈繫辭傳〉言：「益，德之裕。」觀九卦之二陳為：「長裕而與」，言「裕」不為「譽」，故疑〈易之義〉所書之「譽」為「裕」之誤。《說文解字注》云：「裕，引申凡寬足之稱。」韓康伯注云：「能益物者，其德寬大也。」陸象山謂：「善日積則寬裕，故曰益，德之裕也。」便是說明雖處憂患環境，仍不可懷憂喪志，以至消極頹廢，而應積極奮鬥，有所建立。如〈象傳〉所云：「風雷益，君子以見善則遷，有過則改。」〈彖傳〉曰：「天施地生，其益无方，凡益之道，與時偕行。」指明人之行事，當仿自然運行之法，與時偕行。

〈易之義〉三陳：「益以興禮。」通行本〈繫辭傳〉言：「益以興利。」一言「禮」，一言「利」。益卦〈彖傳〉云：「損上益下，民說无疆，自上下下，其道大光。」指明當政者犧牲一己私利為百姓謀大利，故民說无疆，非僅益物、益己，更為益民，益民因時制宜，因物興務，此乃〈繫辭傳〉就「利」字而言；而〈易之義〉以益卦作為推行禮儀的方式，則可作為履卦：「履，和而至」、「履以和行」之回應。

（七）困　卦

《說文》卷十二口部云：「困，故廬也。從木在口中。」段玉裁注說：「謂之困者，疏廣所謂自有舊田廬，令子孫勤力其中也。困之本義為止而不過，引申之為極盡。……凡言困勉困苦，皆極盡之義。」〔註11〕〈繆和〉困卦釋義為：

〔註10〕同前註，頁214。
〔註11〕同前註，頁281。

今《周易》曰：「困，亨；貞，大人吉，无咎；又（有）言不信。」
敢問大人何吉於此乎？子曰：「此聖人之所重言也，曰：『又（有）
言不信。』凡天之道，壹陰壹陽，壹短壹長，壹晦壹明。夫人道尤
之。是故湯□□王，文王絢於條（羑）里，〔秦繆公困〕於殽，齊桓
（桓）公辱於長酌（勺），戉（越）王勾賤困於〔會稽〕，晉文君困
〔於〕驪氏。古古至今，柏天之君，未嘗困而能□□□□□□□也
乎？困之□爲達也，亦猷（猶）□□□□□□□□□□□□
□□□□故易曰：『困，亨；貞，大人吉，无〔咎；又（有）言不信〕。』
此之胃（謂）也。」

此闡明君子身處困厄之時，當何自處，以求脫困，並徵引商湯、周文王、
秦繆公、齊桓公、越王句踐以及晉文公爲代表，說明柏天之君皆能戰勝險惡
環境而終至通達，並以天道陰陽、短長、晦明之變，下及人世、壽夭、亨困、
富貧、貴賤、榮辱之化，認爲禍福相倚，順逆交參，大抵聖賢發憤，皆能轉
困爲達。因此，窮困之時，能寸節不屈，必能愈進愈達。換句話說，困窮只
是一種考驗，能受得住這個考驗，便能避咎進而暢達。

「困也者，德之欲也。」通行本〈繫辭傳下〉第七章言：「困也者，德之
辨也。」辨者，別也。當以通行較佳。「困者，竆（窮）而達」困窮之時，正
是接受環境考驗之際，能窮而通，必可出困。說明君子處困，不怨天，不尤
人。而能明辨困窮之所由，以不怨、不尤之態度怡然處之，終至亨通，故云：
「困，以辟咎也。」

（八）井　卦

《說文》卷十井部：「井，八家爲一井，……，古者伯益初作井。」〔註12〕
此說明井雖居而不移，然井水養人不竭，比喻經過淬礪後之德性，具有遍施眾
人之效。

「井者，德之地也。」地者，萬物之所長養，非實有一地，以長養喻況
也。「井，居其所而遷」亦非眞有處所可以遷徙，乃謂君子持守正道，德行廣
布，無有不及，故曰「遷」。「井，以辯（辨）義也。」義者，宜也，井養之
道在於因物以制宜，德乃能並施。是以井卦如地長養萬物，只要持正道，自
可德澤廣布，而制其宜。《周易折中》引陳琛曰：

〔註12〕同前註，頁218。

　　　　德之基，就積行上說；德之本，就心裡說要當有辨；德之固，
　　是得寸守寸，得尺守尺；德之地，則全體不窮矣，亦當有辨。

《周易折中》引盧氏亦云：

　　　　基與地有別：基小而地大。基是初起腳跟，積累可由此而上；
　　地是凝成全體施用之妙，皆由此而出也。

　　陳氏、盧氏之說可為九卦順序之詮解，由基之微至地之廣，由基之立到地之無窮妙用，提供修身良好典範。

　　綜上所述，履以和行，謙以制禮，復以自知。履貴和，所以，以和而行；謙能尊人，所以，以謙定禮；復為心念之動，所以重在自知；恒重擇善；損除人欲，所以能遠害；益重積德修學，所以能興利；困能吸取痛苦經驗，以克服環境，所以少怨；井居其所，是以立於不易之方，是義之所守，又能養人，是義之發揮，所以井能知義。是以和行、定禮、自知、擇善、損欲、積德、少怨、知義不僅為責任感的流露，亦源於道德意識的發揮，包含戒愼誠敬的德性修養與事功創建。孔穎達《周易正義》言：「以為憂患，行德為本也，六十四卦悉為修德防患之事，但於此九卦最是修德之甚。故特舉以言焉。」〔註13〕因此，解憂防患之法，重在德性的修養，從而參天化育，以達到天人合德之境界。

二、九卦末卦：巽卦？渙卦？

　　〈易之義〉九卦末卦為渙卦，通行本〈繫辭傳下〉九卦末卦為巽卦，表列如下：

	一　　陳	二　　陳	三　　陳
〈易之義〉	渙也者，德制也。	〔渙〕，□□□而救。	渙，以行權也。子曰：渙而不救，則比矣。
通行本〈繫辭傳〉	巽，德之制也。	巽，稱而隱。	巽以行權。

　　〈易之義〉二陳處，由於文字缺漏，故渙卦乃依據一陳、三陳之卦名補入。三陳則除了「以行權也」外，表中又增列「子曰：渙而不救，則比矣」二句，應是對渙卦的進一步解釋。針對上述之異，廖名春、金春峰分別提出其看法，分述於後：

〔註13〕《周易》，（台北：藝文印書館《十三經注疏》本，西元 1976 年 5 月），頁 173。

　　廖名春〔註14〕認為，這一段末句「子曰：渙而不救，則比矣。」是對「渙，以行權也」的注釋，且「子曰：渙而不救，則比矣」是〈易之義〉作者所增入，絕非〈繫辭〉原文所有，因此，廖先生深信今日所見的〈繫辭傳上、下〉較帛書本早，且帛書本部分略同通行本〈繫辭傳〉之內容是「稱引《繫辭》，改編《繫辭》以敷衍成文的。」〔註15〕因此，帛書本引用渙卦來解釋「德制」、「以行權」很可能是〈易之義〉作者本意。

　　金春峰於說明巽卦、渙卦何者較優前〔註16〕，首先否認「〈易之義〉、〈要〉的有關段落，皆抄自通行本〈繫辭〉」，而認為「通行本乃彙編整理本，採摘自各種它見到的說《易》材料。」金先生並以「《四庫全書》收入經部、集部的書就不再收入其他部為例」，指出：

　　　　抄寫者在抄〈繫辭〉之前，已知這些段落都已被〈易之義〉等
　　篇摘抄了，故不再抄了；或者他故意留下這些讓〈易之義〉等來抄，
　　而不抄在〈繫辭〉上是不合理的。

　　因此，依據金春峰所言，〈繫辭傳〉是彙總帛書《易傳》以及當時所見之相關材料而成的作品。所以，他持〈易之義〉成書時間先於通行本〈繫辭傳〉成書時間之立場。此外，金先生更從歷來注家對巽卦、渙卦的不同詮釋進行整理歸納，提出：

　　　　通行本改渙卦為巽卦就割掉了《易》與上述歷史背景的聯繫。
　　　　它反映的新的歷史背景，可能是帝王的集權已更為強化、強勢，彙
　　編者認為行權以廢立的論述已不合時宜，而需要強調巽順之德。

　　他還對九卦的組合進行分析，認為每兩卦間或互易或互變皆有聯繫，唯獨巽卦「和其他幾卦的組合關係完全不同，……大概這是後人加以混淆的原因。」金先生從比對帛書〈易之義〉、〈要〉、〈繫辭〉與通行本〈繫辭傳〉之內容，得到帛書三篇作品之作者不可能先行商議那篇該摘錄今日所見〈繫辭傳〉那部分章節，或是彼此間有剛好之默契，以致於在摘錄的過程中不出現重複的情形，來論證〈易之義〉成書先於通行本〈繫辭傳〉，然後再就歷史背景和卦與卦間的組合方式來說明九卦末卦為渙卦之可能性，有其根據及合理

〔註14〕《道家文化研究第三輯》，頁198。
〔註15〕同前註，頁197。
〔註16〕〈帛書繫辭反映的時代與文化〉（發表於中國經學研究會第一屆學術研討會。
　　　　西元1995年5月），頁6～10。

性。況且傳文並非出自一時一人之手，若要達到上述抄寫者之共識，亦有技術上之困難。傳文出自眾手，可在各篇辭語和體例上找到證據，例如〈二三子問〉述及孔子時稱「孔子曰」，〈繫辭〉和〈易之義〉稱「子曰」，〈要〉則稱爲「夫子曰」。還有六十四卦卦名，各篇雖多通假字，仍有差異，如訟卦，帛書經文作「訟」，〈易之義〉作「容」；姤卦，經文作「狗」，〈易之義〉作「均」；艮卦，經文作「根」，而〈易之義〉作「謹」。除此之外，爻辭亦有差異，坤卦六二爻辭帛書經文以及〈二三子問〉、〈繆和〉皆作「直、方、大，不習，无不利」，〈易之義〉則作「直、方、大，不習，吉」，且在該篇一連引用四次，上述種種都說明其來源不一。此種情況下，帛書〈繫辭〉、〈易之義〉、〈要〉分別摘錄通行本〈繫辭傳下〉之部分內容且未有重覆，便相當特別。故金先生從歷史背景以及卦與卦間的組合關係，對巽卦與渙卦進行分析後，主張巽卦乃渙卦之改動，此一說法值得參考。

　　由上所述，廖名春提出通行本〈繫辭傳〉是淵源較早的作品，故渙卦是作者以己意更動的結果；金春峰指出〈易之義〉是歷史較早的解易作品，巽卦是〈繫辭傳〉之彙編者依據新的歷史背景改動的結果。兩人說法全然相反。經查帛書《易傳》，亦僅〈繆和〉曾對渙卦九二、六四爻辭進行解說，而未見對渙卦卦辭及巽卦卦、爻辭之說明。茲爲求明瞭兩卦之旨意，以別出二者之差異，首先由《周易》經文著手，並參考文字之本義、引申義，再旁及〈繆和〉篇中的相關解說，論證如下。

（一）巽　卦

　　《說文》卷九丌部云：「巽，具也。」段玉裁注說：「孔子說，易曰：『入也。』巽乃㢲之假借字。㢲，順也，順故善入。許云具也者，巽之本義也。」〔註17〕由此可知，以巽爲入，是採用它的假借義。巽卦卦辭爲：

　　　　小亨，利有攸往，利見大人。

〈彖傳〉：

　　　　剛巽乎中正而志行，柔皆順乎剛是以小亨，利有攸往，利見大人。

〈象傳〉：

　　　　隨風，巽。君子以申命行事。

〔註17〕《說文解字注》，頁202。

　　三則皆說明居於至尊之位又具中正之德的君主，號令通行天下，命令所及，萬民咸服，隱含萬物順隨上天旨令行事之意，揭示爲人處事，應謹守謙順之德，終致亨通之理。然巽卦初六爻辭爲「進退，利武人之貞。」上九爻辭爲「巽在床下，喪其資斧，貞凶。」意謂謙順不等於優柔寡斷，盲目自卑，勇氣不足，以至於畏縮，軟弱不前，而應持守貞正之德，以武將之勇，順命而動。職是之故，巽卦指示之謙順，並非一味謙退，軟弱無能，而是剛柔互濟，依時而動，舉措合宜的表現。徐志銳《周易大傳新注》云：「巽卦卦義爲申命，即君王發布命令，臣民皆順從。于九五則爲君王申命，其餘五爻皆順從。……通觀五爻，凡剛爻皆有不順之嫌，柔爻則過順之弊，以剛柔適中爲合卦義。」〔註18〕然謙順之指涉對象非單指臣民百姓而言，其意涵當擴充至聖君賢主，黃師慶萱《周易讀本》釋巽卦卦辭「利見大人」言：

　　　　其義分兩方面說；一是柔依附於剛。……二是剛因柔見而更爲尊榮。……孔穎達正義：『明上下皆須用巽。』已兼用兩說，義最周延〔註19〕。

　　是以巽之本義雖爲「具」，然易卦之解釋則多從「順」字著手，強調謙遜順從的處事態度。至於《朱子語類》則有如下之解說：

　　　　巽何以爲德之制？曰：巽爲資斧，巽多作斷制之象，蓋巽字之義，非順所能盡，乃順而能入之義，是入細直徹到底，不只是到皮子上，如此方能斷得殺，若不見得盡，如何可以行權。

又說：

　　　　巽以行權是逶迤曲折以順理否？曰：然。巽有入之義，巽爲風，如風之入物，只爲巽便能入，義理之中，無細不入。又問：巽稱而隱，隱亦是入物否？曰：隱便是不見處。

再說：

　　　　見得道理精熟後，於物之精微委曲處，無處不入，所以說巽以行權〔註20〕。

　　朱氏認爲巽有「入」義，是以能「斷得殺」、「見得盡」，給予「制」、「行

〔註18〕徐志銳《周易大傳新注》，（山東：齊魯書社，西元 1988 年 3 月），頁 361。
〔註19〕黃師慶萱《周易讀本》，（台北：三民書局，西元 1992 年 5 月），頁 337。
〔註20〕宋‧黎靖德編《朱子語類》第五冊，（台北：文津出版社，西元 1986 年 12 月），頁 1954～1955。

權」更深入的詮釋。

（二）渙 卦

《說文》卷二十二水部云：「渙，散（散）流也。」段玉裁注云：「各本作流散，今正分散之流也。……《周易》曰：『風行水上，渙。』又曰：『說而後散之，故受之渙，渙者，離也。』」〔註21〕卦辭爲：

> 渙，亨，王假有廟，利涉大川，利貞。

〈彖傳〉：

> 渙，亨，剛來而不窮，柔得位乎外而上同。王假有廟，王乃在中也；利涉大川，乘木有功也。

〈繆和〉釋渙九二爻辭「渙奔其機，悔亡」爲：

> 子曰：「渙者，散也。賁階，幾也；時也。古之君子時福至則進取，時亡則以讓。夫時至而能既焉，散走亓時，唯恐失之。故當亓時而弗能用也，至於亓失之也。唯欲爲人用，動可得也才！將何无每（悔）之又（有）？受者，昌賁福而弗能蔽者。窮（窮）乎福者死。故亓在《詩》也曰：『女弄，不散衣常（裳）；士弄，不散車輛。无千歲之國，无百歲之家，无十歲之能。夫福之於人也，既焉，不可得而賁也。』故曰：賁福又央。耵（聖）人知福之難得而賁也，是以又矣。故《易》曰：『渙賁亓階，每（悔）亡。』則□言於能賁亓時，悔之亡也。」

〈繆和〉釋渙六四爻辭「渙其群，元吉。渙有丘，匪夷所思」爲：

> 今《易》渙之六四曰：「散亓群，元吉。」此何胃（謂）也？子曰：「异才，天下之士所貴！夫渙者，散；元者，善之始也；吉者，百福之長。散亓群黨，□使□□□□□□□□□□□□比□相譽以奪君明，此古亡國敗家之法也，明君之所行□也，將何『元吉』之又（有）矣！」呂昌曰：「吾聞類大又焉耳，而未能以辯也。願先生少進之以明少者也。」子曰：「明王□□□□□□□□然，立荆辟，以散亓群黨，執爲賞慶卧（爵）列以勸天下群臣黔首男女。夫人渇（竭）力盡知歸心於上，莫敢儐（朋）黨侍君，而王將求於人矣？亓曰：『渙亓群，元吉。』不亦宜乎？故〔《詩》曰：『嘒彼〕小星，參五在東；

〔註21〕《說文解字注》，頁 552。

瀟瀟宵正，蚤夜在公，寔命不同。』彼此之胃（謂）也。」

據前文所列，可知渙即散之義。揭示事物於發展過程中有聚、有散，聚宜有序，故君王祭於宗廟，以示聚民之誠，進而合散爲一，但若時機不對，當散則散，著重福至進取，時亡則讓，因時而動，權衡進退，順隨物道，見機而作以制事物之變的處世態度，警示人們抓住機遇造福、保福。另就政治層面析之，則主張君王宜建立法紀，以本具之權勢力量結合刑法來保證慶賞列爵之有序，並使天下男女老少戮力於朝廷，斷絕朋黨生成之因，以鞏固君王的統治地位。故〈易之義〉於九卦末卦行文後，又補上「子曰：渙而不救，則比矣。」即是說明將瀕臨渙散的團體，應適時注入聚合動力，否則易致朋黨之災。此一說法同於段氏對「渙」之注解，都強調散不正以入於正，闡發破私立公須具有善斷的魄力。又王夫之則由君子進德修業之觀點切入，探討渙卦所具之善斷及制宜特質，於《周易內傳》卷四釋渙卦卦辭云：

> 人之情有所凝滯而不達者，皆以己所懷安之土爲情之所便，因據爲道之所宜，既執之以爲道，則精力志慮，一聚於此。此外，雖有甚安之位，甚遠之圖，皆爲志所不及，意所不願之境。一旦豁然悟其所據之非，風拂水流，盡破拘畫之藩籬，乃知其所崇高者，非崇高也，……所爲安處者，非爲處也，……俄頃之閒，已如徹重圍而遊曠宇，由此而推行之，破一鄉之見，而善以天下；離一時之俗，而游於千古，則在下不吝，在上不驕，渙之爲功，於進德修業也，亦大矣哉。……是以渙之六爻皆吉也〔註22〕。

王氏認爲進德修業，能「破一鄉之見」、「離一時之俗」，終能「善以天下」、「游於千古」，達到不吝亦不驕的境地。此處之「破」、「離」乃就渙字而言，其目的是爲求善，以強調君子廣德應有權衡是非而制其宜的涵養。

透過上述分析，巽爲謙虛順從之意，又有「入」義，但有別於優柔寡斷；渙爲散之意，但仍強調聚散合時。通觀前述八卦，以謙卦之義與巽之卦義最爲接近，兩者都強調謙遜之德。然謙卦所述，已然肯定形於外之恭順謙虛，是以謙卦各爻皆吉；巽卦則以初六、上九爻辭爲例，區分謙遜順從與優柔畏縮之別，是以各爻有吉有凶。九卦既爲示人脫離災厄，遠離危害之修己處人法則，當初作者立此九卦，勢必相當審愼，然則何以竟立擷取意義相近之兩

〔註22〕王夫之《周易內傳》卷四，見《船山易學》（上）（台北：廣文書局，西元 1971 年 5 月），頁 415～416。

卦？且謙卦之內容已涵攝巽卦之旨，於意義上又是否重覆？渙卦斷制、行權之意屢見於卦、爻辭。朱熹提及巽卦之義爲「順而能入」，以入釋斷制、行權，亦極有見地，卻不若渙卦於卦、爻辭上表述來得直接，是以，當以渙卦居九卦之末較爲合理。

第二節　過剛一卦、過柔二卦與剛柔相濟一卦

本節說明豐卦、坤卦及小畜卦卦辭。在〈易之義〉作者或編者心目中，豐卦有過剛之失，坤卦、小畜卦有過柔之失，渙卦則是剛柔相濟之代表。

本節對各卦內容之論述，主要參考帛書《易經》及帛書《易傳》，再輔以通行本《易經》、《易傳》及相關資料。帛書《易經》及《易傳》由於抄寫的時代較近，編者將這些作品做了現在所見的安排，應有其時代意義；通行本《易經》、《易傳》則經過歷來學者的考釋，具有一定的歷史價值。

帛書《易經》參考張立文《周易帛書今注今譯》，帛書《易傳》參考陳松長、廖名春發表於《道家文化研究》第三輯之〈帛書《二三子問》、《易之義》、《要》釋文〉、廖名春發表於《國際易學研究》第一輯之〈帛書《易之義》釋文〉以及鄧球柏《帛書周易校釋（增訂本）》。另第五節爻辭闡釋所據資料亦依此。

一、過剛一卦──豐卦

帛書《易經》云：

> 豐，亨，王叚（假）之，勿憂，宜日中。

〈易之義〉云：

> 鄷（豐）之虛盈，剛之失也，僮（動）而不能靜（靜）者也。

通行本《易經》云：

> 豐，亨，王假之，勿憂，宜日中。

〈彖傳〉云：

> 豐，大也，明以動，故豐。王假之，尚大也；勿憂，宜日中，宜照天下也。日中則昃，月盈則食，天地盈虛，與時消息，而況於人乎？況於鬼神乎？

觀《易經》豐卦卦爻辭的內容，並未涉及「虛盈」二字，只有通行本〈彖傳〉中言及「天地盈虛」四字，因此，廖名春在〈帛書《易之義》簡說〉一

文中曾據此認爲：「《易之義》的作者似乎讀過《象傳》。」〔註23〕暫且不論〈易之義〉作者是否眞的讀過〈象傳〉，但我們有理由相信「酆之虛盈」應該與卦辭有著密切關係。朱熹《周易本義》對卦辭的闡釋言：

> 豐，大也，以明而動。盛大之勢也。故其占有亨道焉。然王者至此，盛極當衰。則又有憂道焉。聖人以爲徒憂无益，但能守常不至於過盛則可矣。故戒以勿憂，宜日中也〔註24〕。

《易程傳》亦云：

> 極豐之道，其唯王者乎，豐之時，人民之繁庶，事物之殷盛。治之豈易，周爲可憂慮，宜如日中之盛明廣照，无所不及，然後无憂也〔註25〕。

《周易折中》引郭忠孝語又曰：

> 豐者，盛大之名，盛大所以亨，然物極盛大者，憂必將至，日過中則昃，豐過盛則衰，聖人欲持滿以中，故言宜日中。

《周易折中》引張載解釋此卦亦言：

> 宜日中，不宜過中也〔註26〕。

皆著重豐大之時應該守常，以保康泰常在。提醒世人，凡事不宜過中，日過中則昃，豐過盛則衰，若一味倚賴動發之創造性，求取事功，而致缺乏處靜愼守的相對穩定性，將至動靜失衡。因此，〈易之義〉舉此卦以戒剛而不柔，申明處事貴在守中，方能保大持盈。

二、過柔二卦——坤卦〔註27〕及小畜卦

小畜卦

帛書《易經》云：

> 密雲不雨

〔註23〕《道家文化研究》第三輯，頁199。

〔註24〕朱熹《周易本義》，（台北：大安出版社，西元1999年7月），頁203。本文所引《周易本義》皆依此本。

〔註25〕程頤《易程傳》，（台北：文津出版社，西元1990年12月），頁493。本文所引《易程傳》皆依此本。

〔註26〕頁927。宋・郭忠孝語見《兼山易解》，《宋史》447卷。清・張載語見《橫渠易說》，漢京《通志堂經解》本第1冊。

〔註27〕此部分見第三章第三節之詳述。

〈易之義〉云：

> 小蓄（畜）之密雲，陰之失也，靜（靜）而不能㠵（動）者也。

通行本《易經》云：

> 密雲不雨

〈象傳〉云：

> 密雲不雨，尚往也。

朱熹《周易本義》言：「蓋密雲陰物。」《朱子語類》亦言：「凡雨者，皆陰氣盛，凝結得密，方淫潤，下降為雨。」顯而易見，「密雲」是陰柔的代表，當陰氣盛大，凝結密厚，則可能下降為雨。《易程傳》云：「二氣交而和，則相畜固而成雨……不和則不能成雨。」《周易折中》引胡瑗曰：「陰陽交則雨澤乃施，若陽氣上升，而陰氣不能固蔽，則不雨，若陰氣雖能固蔽，而陽氣不多，亦當不雨。」由此觀之，「密雲」生成之因，在於陽陰二氣未能作適當的配合，當陰氣過盛而陽氣無法給予適度的回應時，便無法淫潤成雨，所以，〈象傳〉言：「密雲不雨，尚往也。」便是說明陽氣尚在發展上行階段，此時若任由陰氣持續成長，在陰、陽不能調合的情況下，陰氣亦受滯而無法施展暢行。此即強調事物的發展不宜太過，必須控制在適宜的範圍內，因此，〈易之義〉援引此卦卦辭之主要目的便在戒柔之失。

三、剛柔相濟一卦——渙卦

帛書《易經》云：

> 渙，亨，王叚（假）于（有）廟，利涉大川，利貞。

〈易之義〉云：

> 渙之緣（彖）辭，武而知安矣。

通行本《易經》云：

> 渙，亨，王假有廟，利涉大川，利貞。

〈象傳〉云：

> 渙，亨，剛來而不窮，柔得位乎外而上同。王假有廟，王乃在中也；利涉大川，乘木有功也。

〈象傳〉云：

> 風行水上，渙；先王以享于帝立廟。

〈象傳〉由陰陽爻位之往來變化，說明渙散而致亨通之理。渙本為散之

義，一國之內，人心渙散，則爲窮困之象，唯有全民團聚，才得亨通。九五位尊處中，猶聚散之主，雖涉險歷難，仍能聚散合一。卦辭之「王」，隱含聚合人心之動力。「利貞」則說明持守貞正，必將有利。〈象傳〉之「剛來不窮」顯示陽剛往來不窮，柔同於上，指出陰柔輔而不絕，動能持正，陽能有輔，是以〈易之義〉言：「武而知安矣。」

第三節　易爻通則

爻有陰陽之分。《易經》以陰爻、陽爻之變化，闡明卦象變化，並說明吉凶動態。〈繫辭傳〉曰：「道有變動，故曰爻。」其中所說之「動」，即指變化而言，故又曰：「肴（爻）者，言如變者也」。爻除了主變，又有位之別，爻位不同，其義亦異。〈易之義〉云：

　　《易》之義，贊始〔反〕冬（終）以爲質，六肴（爻）相雜，唯侍時物也。是故〔亓（其）初〕難知而上易知也，本難知也而末易知也。□則初如疑（擬）之，敬以成之，冬（終）而无咎。□□□□□□□□□□□□□□□脩道，鄉物異德，大明在上，正亓（其）是非，則〔非亓（其）中爻〕不〔備〕。□□□□□□□□占，危戋（哉）。□□不當，疑德占之，則《易》可用矣。

又云：

　　子曰：知者觀亓（其）緣（彖）辭而說過半矣。《易》曰：二與四同〔功而異位，亓（其）善不同，二〕多譽，四多瞿（懼），近也。近也者，嗛（謙）之胃也。《易》曰：柔之〔爲道，不利遠者，亓（其）〕要无（無）〔咎，亓（其）用〕柔若〔中也。《易》〕曰：三與五同功異立（位），亓（其）過□□，〔三〕多凶，五多功，〔貴賤〕之等□□□□□□□□□□□□□□□□□□□□□□□□□。

此則說明處於不同之位與當行之道。易卦裡，陽數爲奇，陰數偶。故一、三、五爲陽位，以陽居之稱爲得位，代表有爲；二、四、六爲陰位，以陰居之亦爲得位，然有弱不得發之嫌。陽象徵奮發向上之力量，陰象徵軟弱昏滯之困窘，是以陽爻居初動之機，則生氣蓬勃；以陰爻居初動之際，則須韜光養誨，以待時日。初爻爲始，上爻爲終。始代表事物之濫觴，於此階段，尚無法窺知事物全部之吉凶動態，故云：「其初難知」；終表示事物之結果，於

此階段，事情之吉凶已完全顯露出來，故云：「上易知也」。之所以初爻難曉，而上爻易知，〈易之義〉進一步解釋爲：初爻反應的是事物的根本，上爻反應的是事物的末端，根本與末端間並無絕對的相承關係。換句話說，初爻爲吉，並不代表上爻爲吉，初爻爲凶，也不意謂上爻一定爲凶。六十四卦之益卦，雖初爲吉，卻終以凶；同樣的，雖以凶始，亦有機會得以善終，如損卦。其間差異，端賴發展過程之不同而異，故六十四卦初爻多得免咎，而上爻則每有不可救者。此即初，上始終之際，面臨難易不同之結局。相較於通行本〈繫辭傳〉第九章，〈易之義〉多了「敬以成之，冬（終）而無咎」二句，揭示持敬承事，終可避咎，此說不但提示了避禍之道，又回應了上文之「六肴（爻）相雜，唯侍物也。」同時承接了下文處事、陳德應有之法則。

中間四爻雜合卦體所主之事，並內涵所陳之德，象徵事物發展的過程，具有辨別是非得失之功效，攸關事物最終之吉凶禍福，是以於此階段唯有積累德性，方能占卦，方可用易。〈易之義〉強調處於事物之發展階段，行事宜虛心、恭敬。此一思想亦見同篇第二十二行：「子曰：『易之用也，段（殷）之无道，周之盛德也。恐以守功，敬以承事，知以辟（避）難。』」說明周德之盛源於戒懼恭敬之心。此種由內至外而見於行事之立國、立身態度，更透顯出事物之成敗吉凶與主事者本身態度之關係。

另初、二、三屬內卦，四、五、上屬外卦。二爻居內卦之中，爲一中正不偏之象，又距九五之尊較遠，不若四爻近君多危，且行事謹守柔順之德，故能「多譽」。四爻之位，雖然近君多懼，但若謙虛自處，亦可無咎。王夫之釋二爻、四爻「多譽」、「多懼」云：

> 懼亦善也。近謂近於五，近尊則不敢自專而懼不足以承，故四雖多懼而固有善也。二居下卦之中，遠於尊位，則嫌於相敵正以無所懼而不利，然其大要以无咎而致譽，則以得中故也。

王氏認爲四爻多懼，是以不敢自專，而能有善。〈易之義〉云：「近也者，嗛（謙）之胃（謂）也。」二者皆強調謙虛敬慎能化危爲安。然而通行本〈繫辭傳〉並無「嗛之胃也」句，王氏及〈易之義〉的說法實爲四爻所處之位與當行之道作了更完善的說明。至於三爻之位，則居上下之交，內外之際，不中不正，不上不下，最難自處，動輒得咎，凶事臨頭，故曰「三多凶」。五爻，恰爲其反，居外卦之中，行中正之道，無過與不及，呈現君首之象，唯仍須濟以剛勁之威，方足以時位既濟。故曰：「其柔危，其剛勝邪」。

　　《周易》每卦六爻。第二爻是下卦之中，第五爻是上卦之中。屈萬里〈周初文獻與孔子的中道和孝道學說〉一文云：

　　　　六十四卦三百八十四爻的爻辭，以二爻和五爻的吉辭爲最多。粗略估計六十四卦中，二爻的爻辭屬於吉的約三十三卦，屬於無咎的也是十四卦。〈繫辭傳〉說：『二多譽，四多懼。』又說：『三多凶，五多功。』可謂深中肯綮。〈彖傳〉和〈象傳〉對於二爻和五爻所以吉或無咎之故，總是用『以剛中也』、『剛中而應』、『柔得中而上行』、『往得中也』……（以上〈彖傳〉）和『得中道也』、『以中也』、『中有慶也』、『居位中也』……（以上〈象傳〉）等語來解釋，發揮中道思想，可謂盡致。

黃沛榮《易學乾坤》也云：

　　　　《易》爻作者所用之占斷術語，皆有其一貫之慣例。如吉字一百二十一見，利字五十一見，咎字九十二見，悔字三十三見，凶字五十三見等。而吉、凶、悔、咎等所置之爻位，亦多經過安排，絕非隨意爲之。大體而言，二、五爻多吉利，三、四爻則吉利少而咎多，三、上爻則凶多吉少。

　　屈氏認爲二、五之吉在於合乎中道，強調中庸思想。黃氏則對爻辭作了全面性的分析，進一步將爻辭分爲三類：吉類、凶中求吉類、凶類。其中吉類以第二、第五爻辭最多，凶中求吉類以初、第四爻辭居多，凶類則以第三爻辭所佔比例最大，而上爻居次。因此，爻位不同，爻辭之吉凶亦隨之而變。

　　此部分由初、上二爻之異爲始，再論及中間四爻具有明瞭事物存亡、吉凶之功效，最後細論二、三、四、五爻之「譽」、「凶」、「懼」、「功」質性，說明剛柔互用之理。然而上文所述，只是判定卦、爻吉凶的眾多標準之一，並非典常，凡事物之吉凶禍福，尚需權衡時機、考量空間因素，並從主事者之行爲態度及卦辭、卦義、卦象等各方面進行評估，擇善從之，隨時變通，才能掌握吉凶禍福之門。

第四節　過剛五爻、過柔三爻與剛柔相濟二爻

　　本節說明乾卦上九爻辭〔註28〕、大壯卦上六爻辭、姤卦上九爻辭、鼎卦

〔註28〕此部分詳見第三章第二節。

九四爻辭、噬嗑卦上九爻辭、姤卦初六爻辭、漸卦九三爻辭、屯卦上六爻辭、謙卦六二爻辭和遯卦六二爻辭，前五爻為過剛之失，後二爻為柔而能剛之表徵，其餘三爻則為過柔之失，分述於下：

一、過剛五爻

（一）大壯卦上六爻辭

帛書《易經》云：

> 羝羊觸藩，不能退，不能遂，无攸利，根則吉。

〈易之義〉云：

> 壯（大壯）之觸蕃，剛之失也，牆（動）而不能靜（靜）者也。

通行本《易經》云：

> 羝羊觸藩，不能退，不能遂，无攸利，艱則吉。

〈象傳〉云：

> 不能退，不能遂，不詳也；艱則吉，咎不長也。

當公羊隨著年齡而日趨成熟時，公羊角也生得益發雄偉美麗。此時，正是他生命的顛峰，若不知韜光養晦，將羊角觸撞藩籬，勢必造成不能前進，又不能後退的窘境。因此，此爻言盛極轉衰之際，若不量力而行，必定會陷入進退兩難的困境，但若能知艱自守，則可獲得吉祥。〈易之義〉作者言及剛之失時，提及此爻，主要便是強調萬物之義是剛柔兼備，動靜相間，為避免過剛的缺失，要適時於剛中取柔，動中帶靜。

（二）姤卦上九爻辭

帛書《易經》云：

> 狗其角，閵，无咎。

〈易之義〉云：

> 句（姤）之離角，剛之失也，牆（動）而不能靜（靜）者也。

通行本《易經》云：

> 姤其角，吝，无咎。

〈象傳〉云：

> 姤其角，上窮吝也。

《周易集解纂疏》卷六云：

最處上體進于極而无所復遇，所遇者，角而已，故曰姤其角，

進而遇角，角非所安，與無遇等，故獨恨而鄙吝也〔註29〕。

此爻居於姤卦的極位，「姤」本是相遇之意，卻云「離角」，則有「離散」的意思，言遇合之道已達窮極，是以有吝。因此，〈易之義〉以離「角」來描述剛之失。意謂此時已無遇合之象。

（三）鼎卦九四爻辭

帛書《易經》云：

〔鼎折足〕，復公芷（餗），其刑（形）屋（渥），□。

〈二三子〉云：

易曰：鼎折足，復公芷（餗），亓荆（形）屋（渥），凶。孔子曰：此言下不勝任也，非亓任也而任之，能毋折虖（乎）？下不用則城不守，師不戰，內乳（亂）□上，胃（謂）「折足」；路亓國，〔無亓〕地，五種不收，胃（謂）「復公芷（餗）」；口養不至，飢餓不得食，謂：荆（形）屋（渥）「。二三子問曰：人君至於飢乎？孔子曰：昔者晉屬公路亓國，蕪亓民，出田七月不歸，民反諸雲夢，無車而獨行，□□□□□□公□□□□□□□□□□□飢不得食亓月，此」亓荆（形）屋（渥）「也。故曰德義無小，失宗無大。此之胃也。

〈易之義〉云：

鼎之折足，剛之失也，臧（動）而不能靜（靜）者也。

〈要〉云：

夫子曰：德溥（薄）而立（位）奠（尊），〔知小而謀大，力小而任重〕，鮮不及。易曰："鼎折足，復公芷（餗），亓荆（形）屋（渥），凶。"言不朕（勝）任也。

通行本《易經》云：

鼎折足，覆公餗，其形渥，凶。

〈象傳〉云：

覆公餗，信如何也！

〈二三子〉對此爻作了「下不勝任」的解釋，也就是說承擔自己能力、

智慧不能勝任的工作時，易引發「折足」的危險，並以國政爲例，說明何謂「折足」？何謂「荆屋」，最後提到晉厲公無車獨行，飢餓無食之慘狀，爲「其荆屋」的最佳寫照。此段敘述歸本仁義，認爲品德仁義無大小的差別，若丟失根本宗旨，也就無所謂大了。

　　對此爻辭的傳統解釋，多側重事情分量過重，將受挫而致凶。〈二三子〉則將爻辭做了更進一步的發揮，推向實際政治的運用，強調仁義，並以晉厲公的事件警惕上位者，充滿了儒家仁義的治國思想。

　　〈要〉篇對鼎卦九四爻辭的解釋，與通行本〈繫辭傳下〉略同，皆強調份量過重，以致於無法勝任，將導致凶險。〈象傳〉言：「覆公餗，信如何也！」乃針對「傾覆美食」這件事下了結論，認爲下位者傾覆上位者的美食，將至凶險發生。〈二三子問〉與〈要〉皆從政治、人事層面分析，認爲「下不用」、「師不戰」、「德薄位尊」、「知小謀大」、「力小任重」，會造成「城不守」、「內亂□上」、「不勝其任」之情況。〈易之義〉則由過剛之失來描述此爻的特色，當鼎器不堪重負而折斷了鼎足，傾覆王公美食，並使鼎身受到沾濡，則必有凶險。因此，凡事當取中庸，宜適可而止，莫超載以致於無法負荷。〈二三子問〉、〈易之義〉、〈要〉雖然對爻辭詮釋的切入點不同，但強調秉持中和之原則是一致的。

（四）噬嗑卦上九爻辭

帛書《易經》云：

　　　荷（何）校減耳，兇。

帛書〈繫辭〉云：

　　　善不責（積），不足以成名，亞（惡）不責（積），不足以減身，
　　小人以小善爲无益也，而弗爲也；以小亞（惡）〔爲无復而弗去也，
　　故惡積而不可〕蓋也，罪大而不可解也。易曰：「何校減耳，凶。」

　　（略同通行本〈繫辭傳下〉第五章）

〈易之義〉云：

　　　「何校」，剛而折中也。

通行本《易經》云：

　　　何校減耳，凶。

〈象傳〉云：

　　　何校減減耳，聰不明也。

此爻說明上九以陽剛居上，自恃剛強以致積小惡而成大罪，之所以致罪

如此，便在於過剛之人對改惡從善的種種告誡充耳不聞。王夫之〔註30〕云：「懲而不知戒，恃剛強制，故罪烈於初，而允爲凶。」即是說明小懲不足以滅身，然積小惡以成大惡，必致凶險，是以警誡世人莫以惡小而行，當知防微杜漸之理。另就爻位析之，此爻過中失位，剛而無柔，呈現窮途末路之象，是以〈易之義〉言：「剛而折也」即是此理。

通觀噬嗑各爻，初九，小懲得以無咎，上九，積惡是以致凶。〈繫辭〉釋初九爻辭云：「小人〔不恥（恥）不仁，不畏不義，不見利不勸，不〕畏不誅（懲），小誅（懲）而大戒，小人之福也。」（略同通行〈繫辭傳下〉第五章）便是說明初九雖亦本性陽剛，然僅爲初生階段，戒之尚可，上九陽剛則是積重難返，所以占斷爲凶。同爲陽爻，初則无咎，上則致凶，二者之異，一爲始生，一爲終結；一爲得位，一爲失位。初爻多得免咎，上爻多不可救；得位多吉，失位易凶。因此，愈是上爻愈應謹慎，面對得位、失位之變，尤應小心。〈易之義〉引此爻爲說，實深具意義。

二、過柔三爻

（一）姤卦初六爻辭

帛書《易經》云：

> 適屬。

〈易之義〉云：

> 句（姤）之〔適〕（蹢）屬（躅），陰之失也，靜（靜）而不能
> 爐（動）者也。

通行本《易經》：

> 蹢躅。

據張立文《周易帛書今注今譯》〔註31〕，「適」、「蹢」同聲系，古相通，「適」假借爲「蹢」。「屬」、「躅」同聲系，古相通，「屬」假借爲「躅」。「蹢」《說文》作「躑」，本作「踯」。「躅」本亦作「躅」，古文作「踱」。「蹢躅」，《說文》於「蹢」下云：「逗足也。」有止足不進之意。《釋文》言：「蹢躅，不進也。」即有動之意。張立文以爲兩義皆可通〔註32〕。另據《易程傳》言：「姤

〔註30〕《船山易學》（上），頁168。
〔註31〕《周易帛書今注今譯》，頁131。
〔註32〕同前註，頁132。

陰始生而將長之卦，一陰生，則長而漸盛，陰長則陽消，……陰微而在下，可謂贏矣，然其中心常在乎消陽也。」就姤卦卦象而言，姤卦初爻爲陰，二、三、四、五、上皆爲陽，以十二消息卦判斷，此時，正是陽氣漸消，陰氣漸成之際，〈易之義〉以姤卦初六爻辭“適屬”表示「陰之失」，可以預示陰氣未來的發展必定相當可觀。因此，李光地在《周易折中》中有「戒小人使不害於君子」之語，要旨歸本於政治上防微杜漸之理，但若直探〈易之義〉作者之旨意，其目的便是希望在陰氣尚未盛大之時，要適時注予陽氣以爲調合。《周易折中》引邱富國謂：「一陰始生，非以金柅繫之，則柔道何所牽制而不敢進，繫之所以防之也。」強調的亦是防患於未然。姤之初爻當陰氣初成之時，此時陰氣勢力尚小，且上承五陽爻，短時間無法發揮作用，此時當以不動爲佳，然其中心常在乎消陽，因此，雖然表象靜止不動，內心實是難以安靜，故處於一種內動外靜的情況，所以，〈易之義〉言「陰之失也」，便是認爲陰柔之道，總要受到適度的牽制。

（二）漸卦九三爻辭

帛書《易經》云：

> 婦繩不□。

〈易之義〉云：

> 〔漸〕之繩（孕）婦，陰之失也。靜（靜）而不能𢹂（動）者
> 也。

通行本《易經》云：

> 婦孕不育。

〈象傳〉云：

> 婦孕不育，失其道也。

「繩」假借爲「孕」〔註33〕。此爻辭一說婦人懷孕生產，卻不能看顧養育，必有凶險〔註34〕。一說婦女懷子而不產子，謂子未成熟而始墜，故凶〔註35〕。〈小象傳〉認爲失去了應有的正道，所以不育。朱熹《周易本義》言：「九三過剛不中而无應。故其象如此，而其占夫征則不復，婦孕則不育，凶莫甚焉。」朱熹指出，凶象產生之因，在於過剛不中而无應，漸卦九三爻陽爻、

〔註33〕同前註，頁701。
〔註34〕李光地《周易折中》（台北：眞善美出版社，西元1971年6月）頁534。
〔註35〕同註17，頁702。

陽位過剛，且與上九無應，行事過於剛強，又無相應者以爲輔助，失去了應有正道，所以，此爻占之以凶。然而觀〈易之義〉援引此爻，主要是爲了說明陰之失，與歷來學者解釋似有不同。是否爲〈易之義〉作者筆誤，或是自古以男爲陽，女爲陰，「孕婦」爲陰乃理所當然，此爻雖言「夫征不復，婦孕不育，凶」然而〈易之義〉作者獨據「婦孕不育」而說，便將之歸於過柔之失。亦或漸卦下卦爲艮，〈說卦傳〉第七章言：「艮，止也。」孔穎達《周易正義》云：「艮象山，山體靜止，故爲止也。」是以漸卦九三爻乃靜止之極，〈易之義〉作者便認爲其弊在於過靜。

（三）屯卦上六爻辭

帛書《易經》云：

> 汲血連如。

〈易之義〉云：

> 肫（屯）之泣血，陰之失也，靜（靜）而不能𣱒（動）者也。

通行本《易經》云：

> 泣血漣如。

「汲」假借爲「泣」，「連」假借爲「漣」〔註36〕，《周易本義》言：「陰柔无應，處屯之終，進无所之，憂懼而已，故其象如此。」說明屯之上六陰爻陰位又與六二无應，故有憂懼之象。《易程傳》云：「六以陰柔居屯之終，在險之極而无應援，居則不安，動无所之，乘馬欲往，復班如不進，窮厄之甚。至於泣血漣如，屯之極也，若陽剛而有助，則屯既極可濟矣。」程氏的解釋與〈易之義〉相類似，說明屯卦上六爻辭，陰過盛而致泣血漣如，此時，若有陽剛從旁輔助，則可化危爲安，正象徵著艱難局面即將扭轉前的困頓，難極而易，局面就要出現轉機，也代表著小人不可長居其位，君子終有撥雲見日之時。故〈象傳〉曰：「泣血漣如，何可長也？」

三、剛柔相濟二爻

（一）謙卦六二爻辭

帛書《易經》云：

> 鳴嗛（謙），貞吉。

〔註36〕同註95，頁309。

〈易之義〉云：

> 鳴嗛（謙）也者，柔而□〔也〕。

通行本《易經》云：

> 鳴謙，貞吉。

〈象傳〉云：

> 鳴謙，貞吉，中心得也。

《易程傳》曰：「二以柔順居中，是爲謙德積於中，故發於外，見於聲音顏色，故曰鳴謙。」蘇軾亦曰：「雄鳴則雌應，故易以陰陽唱和寄之於鳴。謙之所以爲謙者三：六二其鄰也；上六其配也；故皆和之而鳴於謙。」程氏從爻位角度切入，認爲六二以柔爻居陰位，又得下體之中，故本質柔順謙退，發於行事，則謙虛守中，無過與不及。蘇氏由「相應」角度抒發，提出雄鳴雌應，陰陽唱和，強調此爻乃謙虛之德遠播於外之時。蘇氏說法隱含六二謙讓，並非一味退縮，而是與陽呼應，隨陽而動，故於動靜之際能持守貞正，此說與〈易之義〉通篇強調動靜相合而不失道之旨意相似，亦與〈易之義〉主張乾陽動發，坤陰柔順，陰陽合德，以贊天地之化的觀點相同。雖然〈易之義〉釋文只言及：「『鳴嗛』也者，柔而□〔也〕。」仍有一關鍵字無法辨析，但可由相關資料推測，所缺之字，應爲與「剛強」具相同質性又能與謙卦柔順匹配之文字。

（二）遯卦六二爻辭

〈易之義〉云：

> 〔遯之〕「黃牛」，文而知朕（勝）也。

通行本《易經》云：

> 執之用黃牛之革，莫之勝說。

〈象傳〉云：

> 執用黃牛，固志也。

王夫之《周易內傳》釋遯卦六二爻辭云：

> 黃，中色。牛，順物，陰道之正也。革，堅靭之物。勝，能也。
>
> 六二，柔得中而當位，其情順矣，比近乎陽而與五應，見陽之遯，堅欲留之，故陽欲去而情不能忘，乃陽決遯而不可挽，不能吉，而

其志可嘉，則遠於凶咎矣〔註37〕。

王氏首先分說「黃」、「牛」、「革」、「勝」之字義，再就六二爻位以申述義理，指明六二陰爻陰位得正，且與九五陽爻陽位相應，是以能秉持柔順中正之德去固結九五。徐志銳《周易大傳注》云：

> 這些都是假借卦象以表意，實質是說在陰長陽消之時，陰陽既有對立排斥的面，同時又有互相依存的面，因為把陽剛完全排斥掉，陰柔也不可能獨立而存在〔註38〕。

徐氏此說是從十二消息卦來闡發陰無法獨存於陽之外，同樣的，陽亦無法捨陰而獨生，因此，此爻雖為陰爻，無法似陽爻般顯現巨大的影響力量，但若能如「黃牛」般持守貞正柔順之德，亦能產生「固志」之效，是以〈易之義〉言：「文而知朕也」即是此理。

小　結

此章主要彙整〈易之義〉提及之卦爻辭。除了乾、坤兩卦已於第三章論述及缺文之二十九卦不擬討論外，其餘計分四節探討憂患九卦以及過剛、過柔、剛柔相濟十二卦、爻之意蘊，並略述易爻通則。

履能和行，謙能定禮，復為自知，恒為擇善，損可損欲，益可積德，困足少怨，井足知義，渙以制宜，此九卦不僅為責任感之流露，亦源於道德意識的發揮，包含戒慎誠敬的道德修養和事功創建，呈顯出〈易之義〉對道德涵養之重視。另〈易之義〉以渙卦當居九卦之末，與歷來說法不同。依據廖名春、金春峰之分析，再宏觀九卦之義理及微觀渙卦、巽卦之卦、爻辭表述，亦以渙卦當居九卦末卦較為合理。

在《易經》六十四卦，三百八十四爻中，〈易之義〉擷取其中四卦、十爻作為陰陽相濟觀點之輔證。乾卦上九爻辭、大壯卦九二爻辭、姤卦上九爻辭、鼎卦九四爻辭、豐卦卦辭、噬嗑卦上九爻辭為過剛之失；坤卦卦辭、小畜卦卦辭、姤卦初六爻辭、漸卦九三爻辭、屯卦上六爻辭為過柔之失；謙卦六二爻辭、遯卦六二爻辭、渙卦卦辭為剛柔相濟之表徵。透過上述各卦、爻義理之闡釋，強化了〈易之義〉天地相合、陽陰相濟、動靜相兼、剛柔相生、武文相成之理念，並揭示和合境界乃為宇宙之最高指標。

〔註37〕《船山易學》（上），頁246。
〔註38〕頁216。

第五章 〈易之義〉陰陽相濟論

第一節 陰與陽

　　據《甲骨文字集釋》卷九「易」作「𣆳」，乃日在丁上，象日初昇之形〔註1〕。金文𤼵叔鼎增「彡」而為「𣇵」，以「彡」象初日之光線。叔姬鼎「陽」為「𨸤」，畢伯盨「陰」為「𨺰」又為「𤽪」。虢季子白盤「陽」為「陽」，屬羌鐘「陰」為「陰」。可知甲骨文與金文中的「陽」和日光密切相關。又《說文解字注·勿部》：「昜，開也。從日一勿。一曰飛揚；一曰長也；一曰彊者眾貌。」段注：「此陰陽正字也，陰陽行而昜易廢矣。」〔註2〕《說文解字注·雲部》：「霒，從雲今聲，古文霒省。」「霒，雲覆日也。」段注：「今人陰陽字。小篆作霒昜。」是以《說文》之「陰陽」亦與日光有關。陰陽觀念起源很早，這與古人仰觀天象，俯察地理，以及農業生產有一定關係。上古時代，人們觀察日月之象以及晝夜、陰晴、寒暑變化，發現大量相反、相對現象；又於農業生產中，發現向陽者豐收，背陰者減產。於是，從繁雜的自然現象與生活經中，歸結出原始的「陰陽」理念。一般認為，《周易》卦、爻的最基本符號「—」、「--」，即反映了上古先民的陰陽觀念。在此基礎上，陰陽內容不斷擴充，遂逐漸成為易學的重要思維方式。

〔註1〕 李孝定《甲骨文字集釋》，（台北：中央研究院歷史語言研究所，西元1974年），卷9。

〔註2〕 清·段玉裁《說文解字注》，（台北：黎明文化事業股份有限公司，西元1993年7月），卷17，頁458。

　　陰與陽在易學的使用相當廣泛。宇宙間一切事物所表現出來的功能、性態都是成對的，如動與靜，顯與隱，開與閉，熱與寒，上與下等，沒有一種是孤立存在，古人將世間各種屬性對立之物，用陽陰概括。相對說來，凡屬動、顯、開、熱、上等歸于陽，凡屬靜、隱、閉、寒、下等歸于陰，萬物萬象無論多麼複雜多樣，總會一方屬陽，一方屬陰，逃不脫陰陽範疇。〈易之義〉曰：

　　　　觀變于陰陽而立卦也，發揮于剛柔而生爻也。

　　便指出《易經》卦、爻的設立也是立足於陰陽、剛柔的相對、相待。《莊子‧天下篇》更言：

　　　　《易》以道陰陽。

　　即肯定《易經》的主旨在於說明陰陽的道理，並力圖以陰陽關係來描述和解說宇宙的變化。

　　陰陽概念，由來已久，《國語‧周語》就記載著：

　　　　自今于初吉，陽氣俱蒸，土膏其動。……陰陽分布，震雷出滯。

　　又云：

　　　　陽伏而不能出，陰迫而不能烝，於是有地震〔註3〕。

　　前者是周宣王卿士虢文公以陰陽二氣解釋自然現象，認爲土地解凍是陽氣上升，春雷震動是由於陰陽二氣處於「分布」狀態；後者爲周幽王太史伯陽父以陰陽二氣解釋地震，認爲陰陽二氣動於地下，所以有地震。此外，春秋時期的史官亦以陰陽二氣來說明氣候變化，《左傳‧僖公十六年》：

　　　　傳。十六年，春。隕石于宋五。隕，星也。六鶂退飛過宋都，
　　　　風也。周內史叔興聘于宋。宋襄公問焉。曰：「是何祥也？吉凶焉在？」
　　　　對曰：「今茲魯多大喪，明年齊有亂。君將得諸侯而不終。」退而告
　　　　人曰：「是陰陽之事，非吉凶所生也。」〔註4〕

　　此段記載周內史叔興對隕石與六鶂退飛過宋都的解釋，他認爲上述事件的發生，是由於宇宙中陰陽之氣，無關人事吉凶。《左傳‧昭公二十四年》也記載：

　　　　日有食之。……昭子曰：『旱也。日過分而陽猶不克，克必甚，
　　　　能無旱乎？陽不克，莫將積聚也。』〔註5〕

〔註3〕題左丘明《國語》，（台北：里仁書局，西元1981年12月），頁16、20、26。
〔註4〕《左傳》（台北：藝文印書館《十三經注疏》本，西元1960年1月），春秋疏卷14，頁236。
〔註5〕同前註，春秋疏卷51，頁885～886。

這是昭子根據陰陽變化，說明日食的原因。另外，《周禮·春官》云：

占夢掌其歲時，觀天地之會，辨陰陽之氣〔註6〕。

《禮記·月令》說明仲夏之月謂：

是月也，日長至，陰陽爭，死生分〔註7〕。

說明仲冬之月謂：

是月也，日短至，陰陽爭，諸生蕩〔註8〕。

上述陰陽，皆指天地間之自然之氣。又《周禮·秋官》曰：

輪人凡斬轂之道，必矩其陰陽。陽也者，稹理而堅；陰也者，
疏理而柔，是故以火養其陰而齊諸其陽，則轂雖敝不藃〔註9〕。

《說文解字·阜部》云：

陰，闇也。

又云：

陽，高明也〔註10〕。

上述三則，是以日光向背，或是日光照射與否來說明陽陰，向日為陽，背日為陰；陽光能照到為陽，不能照到為陰。《說文解字》又云：

陰，水之南，山之北也〔註11〕。

至此，陰陽代表之意涵已逐漸擴大，由天志之氣，陽光之有無，引申至地理。所謂山之南，水之北，為陽；山之北，水之南，為陰。又《周禮·地官·大司徒》亦謂〔註12〕：

……二曰，以陽禮教讓，則民不爭，三曰，以陰禮教親，則民
不怨。

陽禮指鄉射飲酒之禮，陰禮則指男女之禮。此時，陰陽之義，已由單純的自然現象，落實到人類社會的禮制教化，因此，《禮記·禮運》也說：

〔註6〕　《周禮》（台北：藝文印書館《十三經注疏》本，西元1976年5月），周禮疏
　　　　卷25，頁381。
〔註7〕　《禮記》（台北：藝文印書館《十三經注疏》本，西元1976年5月），禮記疏
　　　　卷16，頁317。
〔註8〕　同前註，禮記疏卷17，頁346。
〔註9〕　《周禮》，周禮疏卷39，頁599。
〔註10〕　《說文解字注》，頁738。
〔註11〕　同前註。
〔註12〕　《周禮》，周禮疏卷10，頁151。

是故禮必本於大一，分而爲天地，轉而爲陰陽〔註13〕。

除此之外，越國大夫范蠡將「陰陽」用於兵法，提出「陽至而陰，陰至而陽」、「後則用陰，先則用陽」〔註14〕的策略。《周禮・春官》也將陰陽作爲樂器代稱：

典同掌六律六同之和，以辨天地、四方、陰陽之聲，以爲樂器。

此處陽聲屬天，陰聲屬地，陽律以竹爲管，陰律以銅爲管，陰陽概念在音樂方面也得到廣泛運用。中國最古之醫書《黃帝內經・素問》對陰陽的引用更是不勝枚舉，《素問・四氣調神論》言：

夫四時陰陽者，萬物之根本也〔註15〕。

《素問・陰陽應象大論》曰：

故曰天地者，萬物之上下也；陰陽也，血氣之男女也；左右者，

陰陽之道路也；木火者，陰陽之徵兆也；陰陽者，萬物之能始也。

故曰陰在內，陽之守也；陽在外，陰之使也〔註16〕。

內經從人體生命現象出發，引用「陰陽」解說身體現象，自成系統，可見陰陽一詞，在春秋戰國時代，甚至更早以前，便已廣泛用於人事上。

隨著「陰陽」的普遍使用，此一概念，逐漸引申至一切相對名詞及相反事項，凡天穹、雄性、光明、積極、剛健、奇數等爲陽，凡土地、雌性、黑暗、消極、柔弱、偶數等爲陰。陰陽觀念在先秦持續發展，並對中國思想產生相當重要影響。轉變到現在，陰陽代表的，並不完全是具體事物，一般認爲與自然、社會和思維的基本規律有關，無處不在，無時不在，而二者間的關係，以和諧爲主，因爲陽光照射到與否是時間問題，這一瞬間照到爲陽，照不到爲陰，因此，陽與陰並非絕對的，而是具有相對性和靈活性，它通過與自己的對立面，相比較而確定，隨著地點和時間的變更而發生改變，在某種場合屬陰的事物，在另一場合可能屬陽，在某種場合屬陽的事物，在另一場合可能屬陰。《素問・金匱眞言論》言：

陰中有陰，陽中有陽，平旦至日中天之陽，陽中之陽也，日中

至黃昏天之陽，陽中之陰也，合夜至雞鳴天之陰，陰中之陰也，雞

〔註13〕《禮記》，禮記疏卷22，頁438。
〔註14〕同前註，禮記疏卷36，頁653。
〔註15〕《黃帝內經素問，靈樞經，難經集註，金匱要略方論，註解傷寒論，脈經》台灣商務印書館，頁10。
〔註16〕同前註，頁18。

鳴至平旦天之陰，陰中之陽也，故人亦應之〔註17〕。

白天原屬陽，夜晚原屬陰，然而白天又可區分為陽與陰，天亮至中午為白天之陽，中午至黃昏則為白天之陰；同樣的，夜晚亦可區分為陰與陽，夜晚至雞鳴為夜晚之陰，雞鳴至天亮則為夜晚之陽。自然界陰陽如此，人事亦然。就如丈夫與妻子，分陽分陰，兩者結合成美滿家庭，生兒育女，使人類世世代代延續下去，並日益進步發展。君王與臣子，分陽與陰，共同治理國家，讓社會國家持續發展。因此，陰與陽並不是對立的，而是顯現在各種層面上的差異。從整體上來看，對立、衝突不是主要的，使彼此之間互補，讓人類社會生生不息的發展才是主要目的。《呂氏春秋·貴公》云：

陰陽之和，不長一類；甘露時雨，不私一物〔註18〕。

〈易之義〉曰：

天地相衛（率），氣味相取，陰陽流荆（形），剛柔成□。萬物莫不欲長生而亞（惡）死，會心者而台（以）作易，和之至也。

又曰：

觀變於陰陽而立卦也，發揮於剛柔而〔生爻也〕，……是故位天之道曰陰與陽，位地之道曰柔與剛。

再曰：

是故柔而不狂，然后文而能朕也；剛而不折，然后武而能安也。

上述都是強調陰陽相生相濟的重要，主張陰陽相和才能長治久安，嗅不出對立、排斥的氣氛，僅有和諧的結果。可知古人看到陰與陽，並不著眼於對抗，而是在本質差別中求取陰陽之間的調合。《易經》便以陰陽二元素為宇宙律動的基礎，揭示自然現象是兩極振盪的結果，自然秩序的維持也應在陰陽間尋求動態的平衡。

第二節　陰陽符號的根源

通觀《易經》六十四卦之卦、爻辭，只有中孚卦九二爻辭之「鳴鶴在陰」提及「陰」字，其餘六十四卦、三百八十三爻皆未言及「陰」、「陽」或「陰陽」，可見在《易經》卦、爻辭裡，「陰陽」尚未並立使用。陰陽的原始意義。

〔註17〕同前註，頁13。
〔註18〕楊家駱主編《呂氏春秋集釋》（台北：世界書局，西元1962年4月），頁15。

引文所說「鳴鶴在陰」的「陰」，或爲山南，或爲樹蔭〔註19〕，或如虞翻所言：「坎也」〔註20〕，都表示了陰字的原始意義，亦指陽光照不到的陰暗地方。

　　儘管《易經》中並無「陰陽」二字連用的記載，六十四卦之卦畫符號由陰「--」與陽「—」的規律變化發展而成〔註21〕，已普遍受到歷來學者的認同，足見陰陽概念是卦畫符號的根源。但是，依據出土資料顯示，古文字中，有許多易卦材料，並不是用陰「--」和陽「—」構成，而是由數字一、五、六、七、八所組成，這些數字卦，經過漫長歲月的演變，至戰國時代，漸向一、六、八集中，至漢代，僅剩下一和八〔註22〕，最後，才簡化爲陰陽卦畫，成了今日所見的符號卦畫。張亞初〔註23〕、張政烺〔註24〕、曹定雲〔註25〕、許學仁〔註26〕、張立文等皆曾對這一問題進行探討，以爲數字卦畫向符號卦畫的轉變，歷經漫長歲月，代表著易簡的過程，除了一和八外，其餘數字在時代長流中漸被淘汰。數字符號的由繁趨簡，也意謂先民已能將宇宙的複雜現象，透過歸納、分析，而統合於較簡單的模式下。因此，數字卦畫的發現，除了可推測易卦符號的起源外，亦顯示出符號卦畫成型、定型的同時，今日所謂的陰陽概念也已漸趨完成。

第三節　通行本《易傳》、帛書本《易傳》中「陰陽」較論

一、通行本《易傳》

　　通行本《易傳》包括〈彖傳上〉、〈彖傳下〉、〈象傳上〉、〈象傳下〉、〈繫辭傳上〉、〈繫辭傳下〉、〈文言傳〉、〈說卦傳〉、〈序卦傳〉、〈雜卦傳〉。其中陰

〔註19〕張立文《周易帛書今注今譯》（台北：學生書局，西元1991年9月），頁713。

〔註20〕李道平《周易集解纂疏》台北：文峰出版社，1970年10月，頁718。

〔註21〕即太極生陰陽兩儀，兩儀生太陰、少陽、太陽、少陰四象，四象生巽、坎、艮、坤、乾、兌、離、震八卦。

〔註22〕詳見季旭昇〈古文字中的易卦材料〉，中國經學研究會第一屆學術研究會（《周易》《左傳》國際學術研討會）1999年5月，頁1～5。

〔註23〕張亞初、劉雨〈從商周八卦數字符號談筮法的幾個問題〉《考古》1981年2月。

〔註24〕張政烺〈殷墟甲骨文所見的一種筮卦〉《文史》第二十四輯1985年。

〔註25〕曹定雲〈殷墟四盤磨易卦卜骨研究〉《考古》1989年7月。

〔註26〕許學仁〈戰國楚墓「卜筮」類竹簡所見「數字卦」〉《中國文字》（西元1993年）。

陽二字出現之頻率分別為：〈彖傳〉二次，〈象傳〉二次，〈繫辭傳〉八次，〈文言傳〉三次，〈說卦傳〉四次，〈序卦傳〉、〈雜卦傳〉零次。茲說明於下：

（一）〈彖傳〉

1. 內陽而外陰，內健而外順，內君子而外小人。
2. 內陰而外陽，內柔而外剛，內小人而外君子。

第一則是對泰卦卦辭的闡釋，從卦體、卦象兩方面申說卦義。泰卦卦體為乾下坤上，乾內坤外。乾為陽，坤為陰；乾性剛健，坤性柔順；乾陽代表君子，坤陰代表小人。卦象則象徵君子具有內心剛健，外表柔順的特質，又具統治地位，小人則居於附屬角色。

第二則是對否卦卦辭的闡釋。形式與泰卦相同，意義則完全相反。卦體為乾上坤下，乾外坤內。卦象則顯示小人本質柔弱，外表卻裝得剛強，又象徵小人得勢，將君子排斥於外。通觀二卦，以陽指乾卦，以陰指坤卦。同時又以陽代表剛、健、君子，以陰代表柔、順、小人。此種將陰陽並舉的型態已具囊括宇宙萬物之雛形。

（二）〈象傳〉

1. 潛龍勿用，陽在下也。
2. 履霜堅冰，陰始凝也，馴至其道，至堅冰也。

第一則是對乾卦初九爻辭的解釋。〈象傳〉以「陽在下也」說明「潛龍勿用」。「陽在下也」的「陽」指「九」，表示「—」符；「下」指「初九」的「初」，即「—」符所在的位置，象徵乾陽發展變化尚未顯露出來。

第二則是對坤卦初六爻辭的解釋。〈象傳〉以「陰始凝也」說明「履霜堅冰至」。「陰始凝也」的「陰」指「六」，表示「--」符；「始凝」的「始」，說明「--」符所在的位置，象徵坤陰的變化亦未顯露出來，是以用陽指「—」符，稱為陽爻，用陰指「--」符，稱為陰爻，始於〈象傳〉。徐志銳《周易大傳新注》云：

> 此「陰始凝」與乾初九的「陽在下」緊緊對應，表明乾坤二卦為陰陽矛盾統一體。

又云：

> 惠棟。「陰凝陽之始也。」即指陰與陽開始凝結成一體。……馴致其道，至「堅冰」，是說順著這條道路發展下去，最終將達到坤陰

轉化爲乾陽〔註27〕。

徐氏由〈象傳〉解釋乾卦初九爻辭與坤卦初六爻辭的整體面著手，指出乾陽與坤陰的相對關係，並認爲兩卦的初爻是結合的開始。此說不僅說明陰陽囊括宇宙萬物，更隱涵萬物間具有相互結合的本能。

（三）〈繫辭傳〉

1. 一陰一陽之謂道。
2. 陰陽不測之謂神。
3. 陰陽之義配日月。
4. 陽卦多陰，陰卦多陽。
5. 陽卦奇，陰卦偶。
6. 陽一君而二民……陰二君而一民。
7. 乾，陽物也；坤，陰物也。
8. 陰陽合德而剛柔有體。

第一則出現於〈繫辭傳上〉（以下之分章方式依照朱熹《周易本義》）第五章首句。說明透過一陽一陰對立的互相轉化與往來不窮，足以顯現萬物的根本之道，將陰陽對立、相生的原則明確提出。

第二則出現於同章末句。主要接續前半章意旨，發揮陰陽對立面相互轉化之不可測度，將陰陽的變化之功，推向至高的境界。

第三則出現於〈繫辭傳上〉第六章倒數第二句。主要藉由日月運行的往來不窮，突顯易道無始無終的內涵。

大體而言，上述三則，彙整了「道」的內涵、性質和作用。黃師慶萱〈周易時觀初探〉謂：

> 所謂「道」，是本體，爲一元的；所謂「陰陽」是「道」顯現於
> 外的現象，卻有陽剛陰柔之變化〔註28〕。

以爲「道」即陰陽交互變化的總稱，也就是天地萬物生化活動的形態。

第四則、第五則、第六則同出現於〈繫辭傳下〉第四章。此章主要言及陽卦、陰卦及其象徵意義。「陽卦多陰」的「陽」謂「陽卦」，但「陰」則指

〔註27〕徐志銳《周易大傳新注》（山東：齊魯書社出版，西元 1988 年 3 月），頁 25。
〔註28〕黃師慶萱《周易縱橫談》台北：東大圖書公司，1995 年，頁 101。

爻。依照朱熹〔註29〕的解釋，八卦中的「震、坎、艮爲陽卦，皆一陽二陰。」因此，所謂「陽卦多陰」是說震卦☳、坎卦☵、艮卦☶爲陽卦，皆是一個陽爻配上兩個陰爻。「陰卦多陽」與「陽卦多陰」正好相反。依照朱熹〔註30〕的解釋，八卦中的「巽、離、兌爲陰卦，皆一陰而二陽。」因此，所謂「陰卦多陽」是指巽卦☴、離卦☲、兌卦☱爲陰卦，皆是兩個陽爻配上一個陰爻。「陽卦奇，陰卦耦」依照朱熹〔註31〕的解釋，「凡陽卦皆五畫」，故爲奇，「凡陰卦皆四畫」，故爲耦。即震☳、坎☵、艮☶，筆畫皆五，故言「陽卦奇」；巽☴、離☲、兌☱，筆畫皆四，故言「陰卦偶」。進一步引申，又以陽爲君王，代表君子之道，以陰爲小人，化表小人之道，是以陽卦象徵政權統一，君主事；陰卦象徵政權分裂，二君相爭，小人得勢。這些都是對陰陽所代表的事物，作進一步發揮與應用。

第七則、第八則同出現於〈繫辭傳下〉第六章。此將抽象的陽陰概念配以具體的乾、坤實體，並以陰陽代表對立的具體事物，強調若能將相反性質的事物加以統合，則能體察天地化育萬物之功。黃師慶萱言：

> 一陰一陽，不但是並立的，如天與地，如雄與雌；而且是貫時的，如晝與夜，如治與亂〔註32〕。

此說不但揭示了陰陽本質的差別，又以時間爲媒介，彰顯二者對立、相生的事實，暗示宇宙之生化，即是透過各類相反物質和合而成，甚是精闢。

通觀〈繫辭傳〉八則對「陰陽」二字的引用，都是兩字對舉，且皆著眼於陰陽對立、相生的探討。

（四）〈文言傳〉

1. 潛龍勿用，陽氣潛藏。
2. 陰雖有美，含之以從王事，弗敢成也。地道也，妻道也，臣道也。
3. 陰疑於陽必戰，爲其嫌於无陽也。

第一則說明乾卦初九爻辭的意義，以乾陽之氣，明六爻的變化。此時，陽氣已成，但仍潛伏藏匿於下，故尚未發揮作用。

第二則說明坤卦六三爻辭，闡述以陰輔陽的道理。坤陰雖然本具才德之

〔註29〕朱熹《周易本義》（台北：大安出版社，西元 1999 年），頁 256。
〔註30〕同前註。
〔註31〕同前註。
〔註32〕《周易時觀初探》，頁 101。

美，卻能隱藏光芒，並輔助乾陽事業，顯示其智慧廣大，能評估所處的時機條件及具體身份、地位，而採取合宜的處事態度。然此處的「陰」是指「六三」之「--」爻，而「地道也，妻道也，臣道也」則是進一步以地、妻、臣對坤卦意涵作深層推廣的說法。

第三則解釋坤卦上六爻辭。說明坤陰經過六爻變化，勢力已相似乾陽，此時陰陽勢均力敵，故戰爭展開。

此三則或以「陽」解釋陽氣，以「陰」解釋陰氣，從陰陽說明氣的變化，或由人事上闡明陰之角色歸屬，雖然切入點不同，但不外強調陰陽的特性及其形成演進。

（五）〈說卦傳〉

1. 觀變於陰陽而立卦。
2. 是以立天之道曰陰與陽。
3. 分陰分陽，迭用柔剛，故易六位而成章。
4. 乾，西北之卦，言陰陽相薄也。

第一則出現於第一章（分章方式依照朱熹《周易本義》）。指出八卦的卦形是透過觀察陰陽的變化而確立的，因此，陰陽與八卦息息相關。

第二則、第三則出現於第二章。第二則言天與陰陽之關係，認為天的道理即是陰與陽交互變化。徐志銳於闡釋第二則意義時言：

> 『道』為一陰一陽的對立統一，它普遍存在于天地人，即整個
> 自然界和人類社會，但有不同的表現形態。古人認為天是无形的，
> 體現這種无形的道，就是陰陽對立統一〔註33〕。

徐氏指出，普遍存於宇宙的「道」有不同的表現形態，換句話說，天有天道，地有地道，人有人道，而這些「道」的本質不外是陰陽的對立與統一，是以〈說卦傳〉雖說「立天之道曰陰與陽，立地之道曰柔與剛，立人之道曰仁與義。」所謂的「陰陽」、「柔剛」、「仁義」皆可統而言之為「陰陽」。後者之「陰陽」是〈繫辭傳〉所言「一陰一陽之謂道」的「陰陽」，是宇宙之理顯現於外的總稱，前者之「陰陽」僅是眾多宇宙之理中的天之理，而其表現形態剛好亦以「陰陽」稱之。因此，第三則所言之「分陰分陽，迭用柔剛，故易六位而成章」即是站在前文的基礎上，將宇宙之道又細分為天道、地道、

〔註33〕徐志銳《周易大傳新注》，頁485。

人道，即所謂三才之道，而三才的道理又可以陰陽概稱，是以卦之初位爲地之陽，二位爲地之陰，三位爲人之陽，四位爲人之陰，五位爲天之陽，上位爲天之陰，兩兩對立，構成完整的六十四卦。

第四則出現於第五章，由八卦象徵的方位和時令說明乾卦的特質，指出乾卦方位在西北，此時正當秋末冬初，萬物由成熟步入衰老，進入生死交關時期，意謂陰陽二氣相互搏鬥，引申至人事則代表事物的交替、更迭、轉換。〈說卦傳〉的「陰陽」可指宇宙、天地，亦可指一切事物。故「觀變於陰陽而立卦」，既可指觀察天地的生化而立卦，亦可指觀察宇宙一切事物而立卦。總之，陰陽即爲道的本質，萬物各有其道，是以一物一陰陽，結合世間萬物陰陽之理，合而爲宇宙陰陽之理，將陰陽的內涵作了極大的發揮。

二、帛書本《易傳》

帛書本《易傳》，包括〈二三子〉、〈繫辭〉、〈易之義〉、〈要〉、〈繆和〉、〈昭力〉六篇，對陰陽二字之使用分別爲：〈二三子〉一次，爲「高尚齊虖星辰日月而不眺，能陽也；下綸窮深淵之淵而不沬，能陰也。」〈繫辭〉六次，爲「一陰一陽之胃（謂）道」、「陰陽之胃（謂）神」、「陰〔陽〕之合肥（配）日月」、「陽卦多陰，陰卦多〔陽〕」、「〔陽〕卦奇，陰卦〔耦〕」、「陽一君而二民，君子之道也。」〈易之義〉，十次〔註34〕，爲「易之義誰（唯）陰與陽」、「是胃（謂）大陽」、「陰陽流荆（形）」、「觀變於陰陽而立卦也」、「是故位（立）天之道曰陰與陽」、「分陰分陽」、「𤝱（動）陽者亡，……重陰者沈」、「陰德不行者，亓陽必失類」、「鍵（乾），陽物也；川（坤），陰物也」、「陰陽合德而剛柔有膛（體）。」〈要〉一次，爲「故易又（有）天道焉，而不可以日、月、生、（星）辰盡稱也，故爲之以陰陽。」〈繆和〉一次，爲「凡天之道，壹陰壹陽。」〈昭力〉零次。其中，〈繫辭〉所敘述之主旨同於通行本〈繫辭傳〉，故此處從略。〈易之義〉相關之內容發揮，則留至本章第五節再行論述。故下文將就〈二三子〉、〈要〉、〈繆和〉提及陰陽之部分進行探討。

（一）〈二三子〉

高尚齊虖星辰日月而不眺〔註35〕，能陽也；下綸窮深淵之淵而

〔註34〕第三行以後至第十三行以前，即「是故鍵者，得〔之〕」以後至「昔者聖人之作易也」以前，由於文字缺漏，故從略。

〔註35〕陳松長、廖名春合釋之文寫作「眺」，廖名春獨立釋文及鄧球柏釋文寫作「眺」。

不沫，能陰也。

此則出現於該篇第一行。主要說明龍具有上達天，下至淵的本領，上達天爲陽，下至地爲陰，這種能上、能下、能陽、能陰的本事，正是龍莫測高深的特質。這裡的上下、陰陽指的都是物質的相對範疇。〈二三子〉作者用陰陽、上下來涵蓋龍的神聖之德，將世間工夫全包含於陰陽上下間，可知「陰陽」二字不僅代表天地，還統括世間一切事務。

作爲帛書《易傳》首篇，〈二三子〉不但繼承了《左傳》、《國語》、《周禮》、《禮記》乃至《黃帝內經》等中以「陰陽」代表地震、天氣、禮教、樂律、血氣等之觀念，更將此一概念用於《易經》的詮解上，以陰陽統括世間萬事萬物，且以本具神聖之德的「龍」爲能陽能陰之代表，可以說是陰陽概念的高度概括。〈要〉、〈繆和〉則將「陰陽」概念明顯落實於人情社會之仁義、上下，對日後思想之發展、人倫關係之建立等有著一定影響。

（二）〈要〉

> 故易又天道焉，而不可以日、月、生（星）、辰、盡稱也，故爲之以陰陽。又（有）地道焉，不可以水、火、金、土、木盡稱也，故律之以柔剛。又（有）人道焉，不可以父子、君臣、夫婦、先後盡稱也，故爲之以上下。又（有）四時之變焉，不可以萬勿（物）盡稱也，故爲之以八卦。

此則出現於該篇第二十一行。說明天道廣大無邊，無法以常人習見之日、月、星辰稱呼，故用「陰陽」二字統稱。再觀下文對人道、四時之敘述，可見〈要〉於體認自然環境，乃至人類社會的複雜多變後，以「陰陽」、「柔剛」、「上下」等相對相濟範疇來涵蓋宇宙萬有。此一思想同於〈說卦傳〉之「立天之道曰陰與陽，立地之道曰柔與剛，立人之道曰仁與義。」

（三）〈繆和〉

> 凡天之道壹陰壹陽，壹短壹長，壹晦壹明，夫人道尤之。

此則出現於該篇第五行。說明天道對立、統一的變化原則，與〈要〉述及「陰陽」之內容略同。天體運行，日往則月來，月往則日來，日爲陽，爲明，月爲陰，爲晦，隨著四季的變化，更有晝夜長短之別，道出對立面的相互依存與轉化。

今依後者。

綜上所述，〈彖傳〉由乾☰、坤☷兩卦言及陰陽；〈象傳〉由陰‐‐、陽—兩爻言及陰陽；〈文言傳〉由陽氣、陰氣以及陰陽所具之特性言及陰陽；〈繫辭傳〉則集中論述了陰陽的內涵、性質、作用、卦畫以及和合之道；而〈說卦傳〉、〈二三子〉、〈要〉、〈繆和〉更將陰陽之象徵內涵擴大為世間萬物、人倫關係以及事物的功能屬性等，陰陽的範圍越來越廣泛，所象徵的意義已是包羅萬象，囊括萬殊。

第四節　和合相濟

〈易之義〉曰：

> 子〔曰〕：「易之要，可得而知矣。鍵（乾）川（坤）也者，易之門戶也。鍵（乾），陽物也；川（坤），陰物也。陰陽合德而剛柔有豒（體），以豒（體）天地之化，而達神明之德也。

〈易之義〉認為，《易》的要義，在於體現天地化育萬物之功，以通曉宇宙神妙變化之義。而天地化育萬物，宇宙神妙變化的根源，即是陰陽、剛柔的相交、相合，也就是乾、坤的相交相合。且此相交相合是立足於「德」的基礎上，強調唯有「合德」才能適切的參贊天地之化，領略宇宙之變。是以此句前承陰陽相濟，後啟持德修身，將〈易之義〉通篇旨意收攝其中，作了最大的發揮，可謂為全篇之中樞。所以，下文將就〈易之義〉中論及陰陽的部分加以申述，德義部分擬於第六章再行闡發。

〈易之義〉旨在通論陰陽大義，既而闡述二者和合之要，如其所說：

> 易之義誰（唯）陰與陽，六畫而成章。曲句焉柔，正直焉剛。六剛无柔，是胃（謂）大陽，此天〔之義也。〕□□□□□□□□□□□□□方。六柔无剛，此地之義也。天地相衛（率），氣味相取，陰陽流荆（形），剛柔成□。萬物莫不欲長生而亞（惡）死，會□者而台（以）作易，和之至也。

此則以剛、柔釋陽、陰，以陽、陰明天、地，並揭示陰、陽為《易經》卦畫的基本元素。但剛柔、天地、陽陰並非截然對立，而是相互補充，是以天地會相率，氣味會相聚，陰陽會相通，剛柔會相盪，而《易》的理想目標即是在「相率」、「相聚」、「相通」、「相盪」間尋求和合境界。然而聖人作易之目的，無非以宇宙之變，明人生之至道，從而指導人們如何從善避惡，進

而順遂平安，因此，〈易之義〉又言：

〔昔者聖人之作易也，幽〕贊於神明生占也，參天兩地而義數
也，觀變於陰陽而立卦也，發揮於剛柔而〔生爻也，和順於道德〕
而理於義也，寵（窮）理盡生（性）而至於命〔也，將以順性命之〕
理也。是故位（立）天之道曰陰與陽，位（立）地之道曰柔與剛，
位（立）人之道曰仁與義。兼三財（才）兩之，六畫而成卦。分陰
分陽，〔迭用柔剛，故〕易六畫而為章也。

此則略同〈說卦傳〉第一、二章的敘述。說明聖人作易的過程，是藉由
幽贊神明，參天化地，觀變陰陽，發揮剛柔以及和順道德而產生占卜、筮數、
卦畫、爻畫、理義等指導人事之準繩。再次申明《易》與天地、陰陽、剛柔
關係密切。然與前述不同的是，此處提出道德、仁義，認為唯有行事「和順
於道德而理於義」才算符合人道原則，將和合的範疇由自然界之天地進一步
擴及人事，且明言人事綱常在於不違背道德，而崇尚仁義。

總體而言，此則表面上在闡述天道、地道、人道的原則，分別為陰陽、
柔剛、仁義，實際上，天地之道乃是陰陽雜揉，剛柔交疊，互為表裡，推而
至為人之道，則是仁義互用。這段略同於〈說卦傳〉第一、二章的文字，與
〈易之義〉首句「易之義誰陰與陽」，及第一行最後幾句「六畫而成章……
天地相衛，氣味相取，陰陽流荆，剛柔成□」，互為呼應，主要都是緊扣天
地、陽陰，剛柔來說明「易」的內涵，唯略同於〈說卦傳〉第一、二章的文
字把仁義也併入了這一範籌進行討論，在承襲前段談論陽陰、剛柔、天地的
同時，又加以道德、性命、仁義之命題，將原本只是用來卜筮的《易》，賦
予人文意義。

下文之「天地定立（位），〔山澤通氣〕，火水相射，雷風相榑（薄），八
卦相厝（錯）。數往者順，知來者逆」，則是就最足以代表自然界的八種物質，
配以八卦、方位，以突顯在無窮的空間與無盡的時間中，剛柔、陰陽的相互
配合和滲透。

就〈易之義〉而言，若違反陰陽和合之理，則會遭致敗亡窮盡命運，是
以〈易之義〉接著說：

子曰：「萬物之義，不剛則不能嫗（動），不嫗（動）則无功，
恒嫗（動）而弗中則□，〔此剛〕之失也。不柔則不靜（靜），不靜
（靜）則不安，久靜（靜）不嫗（動）則沈，此柔之失也。……是

故天之義，剛建嬞（動）發而不息，亓吉保功也。無柔㦗（救）之，
不死必亡。嬞（動）陽者亡，故火不吉也。地之義柔弱沈䐴（靜）
不嬞（動），亓吉〔保安也。无〕剛文之，則竀（窮）賤遺亡。重陰
者沈，故水不吉也。故武之義保功而恒死，文之義保安而恒竀（窮）。
是故柔而不狂，然后文而能朕（勝）也；剛而不折，然后武而能安
也。」

所謂「不剛則不能嬞（動）」，說明事物透過運動才能成就種種功業，所
以，「陽剛」爲成就事功的淵源，故說「不嬞（動）則無功」；所謂「不柔則
不䐴（靜）」，說明唯有透過柔靜的作用，萬物才得以保持安穩定靜，故言「不
䐴（靜）則不安」。因此，剛之長處在於創造功業，柔的功效在於保持安定；
有剛無柔，宇宙律動無法維持穩定，便會導致中斷，故云：「無柔㦗（救）之，
不死必亡」；同理，有柔無剛，則無法積極創造功業，宇宙之生命運動也將受
到遏止，故云：「〔无〕剛文之，則竀（窮）賤遺亡。」所以，宇宙的理想狀
態，應是剛柔相濟，進而保證萬物動而能靜，安而有功。此一思想，體現於
社會，便是主張文治武功互補爲用。

總之，此則在前文的基礎下，進一步由反面申說過剛、過柔之失，以論
證剛柔互補，文武相成的重要。揭示剛則能動，動則有功；柔則能靜，靜則
能安。而天地運行的道理，在於妥善運用「天」之剛健、動發、保功的特質，
以及「地」之柔弱、沈靜、保安的特質，並將二者做適度的調合，用陰柔輔
以剛強，用剛強濟以陰柔。當落實於人世，則以「文而能勝，武而能安」爲
最終目的。如此文中有武，武中有文，文武方能各展其才，發揮其效。此再
次強調萬事萬物之理，絕非由一方單獨而成，而是由相反物質相容而成。

其中「武之義，保功而恒死，文之義，保安而恒竀（窮），是故柔而不狂，
然后文而能朕（勝）也；剛而不折，然后武而能安也」幾句話，與前文所指：
《易》的宗旨在「和」，《易》的目的在解除人類對長生的渴望以及對死亡的
恐懼有關。觀其後文，即針對「和」大加闡釋，提出避免窮盡、死亡，進而
締造常勝、平安的方法即在剛柔相濟，動靜相兼，陰陽協合，也就是凡事擇
取中庸，無過與不及，即是所謂允執厥中。

〈易之義〉曰：

易曰「何校」，剛而折也。「嗛嗛（謙）」也者，柔而□〔也〕。〔豚
之〕「黃牛」文而知勝矣。渙之緣（彖）辭，武而知安矣。

　　文勝武安之事，亦即治國安邦之事。於此，〈易之義〉與〈要〉又分別引證商朝、周朝政權遞擅的歷史事實，並以抽象概括和理性分析的方式闡明政治得失的樞紐。〈易之義〉曰：

> 子曰：「《易》之用也，段（殷）之无道，周之盛德也。恐以守功，敬以承事，知以辟（避）患，□□□□□□□□文王之危知，史說之數書，孰能辯焉？」

〈要〉曰：

> 夫《易》，剛者使知瞿（懼），柔者使知剛，愚人爲而不忘，漸人爲而去詐（詐）。文王仁，不得其志，以成其慮。紂乃無道，文王作，諱而辟（避）咎，然後《易》始興也。

　　上文的殷之「无道」，周之「盛德」以及「文王仁」、「紂乃無道」，是就理性層面分析，以德治與否來說明政治更迭；而文王之「守功」、「承事」、「避患」、「成其慮」、「諱而辟（避）咎」，不但被看作與《易》之用」、「《易》始興」有關，文王的剛而能柔，也被認爲是促成朝代輪替的關鍵。

　　總之，〈易之義〉與〈要〉結合周文王的行爲、《易》的形成、效用和剛柔相蕩之理，分析朝代的盛衰交替亦爲陰陽相交循環的結果。此外，〈要〉又曰：

> 夫損益之道，不可不審察也。吉凶之〔門〕也。益之爲卦也，春以授夏之時也，萬勿（物）之所出也，長日之所至也，產之室也，故曰益。損者，秋以授冬之時也，萬勿（物）之所老衰也，長〔夕之〕所至也。故曰產〔註36〕。道竆（窮）焉而產，道□焉。益之始也吉，亓冬（終）也凶；損之始凶，亓冬（終）也吉。損益之道，足以觀天地之變而君者之事已。

　　此則以損益之道爲綱，體現陰陽變易的法則。「益之始也吉，亓冬（終）也凶；損之始凶，亓冬（終）也吉」，便是說明損益兩卦可以轉化，損可以帶來益，益可以招來損。從自然到人事變化皆是如此。因此，損益之道足以觀得失禍福。關於得失之際的掌握，〈要〉進一步補充道：

> 〔夫子曰〕：「危者，安亓立（位）者也；亡者，保〔亓存者也；亂者，有亓治者也。是故〕君子安不忘危，存不忘亡，治不忘〔亂。是以身安而國〕家可保也。易曰：『亓亡亓亡，繫于枹（苞）桑。』」

〔註36〕依據鄧球柏《帛書周書校釋（增訂本）》所述，此字疑爲損字之誤。今從之。

在這一略同通行本〈繫辭傳下〉第五章的論述中，作者認識到危難因素成於君位安穩之時，亡國危險隱含於存國之中，動亂因子潛伏於治理之國。「安不忘危」，就是提醒世人，盡量化解「危」的因素，防止局勢由安向危轉化。「存不忘亡」，就是警惕世人杜絕「亡」之因素的發展，使君位和政權避免由存到亡的轉化。同理，「治不忘亂」，也就是告誡世人，時時留意，設法消解「亂」之因素，使國家遠離由治到亂的轉化。與此思想相關或類似的論述，還有〈二三子〉對《易經》「王臣蹇蹇」的解釋，〈二三子〉曰：

> 易曰：「王臣蹇蹇，非今之故。」孔子曰：「『王臣蹇蹇』者，言亓難也。夫唯智（知）亓難也，故重言之，以戒今也。君子智（知）難而備〔之〕，則不難矣；見幾而務之，〔則〕有功矣。故備難〔者〕易，務幾者成。存亓人，不言吉兇焉。『非今之故』者，非言獨今也，古以狀也。」

此篇認為，「王臣蹇蹇者，言其難也」，「君子智（知）難而備〔之〕，則不難矣。」這實際上也是一種通過積極的防範，由「難」向「不難」的變化，亦即由危難向安穩的轉化觀。〈繫辭〉曰：「化而制之存乎變。誰（推）而行之存乎迵（通）。」又曰：「是故闔戶胃（謂）之川（坤），辟（闢）門胃（謂）之鍵（乾）。一闔一辟（闢）胃（謂）之變，往來不窮（窮）胃（謂）之迵（通）。」所謂「變」就是指陰陽交互作用的變化，而陰陽交互變化產生的無窮妙用稱為「通」。是以吉與凶都會變化，吉也會變為凶，凶也會變為吉。能夠變通，就能逢凶化吉，化頹勢為優勢；如不會變通，逢吉也會變凶。黃師慶萱於《周易縱橫談》中說：

> 「周匝」所顯示的，就是時間的運轉。……「變易」中便含有時間的因素。

可見《周易》義理在闡發「變」與「處變」的道理，而處變的方法在適時。〈易之義〉以陰陽概括萬世萬物，揭示事物的發展即是陰而陽，陽而陰的循環往覆。人世之安危、存亡、治亂亦然，安穩、國存、治世雖佳，但於此同時，危險、亡國、亂世也隨著時間的推移，日漸積累，反之亦然，故〈易之義〉主張擇取中庸，認為「潛清」則應「勿使」，「炕（亢）蠠（龍）」則易「有悔」，即是此理。

總之，陰陽兩物的盛衰消長是宇宙的必然現象，人如何適時地運用兩股力量，求取平衡，乃為〈易之義〉通篇之精神所在。

第五節　乾坤生化，和之至也

　　〈易之義〉認爲乾、坤之所以爲《易經》的門戶，在於其能參贊天地變化。而天地變化之道，即陰陽對立和統一的歷程，乾爲純陽之卦，坤爲純陰之卦，因此，《易經》六十四卦中，當以乾、坤兩卦最能展現陰陽變化之理。作爲闡述《易經》思想的〈易之義〉，便是在領悟世間萬物本是矛盾、統一的循環往復後，擇取易卦材料中最能涵蓋宇宙萬有衝突、相融性質的乾、坤兩卦，以爲進一步抒發此一論點的核心。

　　〈易之義〉曰：

　　　　易日又名焉曰鍵（乾）

　　又曰：

　　　　易又名曰川，雌道也。

　　顯然的，〈易之義〉以乾、坤兩卦作爲《易》的別名。這一說法不見於通行本《易傳》，也不見於帛書易傳其他篇章，可見〈易之義〉對乾、坤的重視爲其他各篇之冠。再觀〈易之義〉闡述乾、坤各爻特點之取向，大都著眼於陰陽彼此矛盾、衝突之探討，如陽動、陰靜；乾剛、坤柔等，但於行文中，卻再三強調結合兩種截然相反的勢力，並加以調合，必能使敘述主體亨通、吉祥。可以說，〈易之義〉以乾、坤兩卦作爲陰陽大義的高度概括和總結。最明顯之例證，即爲坤卦六二爻辭的闡釋，這一爻辭在〈易之義〉中一共出現四次，有時作爲陰陽和合之結論，有時則單就爻辭意義進行說明，茲論述如下：

　　〈易之義〉曰：

　　　　用六，贛也；用九，盈也，盈而剛，故《易》曰：「直、方、大，不習，吉。」因不習而備，故《易》曰：「見群龍无首，吉也。」

　　又曰：

　　　　是故柔而不狂，然后文而能朕（勝）也；剛而不折，然后武而能安也。《易》曰：「直、方、大，不〔習，吉〕。」

　　又曰：

　　　　「直、方、大，不〔習，吉〕」，□□□〔也〕。

　　又曰：

　　　　《易》曰：「直、方、大，不習，吉。」子曰：「生文武也，雖強學，是弗能及之矣。」

　　上述四則，除了第三則由於文字缺損，尚難辨析外，其餘各則都強調坤卦六二爻辭能融合剛柔特質，是以占斷爲吉。又第三則、第四則的提出，只是同乾、坤兩卦其他卦、爻辭般，爲了說明旨意。而第一則、第二則乃作爲陰陽、動靜和合之要的結論，在意旨的延申上，擁有高於其他卦、爻的傾向。尤其第一則除了引用「直、方、大，不習，吉」外，在強化陰陽和合觀點時又援引「見群龍无首，吉也」來發揮，成爲通篇以乾、坤兩卦申述剛柔相濟論點之開端。是以坤卦雖爲陰卦，本性柔靜，又具有順隨陽動的特質，但六二爻卻同時蘊藏著乾卦陽剛之質性，即〈文言傳〉所謂「坤至柔而動也剛，至靜而德方，後得主而有常，含萬物而化光」，亦即〈易之義〉所謂的「川（坤）之至德，柔而反於方。」因此，〈易之義〉對坤卦六二爻辭之占斷，直言「吉」〔註37〕，便在於她陰中有陽，且能適當合宜的柔中取剛，靜中取動，所以，不致於陷於文弱之缺失，還能得到吉祥、康泰。

　　此外，前引之「用九，盈也，盈而剛。……故《易》曰：『見群龍无首，吉。』也」，則在引乾卦用九爻以闡明剛柔相濟之要。乾卦爲陽卦，本性剛健，又有領導者之特質，但當群陽並出，而致彼此爭鬥時，則破敗滅亡亦隨之而至，因此，用九之可貴在於其雖本質剛強，但亦能兼具坤卦柔順之質，即〈易之義〉所謂「讓善」，也即「鍵（乾）之至德，剛而能讓」，和〈文言傳〉所謂的「乾元用九，天下治也」，都在論述陽中有陰，則能避免過剛之失，還能因爲善用陰陽特質而得到吉祥、康泰。

　　再觀乾卦九三爻辭，〈易之義〉曰：

　　　　「君子冬（終）日鍵（乾）鍵（乾）」，用也。「夕沂（惕）若，
　　厲，无咎」，息也。

又曰：

　　　　《易》曰：「君子冬（終）日鍵（乾）鍵（乾），夕沂（惕）若，
　　厲，无咎。」子曰：「知息也，何咎之有？」

　　此即告誡世人，平常應打起精神，奮發有爲，但也應權衡環境，在時機尚未成熟、勝利成功條件尚未具備的情況下，不宜輕舉妄動，否則易遭致失敗。是以〈易之義〉釋此爻辭爲「用也」，又爲「知息也」，即是此理。亦同於〈繫辭〉所言「知剛知柔萬夫之望。」孔子與子路曾有如下之對話：

〔註37〕坤卦六二爻辭之占斷辭「吉」、「无不利」之差異見第二章。

子路曰：「子行三軍則誰與？」子曰：「暴虎憑河，死而無悔者吾不與也。必也臨事而懼，好謀而成者也。」

「臨事而懼，好謀而成」正是稟性陽剛者更須具備的品德。「知懼」、「好謀」則遇事必能評鑑條件，盱衡全局，以求對應之道。一旦胸有成竹，則可從容舒展，應付裕如，雖歷艱險而卒抵於成。在易經的思想範疇中，「知懼」、「好謀」正是陰柔部份。必待陰陽合德、剛柔有體、方收相輔相成之效。

又觀〈易之義〉釋乾卦九五爻辭為：

《易》曰：「羅（飛）蠪（龍）在天，利見大人。」子曰：「天之□□□□□□□□□□□□□□文而溥，齊明而達矣。此以剗名，孰能及〔乎〕？」

釋坤卦六五爻辭為：

《易》曰：「黃常（裳），元吉。」子曰：「尉文而不發之胃（謂）也。文人內亓光，外亓龍，不以亓白陽人之黑，故亓文茲章。」

兩者皆分別由乾、坤二卦所屬之稟性，進一步抒發陰陽和合之理。是以乾卦九五能「齊明而達」，坤卦六五亦能「亓文茲章」。《朱子語類》云：

乾之九五，自是剛健的道理，坤之六五，自是柔順的道理，各隨他陰陽自有一個道理。

乾卦〈彖傳〉言：

大哉乾元，萬物資始，乃統天。雲行雨施，品物流形。大明終始，六位時成，時乘六龍以御天。乾道變化，各正性命，保合太和，乃利貞。

坤〈彖傳〉亦言：

至哉坤元，萬物資生，乃順承天。

此乃說明乾之卦象取自天，乾道變化即天道變化，這種變化，使萬物獲得生命和屬性，也就是「萬物資始」，「品物流形」；坤之卦象取自地，坤道變化即地道變化，這種變化亦使萬物獲得生命和屬性，也就是「萬物資生」。雖然萬物各不相同，但若能彼此協調、和諧相處，則稱「各正性命」。不同事物彼此間能達到統一並和諧相處，就稱為「保合太和」，因此，「太和」指的即是陰陽雙方處於均衡、和諧、統一的狀態。此一乾坤參互為說的方式，再次證明陰陽調合是〈易之義〉演《易》之宗旨。

小　結

　　總之，〈易之義〉在論證陰陽協調，剛柔相盪，動靜相兼，文武相成後，又援引大量卦爻辭以爲其理論之依據，其中乾、坤兩卦之相互參照，爲通篇核心，而成爲輔助〈易之義〉陰陽思想之關鍵。

　　〈易之義〉把陰與陽看成是對立的兩個元素，即「曲句焉柔，正直焉剛。六剛無柔，是謂大陽，此天〔之義也〕」□□□□□□□□□□□□方，六柔無剛，此地之義也。」認爲萬物之間應該是一種互救、互配、互參的關係。進而說明乾卦上九爻辭之「亢龍」，大壯卦上六爻辭之「羝羊觸藩」，姤卦上九爻辭之「離角」，鼎卦九四爻辭之「鼎折足」，豐卦卦辭之「虛盈」，坤卦卦辭之「牝馬」，小畜卦卦辭之「密雲」，姤卦初六爻辭之「蹢躅」，漸卦九五爻辭之「孕婦」以及屯卦上六爻辭之「泣血」，都是陰陽、柔剛、靜動失衡所帶來的缺失，將《周易》體系中「化」的概念做了極佳的詮釋。「化」也就是變易的方式，說明萬物的生成是藉由不斷變化而來的，這種變化可歸結於二種不同勢力的消長，當此勢力取得平衡，即是完美狀態，至於過陰、過陽則代表有待改進的地方。所以，〈易之義〉言：「和之至也。」就是強化「和」的重要，提出面對事物的變化，應當盡量使對立面保持均勢，以防止事物向反面轉化，做到不偏不倚，無過無不及，以恰如其分地掌握宇宙的法則和規範。

　　〈易之義〉通篇最突出者便是剛柔合德，文武相濟，這些論點並非從爻象、爻位上去闡釋吉凶之由，也非純粹從人之德性來述說吉凶之因，乃是給予陰陽以普遍的意義而加以討論。此時，「陽」象徵宇宙萬物剛健不息的稟性，「陰」象徵萬物安定靜止的稟性。此種強調剛柔合德，文武相濟的理想與先秦儒家提倡之「中」很相像。如《禮記・中庸》言：「喜怒哀樂之未發，謂之中，發而皆中節，謂之和。中也者，天下之大本也。和也者，天下之達道也。致中和，天地位焉，萬物育焉」等是。觀〈彖傳〉、〈象傳〉、〈文言傳〉亦存有許多以「中」闡釋卦爻辭意義之敘述〔註38〕，然而〈易之義〉此處對剛柔互參的討論，不僅較通行本《易傳》明確、完整，同時擺脫爻位、爻象，直指剛柔與宇宙律動之關係，將《易經》思想提升至更爲普遍的哲學領域。

〔註38〕乾文言釋九四爻曰：「九四重剛而不中，上不在天，下不在田，中不在人，故或之。或之者，疑之也，故无咎。」〈彖傳〉釋需卦曰：「需，須也；險在前也，剛健而不陷，其義不困窮矣。需，有孚，光亨，貞吉，位乎天位，以正中也。利涉大川，往有功也。」〈象傳〉釋需卦九五爻曰：「酒食貞吉，以正中也。」

　　以剛柔兩類符號爲基本，組裝一個世界生成模式，其基本規律就是一陰一陽的對立統一，從而使萬物生生不已。〈易之義〉的作者抓住了這一根本問題，用剛柔兩類符號，將抽象的陰陽規律形象化，將一切事物的產生、變化與發展，都根置於陰陽之理，將對立的極端巧妙結合起來，在揭示各種規律的過程中，往往又結合人類社會生活的複雜現象加以分析、闡發，形成了一個以陰陽爲軸心的思維模式。當然，這種抽象符號，形式思維的特殊性，不可避免帶有主觀性，使得意象思維，也不可避免具有機械套用的消極作用。但意象思維，對人們鍛鍊思考，開闊視野，提高思辨能力，也有一定的意義和作用。

　　綜上所述，〈易之義〉中，陰陽範疇的廣泛提出，不僅揭示當時人們面對宇宙變動，世道盛衰之態度，更對日後人們之思維模式，有著啓迪效用。

第六章　〈易之義〉重德輕占說

　　〈易之義〉裡有「上卦九者，贊以德而占以義者也」、「□□无德而占，則易亦不當」與「疑德占之，則易可用矣」幾句話，出現於略同通行本〈繫辭傳下〉第七、八、九章之內容前後。從其文字敘述及結構分析，三處皆強調德重於占，這是它的思想特質之一。

　　何以在略同通行本〈繫辭傳下〉的文字中，〈易之義〉會出現這樣的敘述，而通行本〈繫辭傳下〉卻無？是否隱含〈易之義〉作者或編者之特殊思想取向？本章試圖由上述幾句話，來歸納「德」在〈易之義〉或帛書《易傳》之作者或編者心目中的份量，並探討帛書中有關占筮與德義之問題。

　　「德」字在通行本《易傳》中出現了一百多次，在帛書《易傳》裡亦有八十四次之多，包含了天德、地德、人德。本章將從於廣泛的道德涵義上，探索《易經》何以由卜筮用書，變成深具道德意涵的人生指南。至於天德、地德、人德之內容，則於第七章、第八章中論述。

第一節　卜筮之書

一、君子將有為而問焉

　　帛書〈繫辭〉曰：

　　　　極數知來之胃（謂）占。

　　又曰：

　　　　〔易有聖人之道四〕焉：以言〔者上亓辭〕，以動者上亓變，以

〔制器者上亓馬（象），以卜筮者〕上亓占。是故君子將有爲，將有
行者，問焉〔而以〕言。

即指明占卦的目的是爲了預測未知事件的發展動態。因此，當君子採取
行動前，必透過占卦以權衡之。此一敘述，同時也反映出占卜是〈繫辭〉時
代人們普遍的活動。〈易之義〉說：

〔昔者聖人之作易也，幽〕贊於神明而生占也，參天雨（兩）
地而義數也。

更是說明占卜行爲乃是「贊於神明」而得到的一種超越人間能力的幫助。
也就是說，占卜顯示的結果，等同於神明的旨意，而此活動的主要目的，是
爲了指導人們行事，以趨吉避凶，其過程則是透過祝、史、巫，將人的意思
上達於神靈，並將神的意識下達至人民。

二、溝通天地人之祝巫史

〈要〉曰：

我後亓祝卜矣。……贊而不達於數，則亓爲之巫，數而不達於
德，則亓爲之史。

此即提出史、巫的本質區別在於是否「達於數」。雖未進一步區分祝、巫、
史之異，但由《周禮》所述，他們皆是古代之神職或官職人員，掌理卜筮、
祭祀之事。據《周禮・春官・大宗伯》〔註1〕：

大宗伯之職，掌建邦之天神、人鬼、地祇之禮，以佐王建保邦
國。

《周禮・春官・小宗伯》〔註2〕亦曰：

小宗伯之職，掌建國之神位，右社稷，左宗廟。

又曰〔註3〕：

凡國之大事，先筮而後卜。

可見周朝的社會，仍瀰漫著祭祀、卜筮色彩，其中，大卜〔註4〕、龜人、

〔註1〕《周禮》，（台北：藝文印書館《十三經注疏》本，西元1960年1月），卷18，
頁270。本文援引《周禮》處皆依此版本。

〔註2〕同前註，卷19，頁290。

〔註3〕同前註，卷24，頁376。

〔註4〕《周禮・春官・大卜》曰：「大卜掌三兆：一曰玉兆，二曰瓦兆，三曰原兆。……
掌三易之法：一曰連山，二曰歸藏，三曰周易。」卷24，頁369～370。

華氏、占人〔註5〕、筮人〔註6〕、大祝〔註7〕、司巫〔註8〕、大史〔註9〕等都是
當時社會結構中專門溝通天、地、人、鬼之成員。

依《周禮》、《左傳》、《國語》等記載,古代占卜的方法主要有二種:一為
卜,一為筮。卜是採用龜之腹殼或獸之肩胛骨,先行鑽鑿,再用火灼,然後據
其裂紋以卜吉凶;筮則是利用蓍草或策來斷定事情的吉凶。另據《周禮・春官》:

　　凡卜筮、記事,則繫弊以比其命;歲終,則計其占之中否〔註10〕。

即是說明每次卜筮之後,大卜或筮人將所得之兆象和占斷之辭記錄下
來,收藏於府庫,至年終時,作一統計比較,並以其應驗率作為日後占筮的
參考憑據。此一說法,可於甲骨文上卜兆旁發現之占卜日期、貞卜者以及所
占之事,和以後結果之記錄,得到印證。所以,卜筮是當時人們決定事情的
重要依據,但並非唯一或絕對憑藉,因為占卜的結果,與事件的發展動態,
仍有不符的情況。換句話說,早期人類冀望藉由卜筮以預測未來的希望無法
全然實現,乃嘗試由統計數字去歸納應驗率較高之兆象和占辭,並行修正,
或透過各種管道,以尋覓其他更能預測及推知未來的門徑。

三、從卜筮到哲理之創造性轉化

至於卦、爻象之起源,甚至卦畫符號的形成,則有屈萬里提出的易卦起
源於龜卜〔註11〕以及張政烺〔註12〕、張立文〔註13〕提出之易卦源於數字卦。

〔註5〕　《周禮・春官》曰:「龜人掌六龜之屬。……華氏掌共燋契以待卜事。……占
　　　　人掌占龜,以八筮占八頌,以八卦占筮之八,故以知吉凶。」卷24,頁374
　　　　～375。

〔註6〕　《周禮・春官・筮人》曰:「筮人掌三易,以辨九筮之名。一曰連山,二曰歸
　　　　藏,三曰周易。九筮之名:一曰巫更,二曰巫咸,三曰巫式,四曰巫目,五
　　　　曰巫易,六曰巫比,七曰巫祠,八曰巫參,九曰巫環,以辨吉凶。」卷24,
　　　　頁376。

〔註7〕　《周禮・春官・大祝》曰:「大祝掌六祝之辭,以事鬼神示,祈福祥求永貞。」
　　　　卷25,頁383。

〔註8〕　《周禮・春官・司巫》曰:「司巫掌群巫之政令。若國大旱,則帥巫而舞雩。」
　　　　卷26,頁399。

〔註9〕　《周禮・春官・大史》曰:「大史掌建邦之六典,以逆邦國之治;掌法,以逆
　　　　官府之治,掌則,以逆都鄙之治。」卷26,頁401。

〔註10〕　《周禮・春官》卷24,頁375。

〔註11〕　屈萬里《易經源於龜卜考》,中國圖書館學會會報,(西元1966年12月),頁
　　　　13～14。

〔註12〕　張政烺〈帛書六十四卦跋〉,《文物》1984年第3期,(西元1984年3月),頁

他們結合考古資料以及歷來文獻，指出所謂的八卦、六十四卦是源於早期卜筮之符號，這些符號經過長期積累，日漸豐富，人們便開始作比較、排列、歸納、統計、概括而成今日所見的卦畫符號。此一說法，無疑打破了傳統上認為易卦符號源於太極，而後二儀、四象、八卦、六十四卦之倍數成長變化，而從出土器物上之卦畫刻痕，推論易卦符號原本是古人卜筮時，直接求得的六畫卦或三畫卦，再由這些不同的三畫卦、六畫卦逐漸概括而來，強化了易卦由卜筮而生，《易》經本是卜筮工具書之觀點。而《易經》中每以「吉」、「凶」、「无不利」、「有悔」、「有咎」、「無咎」、「咎」、「厲」、「吝」等之占斷辭來判定吉凶禍福，更直接標誌著早期的《易經》是因卜筮而起。

綜上所述，卜筮源於先民對未來的茫然和恐懼。依《周禮》記載，至少在周朝以前，卜筮與人民的生活息息相關，小至個人生活，大至國家決策，都離不開此一活動，故其政治體制，除了今日所謂的文武官員外，又形成一個以卜、筮人員為主之完善且特殊的社會結構。又有謂夏曰「連山」，商曰「歸藏」，周曰「周易」。即說明各朝代有其適用之卜筮工具書，夏、商、周三代分別是《連山》、《歸藏》、《周易》。不論是那一種本子，都是極重要的資料，皆在給予卜筮結果以合理的解釋，而為人們行事之指南。然據文獻及出土資料顯示，卜筮結果，與事情的發展並未全然相同，此一現象，是否成為先民於卜筮外，又另覓其他途徑，以求明瞭未來的動機？《易經》從卜筮到哲理化的創造性轉化，除了象徵著先民觀察、分析、思辨能力的日趨完善，是否亦隱含祖先另覓其他途徑以求知未來的歷程？其中，德義的提出，道德行為的重視，就成為極重要之一環。是故下文將先從《左傳》、《國語》等有關占、筮、德之相關記載進行分析，以說明占筮者本身之行為，即可左右事件未來的發展；然後再從〈易之義〉、〈要〉之敘述，探討重德輕占之思想取向。

第二節　以德代占

一、何以致吉凶

由《國語》、《左傳》之記載，可知春秋戰國時代，卜筮是人民普遍的習

9～14。

〔註13〕張立文《周易帛書今註今譯（上）》頁4～18。

慣，舉凡宴客飲酒〔註14〕、擇妻〔註15〕、嫁女〔註16〕、、立嗣〔註17〕、任職〔註18〕、征伐〔註19〕、渡河、復國〔註20〕等莫不藉卜或筮以抉疑避難。其中，亦有卜、筮二者合用的，如《左傳・僖公四年》記載晉獻公欲立驪姬爲夫人一事〔註21〕，又如《左傳・閔公二年》魯桓公爲成季卜、筮之事〔註22〕，還有僖公二十五年秦穆公於黃河邊上迎接周平王事等〔註23〕。不論是卜、筮分開使用，或是合併使用，這些結果，大都能爲卜問者解疑析惑。然有許多筮

〔註14〕　《左傳・莊公二十二年》記載陳公子完請桓公飲酒，至夜，桓公想點上燈火繼續飲酒作樂。陳公子完推辭說：「臣卜其晝，未卜其夜，不敢。」君子曰：「酒以成禮，不繼以淫，義也。以君成禮，弗納於淫，仁也。」參考《左傳》，（台北：藝文印書館《十三經注疏》本，西元1960年1月），春秋疏卷9，頁163。本文援引《左傳》處皆依此。

〔註15〕　《國語・公父文伯之母欲室文伯》曰：「老請守龜卜室之族。」。參考上海師範大學古籍整理組校點之《國語》，（台北：里仁書局，西元1981年12月），魯語下，頁210。本文援引《國語》處皆依此。

〔註16〕　《左傳・莊公二十二年》記載：「初，懿氏卜妻敬仲，其妻占之，曰：『吉，是謂鳳凰于飛，和鳴鏘鏘，有嬀之後，將育于姜，五世其昌，并于正卿，八世之後，莫之與京。』」春秋疏卷9，頁163。

〔註17〕　《國語・申生伐東山》曰：「寡人聞之，立太子之道三：身鈞以年，年同以愛，愛疑決之以卜筮。」晉語1，頁279。

〔註18〕　《左傳・僖公十五年》記載晉它公面對秦穆公之討伐，需決定車右人選時卜了一卦。春秋疏卷14，頁230。

〔註19〕　《國語・史蘇論獻公伐驪戎勝而不吉》晉語1，頁252～261。

〔註20〕　《國語・秦伯納重耳於晉》曰：「董因迎公於河，公問焉，曰：『吾其濟乎？』臣筮之，得泰之八。曰：『是謂天地配亨，小往大來。今及之矣，何不濟之有？』」《國語・重耳親筮得晉國》曰：「公子親筮之，曰：『尚有晉國。』得貞屯、悔豫，皆八也。筮史占之，皆曰：『不吉。閉而不通，爻無爲也。』司空季子曰：『吉。是在《周易》，皆利建侯。不有晉國，以輔王室，安能建侯？我命筮曰『尚有晉國』，筮告我曰『利建侯』，得國之務也，吉孰大焉！』」晉語4，頁365～367。

〔註21〕　《左傳・僖公四年》曰：「初，晉獻公欲以驪姬爲夫人，卜之不吉；筮之吉，公曰：『從筮。』卜人曰：『筮短龜長，不如從長。且繫繇曰，專之渝，攘公之羭，一薰一蕕，十年尚猶有臭，必不可。』弗聽，立之。」太子十二月戊申，縊于新城。姬遂譖二公子，曰：『皆知之。』重耳奔蒲，夷吾奔屈。春秋疏卷12，頁203～204。

〔註22〕　《左傳・閔公二年》曰：「成季之將生也，桓公使卜楚丘之父卜之。……又筮之。」春秋疏卷11，頁190。

〔註23〕　《左傳，僖公二十五年》記載：「秦伯師于河上，將納王。……使卜偃卜之，曰：『吉，遇黃帝戰天阪泉之兆。』……公曰：『筮之。』遇大有☰之睽☲，曰：『吉。遇公用享于天子之卦克而王饗，吉孰大焉？』」春秋疏卷16，頁262～263。

例，判斷吉凶的根據，不僅是卦爻辭，而且有卦爻辭以外的解說，這些卦爻辭之外的道理，就是示人何以爲吉，又何以致凶。如《國語‧單襄公論晉周將得晉國》就記載著

> 襄公有疾，召頃公而告之曰：「必善晉周，將得晉國。其行也文，能文則得天地。」……「且夫立無跛，正也；視無還，端也；聽無聳，成也；言無遠，慎也。夫正，德之道也；端，德之信也；成，德之終也；慎，德之守也。守終純固，道正事信，明令德矣。慎成端正，德之相也。爲晉休戚，不背本也。被文相德，非國何取！成公之歸也，吾聞晉之筮也，遇乾之否，曰：『配而不終，君三出焉。』一既往矣，後之不知，其次必此。且吾聞成公之生也，其母夢神規其臀以墨，曰：『使有晉國，三而畀驩之孫。』故名之曰『黑臀』，於今再矣。襄公曰驩，此其孫也。而令德孝恭，非此其誰？且其夢曰：『必驩之孫，實有晉國。』其卦曰：『必三取君於周。』其德又可以君國，三襲焉。」

此明晉襄公由晉周之品德，卜筮之結果，夢兆之跡象，推斷晉周將得晉國。雖言德、卦、夢三襲，但以德義居首。通篇用了極大篇幅，以敬、忠、信、仁、義、智、勇、教、孝、惠、讓來描述晉周之文德，又從其視、聽、言、行來說明其舉措合宜，暗示晉周爲君，雖有占筮、夢兆之根據，但其良好品德才是獲得君位之保證。又如《國語‧史蘇論獻公伐驪戎勝而不吉》曰：

> 獻公卜伐驪戎，史蘇占之，曰：「勝而不吉。」……公弗聽，遂伐驪戎，克之。獲驪姬以歸，有寵，立以爲夫人。……史蘇告大夫曰：「有男戎必有女戎。若晉以男戎勝戎，而戎亦必以女戎勝晉。」……「昔夏桀伐有施，有施人以妺喜女焉，妺喜有寵，於是乎與伊尹比而亡夏。殷辛伐有蘇，有蘇氏以妲己女焉，妲己有寵，於是乎與膠鬲比而亡殷。周幽王伐有褒，褒人以褒姒女焉，褒姒有寵，生伯服，於是乎與虢石甫比，逐太子宜臼，而立伯服。太子出奔申，申人、鄫人召西戎以伐周，周於是乎亡。今晉寡德而安倖女，又增其寵，雖當三季之王，不亦可乎？且其兆云：『挾以銜骨，齒牙爲猾。』我卜伐驪，龜往離散以應我，夫若是，賊之兆也。」……郭偃曰：「夫三季王之亡也宜。民之主也，縱惑不疚，肆侈不違，流志而行，無所不疚，是以及亡而不獲追鑒。……德義不行，禮義不則，棄人失

謀，天亦不贊。吾觀君夫人也，若爲亂，其猶隸農也。雖獲沃田而
勤易之，將不克饗，爲人而已。」士蔿曰：「誠莫如豫，豫而後給。
夫子誠之，抑二大夫之言其皆有焉。」

此則描述史蘇以所占之卦「勝而不吉」爲據，提出晉國將有女禍。郭偃
則由卜象以明人事，指出「德義不行，禮義不則，棄人失謀，天亦不贊。」
而預期驪姬意圖，勢難得逞。士蔿最後歸納二人言論，以爲「誠莫如豫，豫
而後給。」強調防患未然。可見在春秋戰國時代，占卜結果，已示人防微杜
漸之理，而隱含解憂之法在於施德行義。〈易之義〉曰：

> 子曰：「易之用也，段（殷）之无道，周之盛德也。恐以守功，
> 敬以承事，知以辟（避）患。」

此即以殷商覆亡與周朝興起之關鍵在德之有無爲旨。指出秉持戒愼之
心，謹敬承事，足能避患解憂。是以商以無道亡國，周以施德建邦。此種強
調德性修持之取向在〈易之義〉後文三次陳述履、謙、復、恒、損、益、困、
井、渙九卦中，再次得到證明。

《左傳・僖公十五年》記載：

> 秦伯伐晉。卜徒父筮之，吉。涉河，侯車敗，詰之。對曰：「乃
> 大吉也，三敗必獲晉君。其卦遇蠱䷑，曰：『千乘三去，三去之餘，
> 獲其雄狐。』夫狐蠱，必其君也。」……（惠公）使韓簡視師，復
> 曰：「師少於我，鬥士倍我。」公（惠公）曰：「何故？」對曰：「出
> 因其資，入用其寵，饑食其粟，三施而無報，是以來也。今又擊之，
> 我怠秦奮，倍猶未也。」……初，晉獻公筮嫁伯姬於秦，遇歸妹䷵之
> 睽䷥。史蘇占之曰：「不吉。其繇曰：『士刲羊，亦無衁也。女承筐，
> 亦無貺也。西鄰責，不可償也。』歸妹之睽，猶無相也。」……及
> 惠公在秦，曰：「先君若從史蘇之占，吾不及此夫。」韓簡侍，曰：
> 「龜，象也；筮，數也；物生而後有象，象而後有滋，滋而後有數，
> 先君之敗德，及可數乎！史蘇是占，勿從何益！詩曰：『下民之孽，
> 匪降自天，僔沓背憎，職競由人。』」

此則記敘當初晉獻公欲將伯姬嫁給秦國時，史蘇占了一卦，得歸妹之睽，
史蘇推斷不吉，並且預言，此卦不利於作戰，作戰必敗，且將「姪從其姑」，
最後逃歸回國。若干年以後，晉惠公果然因背信忘義，在與秦國作戰中被俘，
此即「姪從其姑。」晉它公最後嘆道，獻公若聽從史蘇占筮，便不會至此。

韓簡在旁說道，先君的德行敗壞，與占筮有什麼相干，就是不聽從史蘇的占筮，也影響不了作俘虜的命運。

上述敘述可從兩段歷史事件來看：一為晉獻公敗德，致使子孫陷入親人相殘之悲哀；一為晉惠公背信忘義，是以蒙受為俘之辱。二處固與卜筮有關，然其要旨，歸本德義。一處指出，龜卜、筮數之占以凶，乃源於獻公之敗德，說明禍福由人，不在龜筮；一處說明惠公三蒙秦恩，不但未予報答，還背信忘義，是以致凶。二者都隱含卜筮結果之吉凶有其徵兆：占以吉者多因德厚，占以凶者源於喪德。可見以德之有無，作為吉凶之判準，淵源已久。此外，《左傳‧僖公十九年》衛人伐邢，欲報菟圃之役一事，出兵前，卻臨大旱，卜之又不吉，寧莊子便說：

> 昔周饑，克殷而年豐，今邢方無道，諸侯無伯，天其或者欲使衛討邢乎？

結果，軍隊如期動員，而衛逢甘霖。是以卜之雖不吉，然以有道討伐無道，以有德取代無德，天亦助之，因此，事件之吉凶，絕非卜筮所能完全決定，事情的成功與否，不在占筮，而是自己的德性。換句話說，卜筮有其心理層面之需要，但德性的修持，卻足以化凶為吉，轉危為安。又《左傳‧昭公十二年》記載南蒯將叛一事說：

> 南蒯之將叛也，其鄉人或知之，過之而歎且言曰：「恤恤乎，湫乎攸乎，深思而淺謀，邇身而遠志，家臣而君圖，有人矣哉！」南蒯枚筮之，遇坤☷☷之比☵☷，曰：「黃裳元吉。」以為大吉也。示子服惠伯曰：「即欲有事，何如？」惠伯曰：「吾嘗學此矣，忠信之事則可？不然必敗。外彊內溫，忠也。和以率貞，信也。故曰：『黃裳元吉。』黃，中色也。裳，下之飾也。元，善之長也。中不忠，不得其色。下不共，不得其飾。事不善，不得其極。外內倡和為忠。率事以信為共。供養之德為善。非此三者，弗當。且夫易不可以占險，將何事也？且可飾乎？中美能黃，上美為元，下美為裳，參成可筮，猶有闕也，筮雖吉，未也。」

此則記錄魯國季氏的家臣南蒯要叛季氏，算了一卦，得《坤》之《比》。坤六五爻辭為「黃裳，元吉」。他為此請教子服惠伯。惠伯說，我學過這卦：忠信之類的事情，筮得這一卦為吉；不然的話，一定會遭致失敗。況且易卦不可用來占卜行險，以求僥倖，所以，雖然筮得了吉的卦象，但實際上，卻

得不到吉的結果。以此申明不忠、不信、不善，不符合道德綱常之事，即使卜之爲吉，結果亦凶。由此可知，卜凶的可以變吉，卜吉的也可以變凶。在這種情況下，決定吉凶的就不是卦爻象、卦爻辭，甚至不是《易傳》的解說，而是自己的德行。帛書本〈繫辭〉曰：

> 君子居則觀亓馬（象）而妘（玩）亓辤（辭），動則觀亓變而訰（玩）亓占，是以『自天右（佑）之，吉无不利』也。

即指明君子平日審視每卦六爻剛柔、進退、得失、憂虞之象，並仔細玩味吉凶悔吝之辭，深明其所以然之理，行動時，則透過占卦，觀察六爻剛柔變化，以決定如何趨吉避凶。故君子行事順遂，乃由平素積累而來，非單由占卦之吉凶結果所致。也就是說，假若占得一卦，本是大吉，自己的德行，與卦爻辭的要求卻不相稱，那麼，就是占得吉卦，其結果也可能是凶。反之，假若占得的卦爲凶，但自己的德行卻可以超越它，那麼，即使是凶卦也會變爲吉祥，可見德性修養之重要。

二、德行勝於神明

當然，若追溯卜、筮之發展過程，可以發現，先民一開始，僅僅要求知道吉凶，後來才要求知道爲什麼吉凶？當知道了爲什麼是吉凶之後，又逐漸明白，吉凶眞正決定者，是自己的德行，而不是卦爻所表示的神的意旨。王夫之《船山易學・周易大象解》自序云：

> 天下無窮之變，陰陽雜用之幾，察乎至小至險至逆，而皆天道之所必察，苟精其義，窮其理，但爲一陰一陽所繼而成象者，君子無不可用之，以爲靜存動察、修己治人、撥亂反正之道。故否而可以儉德辟難，剝而可以厚下安宅，歸妹而可以永終知敝，姤而可以施命誥四方，略其德之凶危，而反諸誠之通。復則統天、地、雷、風、電、木、水、火、日、月、山、澤已成之法象，而體其各得之常。……而隨時處中，天無不可學，物無不可用，事無不可爲，是以上達，則聖人耳順從心之德也。故子曰：五十以學易，可以無大過矣。

說明了易學雖隨卜、筮而興起，但人之吉凶禍福，與卜筮結果並無絕對關係，他強調只要平日學習各種做人的原則與方法，就不必等到問題發生，才用竹筮決疑，此即以德代占之意。

三、知變守常之解患原則

古人看到宇宙氣化反復不定，有盛有衰，領悟到人世亦然，故作易以窮其變。〈繫辭〉曰：「冬（終）則變，迵（通）則久。」便是說明窮盡而知權變，則盈滿即可長久。是以天之生物，寒往則暑來，暑往則寒來，寒暑相報，萬物以成；聖人治世，寬則濟以猛，猛則濟以寬，德威相濟，則盛世不斷。

先民由一定的觀點出發，推論出宇宙間萬事萬物的變化無以數計，更瞭解到其間的變化，不只是量變，且是質變，不僅是外化，且是內化。牟宗三言：

> 變之所以為變，及其所以難以數計者，全在這種內外質量之交互之歧異之駁雜而不一致齊同，既合且散，既多且一，既屈且伸，既外且內。其形體本躁，然而他偏喜歡靜，其性質本柔，然而他偏愛剛。這就叫『體與情反，質與願違。』〔註24〕

可見變所涵攝的範圍極為廣大。而易道之所以主變，便是提示人們如何在變動不居的宇宙中，以簡馭繁，並從中找出一個應變法則，庶幾可以化險為夷，轉危為安，而暢達亨通，諸事順遂。因此，《易經》的「易」，一名而含易簡、變易、不易之義，所指的就是這個道理。〈易之義〉言：

> 易之為書也，難前，為道就遷。□□□鑪（動）而不居，周流六虛，上下无常，剛柔相易也，不可為典要，唯變所次（適），出入又（有）度，外內皆瞿（懼），又知患故，无又（有）師保而親若父母。印（初）銜（率）亓辭（辭），樛度亓方，无又（有）典尚，后非亓人，則道不〔虛行〕。□□无德而占，則易亦不當。

此說明《易經》可以作為指導人們，讓行為舉止合於禮法的指南，並於顯隱之際，告知解憂防患之方，最後歸本於道德涵養，認為德性之有無，為占筮結果得當與否之關鍵。潘夢旗謂：「易雖不可為典要，而其出入往來皆有法度，而非妄動也，故卦之外內，皆足以使人知懼。」〔註25〕更是申明易理之能出入有度，內外知懼，乃是源於深明憂患之環境，並明瞭發生原因，從而體悟上下左右、屈伸進退變化之趨向，隨時變易以從道，故能於變中識常，由常以應變，也就能日新又新，生生不息。

〔註24〕牟宗三《周易的自然哲學與道德涵義》，（台北：文津出版社，西元 1998 年 8 月），頁 107。

〔註25〕李光地《周易折中》引潘夢旗語。（台北：眞善美出版社，西元 1971 年 6 月），頁 1083。

大氣層內，氧氣因生物之吸取越見越少，然而透過植物的光合作用，放出大量氧氣，又得以補足耗去之氧量。是以宇宙的變化有其規律性和循環性，是周而復始，由變與不變，動發與靜止等要素交織而成。將此一變化之理，用於人事，則強調守其律則、戒慎變通。吉與凶重在人之得失，得為吉，失為凶。唯有遵循常道，時刻警惕，才能趨吉避凶，也唯有涵養品德，方能維持康泰於不墜，更唯有具備戒慎之心，才能產生變通的動力。吉與凶都會變化，吉會變凶，凶也會變吉。能夠合德通變，就能逢凶化吉，化頹勢為優勢，人要持德修身，知機達變，體悟宇宙律動中變易與常德相互為用之理，才能轉危機為良機，而左右逢源，獲得吉利。

總之，《周易》的判斷占術語，總是因時、因地、因事、因人而異。這也說明，時間、處所、事件、人物都是決定成敗得失、吉凶禍福的因素。時間的推移，處所的轉換，以及相關事物的特性等，都有其客觀的情勢演變，往往不是當事人主觀的意願所能左右的。而吉凶的改變，關鍵往往就在於用易者的主觀狀態，也就是因時而變與有德與否，這一思想，無形中提昇了人的價值。

第三節　〈易之義〉與〈要〉之思想取向

在帛書易傳中，〈繫辭〉、〈易之義〉與〈要〉都曾言及占筮對於先民生活的重要，〈易之義〉與〈要〉更於占筮外，又強調德性的修養，透顯出在原始宗教中以天神崇拜及祖宗追念為核心的巫史文化，已逐漸衰落，尊崇理性和人文的文治教化，逐漸居於主導地位。所以，下文將從〈易之義〉及〈要〉之內容著手，試圖歸納帛書《易傳》所屬時代，重德輕占之思想取向。

一、德占相配

〈易之義〉云：

〔昔者聖人之作易也，幽〕贊於神明生占也，參天兩（兩）地而義數也，觀變於陰陽而立卦也。

又云：

上卦九者，贊以德而占以義者也。……□□无德而占，則易亦不當。……□□□□□□□占，危哉！□□不當，疑德占之，則易可用矣。

由上文所述，可以嗅出〈易之義〉關於占卜觀念的轉化。首先，〈易之義〉
先予「占」極大評價，歌頌「占」是「贊於神明」而來，並說明「占」、「數」、
「卦」與聖人作易的密切關係，但至最後，則分三次陳述占須配以德才能合
宜、適當、可用。明顯的，此已將德、占併入同一範疇進行討論。然此處只
強調德、占合用，並未進一步區分二者。換句話說，〈易之義〉的敘述方式是
以「占」為主，討論卜筮結果的可靠性乃在於「德」之進用與否，仍以「德」
為附從角色，尚未與「占」同居平行地位。此一手法，與〈易之義〉先前頌
揚卜筮的態度一致。至於「德」與「占」的平行論述，甚至將「德」之地位
抬高至「占」之上，則見於〈要〉。〈要〉云：

> 無德則不能知易。

又云：

> 我觀亓德義耳也。幽贊而達乎數，明數而達乎德。……贊而不
> 達於數，則亓為之巫；數而不達於德，則亓為之史。……吾求亓德
> 而已，……君子德性焉求福，故祭祀而寡也；仁義焉求吉，故卜筮
> 而希也。祝巫卜筮亓後乎？

在此則敘述中，〈要〉先言「知易」的關鍵在於德性之有無，把「德」之
地位明顯抬高。後文之「觀亓德義」、「求亓德」，則把「幽贊」與「數」之占
卜功夫排在次要角色。最後之「祭祀而寡」、「卜筮而希」，更將原始祭祀求福、
卜筮以求吉之觀點徹底打破，將人生的禍福吉凶，與祭祀、卜筮分開，以仁
義、德性取而代之。至此，德性於人生之效用，已由附屬地位躍居主要角色；
卜筮則由以往之主角，慢慢淡出歷史與人生舞台。

二、〈易之義〉之易道與〈要〉之人情社會

另〈要〉有一段話與〈易之義〉之敘述相近，二篇可互為補充、比較，
茲列於下：

〈易之義〉曰：

> 是故位（立）天之道曰陰與陽，位（立）地之道曰柔與剛，位
> （立）人之道曰仁與義。……天地定立（位），〔山澤通氣〕，火水相
> 射，雷風相榑（薄），八卦相厝（錯）。數往者順，知來者逆。

〈要〉曰：

> 故易又（有）天道焉，而不可以日月生（星）辰盡稱也，故為

之以陰陽；又（有）地道焉，不可以水火金土木盡稱也，故律之以
柔剛；又（有）人道焉，不可以父子君臣夫婦先後盡稱也，故爲之
以上下，又（有）四時之變焉，不可以萬勿（物）盡稱也，故爲之
以八卦。

此二篇之異同，表列如下：

	天道	地道	人道	四時之變
〈易之義〉	陰、陽	柔、剛	仁、義	
〈要〉	陰、陽（日月星辰……）	柔、剛（水火金土木……）	上、下（父子君臣夫婦先後……）	八卦（萬物……）

　　由上表可知，〈易之義〉與〈要〉同以陰陽、柔剛爲天道、地道之本質。
〈要〉則更進一步對天道、地道之內涵作了舉例，說明何以要用「陰陽」、「柔
剛」來涵蓋日、月、星、辰、水、火、金、土、木等。在論及人道時，〈易之
義〉是由仁義來說人道，〈要〉則從社會方面，以「上下」的性質提出「父子、
君臣、夫婦、先後」等關係。換句話說，〈易之義〉乃以「仁與義」或「理於
義」來形容「人道」的成分。〈要〉則改仁義爲上下，表現出人與人間，應對
進退關係之強調與重視。總之，〈易之義〉重視「易道」中的理論，〈要〉則
主張將理論落實於人情社會。至於四時之變，〈易之義〉雖未直接言及，然其
「天地定位」八句，實已說明八卦之內涵，並透過「相錯」、「數往」、「知來」
以表示〈要〉所述之「四時之變」以及「萬物」等時間、空間概念。

　　從〈易之義〉與〈要〉之參照論述，可知天道以日、月、星、辰等爲內
容，其本質是陰、陽；地道以水、火、金、土、木爲內容，其本質是柔、剛；
人道以父子、君臣、夫婦、先後爲內容，其本質是仁義、上下；宇宙四時之
變化以萬物爲內容，其本質爲八卦。

　　綜上所述，從「占」以「作易」，到「德」以「知易」；從「幽贊」到「數」，
進而到「德」；再從陰、陽到日、月、星、辰；從柔剛到水、火、金、土、
木；從仁義到父子、君臣、夫婦、先後；從八卦到萬物。〈易之義〉與〈要〉
顯現了某些思想理路上的相承關係，此兩篇對「德」之看法，亦表示了相同
的傾向。

　　下文將分別就〈易之義〉與〈要〉言及之「德」、「占」命題加以詳釋。

三、從〈易之義〉之「易亦不當」到〈要〉所謂孔子之非「史巫之筮」

〈易之義〉第三十四行至第四十五行，即該篇後四分之一篇幅所述內容，與通行本〈繫辭傳〉第六、七、八、九章略同。然〈易之義〉述及這部分內容時，以「德」字配以「占」字就出現三次，而這三次在今通行本〈繫辭傳下〉皆未述及。此三次分別爲：陳述九卦前之「上卦九者，贊以德而占以義者也」和說明《周易》卦爻同時兼具變與常特質後之「□□德而占，則易亦不當。」以及總括《周易》初、上、中爻特質之「□□不當，疑德占之，則易可用矣。」三處。廖名春〔註 26〕曾針對「□□无德而占，則易亦不當。」句指出這是「〈易之義〉作者增改〈繫辭〉文之例。」廖氏認爲今日所見之〈繫辭傳〉早於〈易之義〉成書時間，並指出〈易之義〉後半略同〈繫辭傳〉之文句，若有增刪是〈易之義〉作者改動〈繫辭傳〉原文的結果。王葆玹〔註 27〕則由〈易之義〉及〈要〉之結構分析，認爲〈易之義〉是較早的本子。姑且不論成書早晚這一課題，〈易之義〉於行文中三次放入「德」、「占」命題，強調占卜行爲中，「德」有其重要性，足見道德在該篇作者心目中佔有相當份量。

復次，〈易之義〉中「易之用也，段（殷）之無道，周之盛德也」這段話，則從「《易》之用」的範圍，表達占卜行爲與「德」的重要關係，此與上述「無德而占，則易不當」和「疑德占之，則易可用矣」的意思接近。二者的不同，只是此處提出殷代轉移到周代的歷史經驗，以證明朝代之盛衰，與善不善用《易》有較直接的關係，卜筮行爲反是其次。即指明善用易者有德，不善用易者無道。這種觀點，同於〈要〉篇對「德行亡」的負面批評。〈要〉云：

> 夫子老而好易，居則在席，行則在囊，子贛（貢）曰：「夫子它日教此弟子曰：『德行亡者，神需（靈）之趨；知（智）謀遠者，卜筮之繁。』賜以此爲然矣。以此言取之，賜緡行之爲也。夫子何以老而好之乎？」夫子曰：「……尚書多於（缺）矣。周易未失也，且又（有）古之遺言焉。予非安亓用也。……夫子今不安亓用而樂亓辤（辭），則是用倚於人也，而可乎？」子曰：「夫易，剛者使知瞿（懼），

〔註 26〕〈帛書《易之義》簡說〉，《道家文化研究》第三輯，頁 199。

〔註 27〕王葆玹〈帛書《要》與《易之義》的撰作時代及其與《繫辭》的關係〉，陳鼓應主編之《道家文化研究》第六輯，（上海古籍出版社出版，西元 1995 年 6 月），頁 360～363。

柔者使知剛，愚人爲而不忘，僣人爲而去詐（詐）。文王仁，不得亓
志，以成亓慮。紂乃无道，文王作，諱而辟咎，然後易始興也。予
樂亓知之□□□之□□□予何□□事紂乎？」子贛（貢）曰：「夫子
亦信亓筮乎？」子曰：「吾百占而七十當，唯周梁山之占也，亦必從
亓多者而已矣。」子曰：「易，我後亓祝卜矣！我觀亓德義耳也。幽
贊而達乎數，明數而達乎德，又仁〔守〕者而義行之耳。贊而不達
於數，則亓爲之巫；數而不達於德，則亓爲之史。史巫之筮，鄉之
而未也，好之而非也。後世之士疑丘者，或以易乎？吾求亓德而已，
吾與史巫同涂（塗）而殊歸者也。君子德行焉求福，故祭祀而寡也；
仁義焉求吉，故卜筮而希也。祝巫卜筮亓後乎？」

　這一段敘述孔子晚年對《周易》的執著追求，說明他與史巫雖都治《易》
然而，指歸卻不同：巫知用不知數，史知數不知德，他則「觀亓德義」，主張
「德性焉求福」、「仁義焉求吉」，而反對祭祀求福，卜筮求吉。其中，「吾求
亓德而已」之「而已」，更表明孔子不涉筮數的明顯態度。

　〈要〉是帛書六篇《易傳》中，唯一可以見到用「敘述口吻」描述生活
或「現實歷史」的篇章。〈要〉中「紀錄」了孔子與學生的會話，孔子的部分
人生觀點，乃至於孔子對《易》的態度，對「德」的看法，以及兩者之關聯。
由這種「敘述眞實」的口氣，可以表現出〈要〉的作者是從儒家的角度來論
述《易》的道理，而且還暗指這套道理與君子的生活有關。孔子則將「道德
行爲」與占卜行爲看成是兩個不盡相合的觀念，他曾勸學生不要被神祕的事
情迷惑。故言：「德行亡者，神靈（靈）之趨；知（智）謀遠者，卜筮之繁。」
顯然，他將卜筮看成是一種應該避免的事，指出缺乏德行的人，才向神靈尋
求啓示；缺少智謀的人，才由卜筮窺知吉凶禍福。顯而易見，孔子早期教導
學生的關鍵在於不違背德義。

　此外，孔子在答覆子貢何以老而好易時，提到學《易》是因爲《周易》
「有古之遺言」，至於目的則爲「樂亓辤」而非「安亓用」。此處所謂「用」，
指藉卜筮以知吉凶禍福；所謂「樂亓辤」，意同〈繫辭〉所言之「君子居則
觀亓馬（象）而妧（玩）亓辤。」意指藉由玩味卦、爻辭所含之義理，以提
高人的修養。因此，孔子後來雖亦研《易》，然其旨歸，不在占筮，而是藉
由《易》所顯示之道德來涵養品德，此與孔子早期教導學生注重道德的心志，
是相同的。

在〈要〉中提到君子不重視神秘方法，尤其不用《易》來卜筮的態度非常明顯。〈要〉云：

> 明君不時不宿，不日不月，不卜不筮，而知吉與凶，順於天地之心，此胃（謂）易道。

此與前言「德行亡者，神靁（靈）之趨；知（智）謀遠者，卜筮之繫」有一致的歸向，都強調有修為的君子，不靠卜筮，即可明瞭人之吉凶變化。既著重在「德行」、「知謀」，也重視「順於天地之心」，即謂與天地合德。此說同於〈文言傳〉所述之「夫大人者，與天地合其德，與日月合其明，與四時合其序，與鬼神合其吉凶。先天而天弗違，后天而奉天時。」也同於〈易之義〉所言之「陰陽合德而剛柔有體（禮），以體（禮）天地之化，而達神明之德。」由此可知，易傳中的德性修持，以能合天同地為最高指標。

總之，〈要〉與〈易之義〉重視德義的態度及切入點幾乎是相同的，皆認為卜筮者亦須重視道德修養，卜筮不可離開德義獨存，但具備道德者，卻可不藉由卜筮而得到平安、吉祥。此種靠著自我修持而臻吉祥的認知，與藉由向天祈福而保平安的信仰，有基本差異。是以人的地位逐漸提升，人已可憑著自己的力量達到生活平安的基本需求，這在思想上是一大躍進，也是人文精神的發揚。

四、《論語》、《荀子》所謂「不占」

〈易之義〉與〈要〉中，重德輕占之論點在《論語》、《荀子》裡亦有類似記載。《論語·子路》言：

> 子曰：『南人有言曰：人而無恒，不可以作巫醫。善夫！不恒其德，或承之羞。』
>
> 子曰：『不占而已矣！』

雖然在《論語》中找不到孔子對「不占而已矣」的進一步解釋，可是編《論語》的弟子把這兩段話放在一起，可見這個「不占」和前段話的「恒」字是有關係的。「不恒其德，或承之羞」是恒卦九三爻辭，意指不能堅守德性，便會有恥辱。而孔子的「不占」，旨在說明一個人如能堅守德性，也就不需要占卜了。此一論點在《荀子·大略》中充分顯現。《荀子·大略》言：

> 以賢易不肖，不待卜而後知吉；以治伐亂，不待戰而後知克。

又言：

善爲《易》者不占。

說明事物的發展狀況可由平日的作爲加以得知，國家如此，個人的操守亦然，一個人若不能堅守德性，即使占卜也沒有什麼用處；若能堅守德性，則可事事吉祥、順遂。可見〈易之義〉與〈要〉中有關重德輕占之思想，前有所承。《左傳》、《國語》中之筮例已有顯著趨向，《論語‧子路》之「不占而已矣」以及《荀子‧大略》之「善爲《易》者不占」尤其明顯，都是認爲人事的吉凶，固然可以根據《周易》加以推測，但最終仍要取決於人自己的行爲，特別是人的道德行爲。強調人爲的努力，在一定程度上彰顯了人的價值。

小　結

《易經》本爲卜筮用書，然作爲解經之帛書《易傳》僅有〈易之義〉、〈繫辭〉、〈要〉三篇述及占與德之關係，其餘各篇則對德大加闡發：有言及君王治國之道者，亦有言及君子修身之方者，更有由歷史故事以申說有德與無德所至之不同結果者。可以說帛書《易傳》對「德」之重視見於各篇，而「占」之提及，除了說明占筮本爲先民生活之部分外，多出現於「占」與「德」之較論中，更於比較論述之過程，突顯人世禍福源於德義之有無而非占卜結果之吉凶，隱涵禍福由人不由天，持德修身，方能避禍迎福。

總之，早期由祝、史、巫主導所形成之政教合一社會結構，源於先民對未來的恐懼，以及生命無常所衍生之不確定性和不安全感。因此，將人事上所發生的一切，托附於上天的意志，並透過祝、史、巫以通曉上天旨意。《易經》即是此種時代氛圍下的產物，其中之卦、爻辭也就成爲指導先民趨吉避凶的準繩之一。可以說，《易經》源於憂患意識，德義之轉化，則來自先民體悟世道無常，唯有涵養自我之道德，才能於無常中覓出足以保泰持盈之定則。

第七章　〈易之義〉的宇宙觀

第一節　〈易之義〉的天地定位

　　〈易之義〉抄本第十五行末有一段話說：「天地定立，〔山澤通氣〕，火水相射，雷風相榑，八卦相厝（錯）。數往者順，知來者逆，故易達數也。」相較於今本〈說卦傳〉第三章相仿的部分。兩者除了「立」與「位」，「榑」與「薄」，「達」與「逆」三組字形上的差異外，另有二處明顯不同。就字句前後順序視之，今本「雷風相薄」在「水火不相射」之前，而帛書本則在「火水相射」之後；就句意觀之，今本爲「水火不相射」，帛書本是「火水相射」，一言「水火」，一言「火水」，一言「不相射」，一言「相射」，此種從文字到內容上的不同，自釋文公布以來引起學者廣泛討論。

一、字形方面：

　　〈易之義〉將〈說卦傳〉中的「位」字寫成「立」字，黃沛榮〔註1〕、廖名春〔註2〕等學者皆認爲「天地定立」中的「立」字通「位」字，蓋「立」爲初文，「位」爲後起字。「雷風相榑」之「榑」字，黃沛榮〔註3〕、廖名春〔註4〕等也同意「榑」字通「薄」字，因此，「位」、「立」、「薄」、「榑」的不同，只

〔註1〕　〈周易卦序探微〉《台大中文學報》創刊號，頁340。
〔註2〕　〈說卦證〉《中國文哲研究通訊》第六卷第三期，（中央研究院文哲研究所），頁142。
〔註3〕　〈周易卦序探微〉《台大中文學報》創刊號，頁342。
〔註4〕　《帛書《易傳》初探》，（台北文史哲出版社，西元1998年11月），頁113。

是古今文字書寫方式的差別，並未對句意造成影響。另〈說卦傳〉言：「故易逆數也。」說明易的主要功用是根據歷史法則推測未來的情況，然而未來往往必須透過歷史往事去實現，換句話說，以往事爲借鑒，從中引出經驗教訓作爲指導未來行爲的準則，這便是所謂的順往、知來。由於《易》本卜筮之書，故更強調推知未來的效用，因此，〈說卦傳〉言「故易逆數也」，當是此理。然而，依照《馬王堆漢墓帛書竹簡》〔註5〕所示，「逆」字的寫法爲「**徒**」，「達」字的寫法爲「**徐**」，二者在字形上相當接近，是否爲辨識過程中形成的差誤？抑是抄手之失？或是本字應是「達」字？都仍需更進一步的考證資料以爲斷定。

二、內容方面

帛書經文歷時二千一百多年，絹帛黏連，文字辨認不易，加上殘片散落，故原文的拼綴煞費工夫。廖名春《帛書《易傳》初探》曾對「天地定立，〔山澤通氣〕，火水相射，雷風相樓」四句的拼接過程作以下描述：

> 據筆者目驗，帛書原件中這一段話原只殘存「天地定立（位）」一句，「火水相射」和「雷風相樓」四字在帛書殘片上與「八卦相」三字連在一起，而這殘片的「雷」字前有一殘存的筆劃，應該是「火水相射」句「射」字的一部分〔註6〕。

透過上述說明，可知帛書「天地定立」四句的前後順序應如今日所見之各釋文當無疑議，唯「山澤通氣」句，由於殘片至今仍未找到，故先依照今本補入，然而當補入「澤山」或「山澤」，則有賴進一步資料出現。

針對〈說卦傳〉與〈易之義〉對「天地定立」四句的不同敘述，歷來學者作了相當多探討。茲列於下：

1、張政烺〈帛書六十四卦跋〉：

> 帛書本有兩個優點。一、"水火不相射"无不字，是也。二、水火在山澤之后，雷風之前，這一點很重要，和我們畫的八卦方位圓圖相合〔註7〕。

〔註5〕 李正光編（湖南：湖南美術出版社，西元1995年8月）頁206、209。

〔註6〕 《帛書《易傳》初探》，頁115。

〔註7〕 張政烺〈帛書六十四卦跋〉，《文物》1984年第3期，（西元1984年3月），頁9～14。

2、于豪亮〈帛書周易〉：

　　　帛書《繫辭》有這樣四句話"天地定立（位），〔山澤通氣〕，火
　　水相射，雷風相榑（薄）。"……我們以帛書的四句作為排列的依據，
　　只把"火水"改為"水火"，再根據傳統的乾為天，坤為地，艮為
　　山，兌為澤，坎為水，離為火，震為雷，巽為風的說法，就可把八
　　個卦作如下排列。

（乾）
鍵

（艮）根　　　　　　　筭（巽）

（坎）贛　　　　　　　羅（離）

（震）辰　　　　　　　奪（兌）

（川）
坤

　　　如上圖所示，從鍵（乾）起，從左至右的次序是：鍵（乾）、根
　　（艮）、贛（坎）、辰（震）、川（坤）、奪（兌）、羅（離）、筭（巽）。
　　這是上卦排列的次序。對角的兩卦相連，然后再從左至右，其次序
　　是鍵（乾）、川（坤）、根（艮）、奪（兌）、贛（坎）、羅（離）、辰
　　（震）、筭（巽）。這是下卦排列的次序〔註8〕。

3、黃沛榮〈論馬王堆帛書易經之卦序〉：

　　　天地定立（位），□□□□，火水相射，雷風相榑（薄），所缺
　　之字，根據今本說卦傳，當補「山澤通氣」。……說卦「水火不相射」，
　　帛書本作「火水相射」，少一「不」字，句式更見整齊，且〔定位〕、
　　〔通氣〕、〔相薄〕云云，皆肯定二卦之相關性，若此句獨作「不」
　　相射，其文例似與他句扞格也。「雷風相薄」一句，今本居於第三，
　　帛書本則在「火水相射」之後，此點至為重要。

　　又云：

　　　于豪亮氏「帛書周易」一文……甚中肯綮。

〔註 8〕于豪亮〈帛書周易〉，《文物》1984 年第 3 期，（西元 1984 年 3 月），頁 15～
　　　24。

再云：

乾卦三陽，乃純陽之象，故爲父；坤卦三陰，乃純陰之象，故爲母。其他六卦則由下逆數，初爲長，二爲中，三爲少；至男女之別，則以陽卦爲男，陰卦爲女。繫辭下傳第四章云……若持此父母六子之說配合帛書六十四卦上卦排列之次序，即可畫爲甲圖，若據說卦原有之次序，則如乙圖：

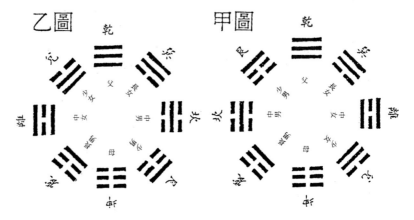

二者之優劣，粲然可睹。足見帛書易經之上下卦組合原理自有其價值所在，亦可見帛書六十四卦與帛書繫辭傳頗有關聯〔註9〕。

4、劉大鈞〈帛《易》初探〉：

帛書八卦相重之法，是依據帛本《繫辭》中這樣四句話，"天地定立（位），〔山澤通氣〕，火水相射，雷風相榑（薄）"。這四句話估計起源較古，……這些不同，絕不會是一般文字上的錯簡，而是道出了兩種截然不同的八卦成列系統〔註10〕。

5、周立昇〈帛《易》六十四卦芻議〉在認同于豪亮〈帛書周易〉一文說法的基礎上指出：

這四句話至爲重要，它實際是帛《易》六十四卦排列次序的依據，也是帛《易》由八卦重爲六十四卦的依據〔註11〕。

〔註9〕 黃沛榮〈論馬王堆帛書易經之卦序〉《中國書目季刊》第18卷第4期，（西元1985年3月），頁139～149。

〔註10〕〈帛《易》初探〉，《文史哲》1985年第4期，（西元1985年7月），頁53～60。

〔註11〕〈帛《易》六十四卦芻議〉，《文史哲》1986年第4期，（西元1986年7月），頁25～30。

6、廖名春〈論帛書《易傳》與帛書《易經》的關係〉：

> 當年參加馬王堆帛書整理小組的一些前輩學者，他們都認爲帛
> 書《易經》的卦序與帛書《易傳》是有關係的。如于豪亮先生。……
> 這種關于帛書《易傳》和帛書《易經》關係的認識，筆者以前也是
> 深信不疑的，但是，通過對帛書《易傳》諸篇內容的深入考察，……
> 筆者認爲：帛書《易傳》諸篇所本之經，決非帛書《易經》〔註12〕。

廖氏於〈帛書《衷》與先天卦位的起源〉一文中進一步指出：

> 于豪亮先生等爲了使帛書「天地定立」段與帛經之序相合，又
> 據今本《說卦》，將帛書的「火水」改爲「水火」，將帛書所缺一句
> 補爲今本的「山澤通氣」。這種作法是值得商榷的，……帛書《衷》
> 「天地定立」段卦位圖、帛書《易經》卦序圖、歸藏初經卦位圖，《元
> 包》卦位圖，京房圭宮圖這五者來看，只有帛書《衷》卦位圖全同
> 於（所缺一句暫可不論）「先天卦位」，……吻合並非偶然，……從
> 歷史上看，今本《說卦傳》的流傳過程相當複雜，……今本《說卦》
> 很難說就是原本，難免不出現竄改。

廖氏於結語處更推測：

> 邵雍說「先天圭位」本於《說卦》「天地定位」段是有根據的，
> 不過，邵雍沒有覺察到，這一《說卦》並非今本，而是與帛書《衷》
> 所引相同的古本《說卦》。……「先天卦位」極有可能起源於先秦
> 〔註13〕。

除了上述六位學者之外，針對「天地定立」等句進行討論的還有冒懷辛
〔註14〕、李仕徵〔註15〕、霍斐然〔註16〕等學者，皆提供多角度視野。然而
本文擬只針對上述六家對「天地定立」四句的看法作一探討。

首先，六位學者皆一致認爲火水相射在雷風相槫前是較優的排列方式，
且，〈易之義〉中「火水相射」句無「不」字，不僅在句式上較整齊，在語意

〔註12〕《孔子研究》1994 年第 4 期，1994 年 12 月，頁 40～47。
〔註13〕《帛書《易傳》初探》，（台北：文史哲出版社，西元 1998 年 11 月），頁 107
　　　～120。
〔註14〕〈馬王堆漢墓帛書《易經》與邵雍先天《易》學〉，《哲學研究》，1982 年第
　　　10 期，頁 79～80。
〔註15〕〈也談「帛書卦位」與「先天卦位」〉，《中華易學》第 18 卷第 3 期，頁 6～9。
〔註16〕〈帛書《周易》"火水相射"釋疑〉，《文史》第 29 輯，頁 357～363。

的表達上亦能突顯火水相交以及矛盾的特性，就此二點而言，張氏、于氏、黃氏、劉氏、周氏、廖氏皆主張〈易之義〉具有勝於〈說卦傳〉處。然而針對「火水相射」句之「火」、「水」先後順序，則有二派不同的看法。

第一派以于氏爲宗，認爲應將〈易之義〉之「火水」改成〈說卦傳〉之「水火」。黃氏、周氏亦承此說。于氏認爲經過改動後的排列方式符合帛書《周易》經文的卦序；周氏更認爲這四句話是帛書《周易》重爲六十四卦的憑據；黃氏則從父母六子的觀點分析，認爲改動後所排列出來的八卦圖示符合由下逆數長、中、少的原則，故爲較優的排列方式。

第二派則是廖氏自 1994 開始發表之一連串研究心得，他認爲不宜將「火、水」順序作輕易更動。首先，他否認于氏說法，以爲帛書《易傳》與帛書《經文》間並無直接關係。更進一步以〈易之義〉「天地定立」四句爲基，畫出八卦圖示（如圖一），再與邵雍之「先天八卦圖」（如圖二）進行比較。

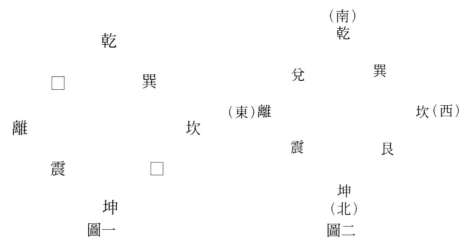

圖一　　　　　　　　圖二

推測出〈易之義〉所引「天地定位」四句和邵雍之「先天卦位」都是本於古本〈說卦傳〉。至於「先天卦位」之來源，廖氏推測可能源自先秦。

兩派說法差異甚大，第一派將〈易之義〉原文稍作更動後可得出符合帛書六十四卦排列順序之規律，以及整齊的父母六子排法，甚至訂正邵子「先天八卦」之瑕疵，然而，此一改動除了必須將「火水」改爲「水火」外，還必須確認所缺四字爲「山澤通氣」而非「澤山通氣」，在資料未進一步發現前，此種改動是否確然？第二派則在主張〈易之義〉原文不宜輕易更動的前提下，依照文本所述重新繪製八卦方位圖，赫然發現除了所缺四字「山澤通氣」之「山澤」究爲「山澤」或爲「澤山」尚無法確定外，其餘六卦的位置竟與邵

子「先天八卦圖」相同，因此，作了邵子據以繪製「先天八卦方位」之根源
可能同於〈易之義〉「天地定立」四句之推測，並認爲此版本爲源自先秦的古
本〈說卦〉。依據廖氏的說法，先秦時已有類似八卦方位的敘述，然而，目前
普遍認爲「先天八卦圖」出自邵雍，邵雍所畫之圖則源於陳摶，最後該圖透
過朱熹《周易本義》的解說，得以取得一定地位，但由於所謂的「先天八卦」
圖與〈說卦傳〉並不相合，故近代以來，學術界多從黃宗羲、胡渭等的說法，
對那氏、朱氏等之說持否定態度。筆者初識邵雍「先天八卦」方位時，亦認
爲將之配以〈說卦傳〉第三章敘述，顯得格格不入，經由于氏、黃氏的更動，
始覺二者相合。但此一更動是否符合〈易之義〉作者本意？如今所見之釋文
內容是否即是當初作者或編者的意思，是否有抄手疏忽的可能？仍是值得再
討論之課題。

　　至於先秦時代是否就存在類似卦圖的資料？尚秉和在《周易尚氏學》中
曾言：

　　　西漢焦延壽于先天方位無不知。《易林》皆用之。

又云：

　　　先天方位，在兩漢皆未失傳，至魏……先天位已失傳。……歷
　　魏晉迄唐，無有知者，至宋邵子揭出，易本始大明〔註17〕。

此外，沈瓞民在〈先後天釋疑〉中也說：

　　　然先後天之說，始見于典籍者爲《文言》之"先天而天不違，
　　後天而奉天時"兩句。漢人發其端者，爲服虔、荀九家、荀爽、虞
　　翻，且虞氏之說又與圖合〔註18〕。

尚氏由象數出發，列舉《左傳》、《國語》等資料來證明漢以前就已有卦
圖的存在；沈氏列舉《左傳》、《論衡初稟》以及《漢書藝文志》等資料證明
卦圖始於陳摶之非，同時也主張漢時已有卦圖存在。尚氏、沈氏透過傳統典
籍的整理、歸納，指出諸多卦圖於漢時就已存在的例證，雖然其中不乏牽強
之處，但此一看法仍值得參考留意。

　　根據廖氏統計，從伏羲的先天八卦始，一直到西漢帛書《易經》的八卦
爲止，最少有八種不同的八卦排列次序曾出現於典籍中，即伏羲先天八卦、

〔註17〕尚秉和《周易尚氏學》(北京：中華書局，西元 1998 年 12 月)，頁 9～10。
〔註18〕黃壽祺、張善文編《周易研究論文集》(北京：北京師範大學出版社，西元 1990
　　　年 5 月)，頁 181～198。

神農連山八卦（夏易用連山）、黃帝歸藏八卦（商易用歸藏）、黃帝乾鑿度的「古文八卦」文王後天八卦、孔子八卦、西漢帛書《易經》八卦以及今日習見的《周易》八卦。雖然彼此排列方式不同，卻都一致性的由所屬的排列規律中顯示出生生不息、對稱平衡、動靜循環的原理和現象。

第二節 宇宙的生化現象

中國哲學裡的「宇宙」一詞，指空間及時間。《莊子‧庚桑楚》說：「有實而無乎處者，宇也。有長而無本剽者，宙也。」《淮南子‧齊俗》亦言：「往古來今謂之宙，四方上下謂之宇。」換言之，「空間」容納萬物，是一個使萬物得以按某種秩序排列的處所，因此，上下四方使萬物各得其宜的所在稱為「宇」；「時間」則要透過事物變化的歷程來瞭解，因此，古往今來的一系列運動和變化稱為「宙」。其中，「往」和「來」的時間意涵是屬於「記錄」或「預知」事情的部分，「往」字代表記載或過去，「來」字代表預知或卜筮。〈易之義〉曰：

> 天地定立（位），〔山澤通氣〕，火水相射，雷風相榑（薄），八
> 卦相厝（錯）。數往者順，知來者逆。

天地、山澤、火水、雷風指空間處所；八卦相錯，數往知來指時間過程。人們對事物現象的發展，總是由無序中找尋有序，由有序中理出定則，再由定則推知未來。早期人們透過觀察宇宙中複雜多變的現象，以天、地、雷、風、水、火、山、澤來統括一切，再將之分別配以乾、坤、震、巽、坎、離、艮、兌八種符號而成為八卦，藉由八種質素在時間長河中的交互作用，呈顯宇宙萬物的變化。八卦中又以乾、坤二卦的地位最為崇高，〈易之義〉（略同通行本〈繫辭傳下〉第六章）曰：

> 鍵（乾）川（坤）也者，易之門戶也。鍵（乾），陽物也；川（坤），
> 陰物也。陰陽合德而剛柔有體，以體天地之化。

便指明乾、坤是《易》的開端，透過二卦的交相作用可以體現天地的化育。乾，陽物也，為天；坤，陰物也，為地。上天下地，是就靜態的空間位置而言。「陰陽合德」、「天地生化」則是就動態的時間歷程而說。空間與時間的交相作用，構成了〈易之義〉生生不息的宇宙觀。帛書〈繫辭〉云：

> 夫鍵（乾），亓靜（靜）也圈，亓動也搖，是以大生焉；夫川（坤），

亓靜（靜）也斂，亓動也辟，是以廣生焉。

因此，宇宙層次是由乾元，坤元引發「大生」及「廣生」，一方面使宇宙間萬事萬物得以展現無止境的生化現象，並從中獲得自我的完成，一方面又能在符合對稱與平衡的原則下保持相互間的和諧，更可由動而靜，靜而動的循環往復中推測宇宙脈動的律則。

關於八卦的生成，帛書〈繫辭〉（略同今本〈繫辭傳上〉）的二段敘述可提供探索軌跡：

　　「易有大恒（太極）〔註19〕，是生兩儀（儀），兩儀（儀）生四馬（象）〔註20〕，四馬（象）生八卦，八卦生吉凶，吉凶生六（大）業，是故法馬（象）莫大乎天地，變迵（動）莫大乎四時，垂馬（象）著明莫大乎日月，榮莫大乎富貴。」

又說：

　　古者戲是之王天下也，印（仰）則觀馬（象）於天，府（俯）則觀法於地，觀鳥獸之文與地之義（宜），近取諸身，遠取者（諸）物，于是始作八卦，以達神明之德，以類萬物之請（情）。

此二則說明了八卦是由觀察天、地、日、月、鳥、獸、人、身之象，再佐以四時之變，所形成之八種足以概括宇宙的表徵，形成的順序是一而二，二而四，四而八的倍數成長。換句話說，八卦是「生」出的，是從一大恒，化生爲陰陽二儀，再衍生成太陽、太陰、少陽、少陰四象，然後是乾（天）☰、坤（地）☷、震（雷）☳、巽（風）☴、坎（水）☵、離（火）☲、艮（山）☶、兌（澤）☱八卦，也就是說除了大恒本有外，兩儀、四象、八卦皆是靠著大恒這一母體化育生成的。顯然的，兩儀、四象、八卦代表「生」的概念，大恒

〔註19〕帛書〈繫辭〉與通行本〈繫辭傳〉顯注之差異字爲「大恒」與「太極」，此一問題許多學者已作過深入探討，如饒宗頤〈帛書《繫辭傳》"大恒"說〉、張岱年〈初觀帛書《繫辭》〉、余敦康〈帛書《繫辭》"易有大恒"的文化意蘊〉、樓宇烈〈讀帛書《繫辭》雜記〉、許抗生〈略談帛書《老子》與帛書《易傳，繫辭》〉、陳鼓應〈《繫辭傳》的道論及太極大恒說〉、王葆玹〈帛書《繫辭》與戰國秦漢道家《易》學〉等，上述六篇皆收編於陳鼓應主編之《道家文化研究第三輯》。本文以〈易之義〉的思想爲探討重心，故視大恒亦爲宇宙之起源，至於「大恒」、「太極」之優劣、對錯則不擬作深入分析。

〔註20〕今本言「象」，帛本言「馬」，此問題之探討可見樓宇烈〈讀帛書《繫辭》雜記〉、張立文〈帛書《繫辭》與通行本《繫辭》的比較〉等，上述二篇收編於陳鼓應主編之《道家文化研究第三輯》。

則代表「有」這一意涵的充實。帛書〈繫辭〉云：

> 是〔故剛〕柔相靡，八卦〔相盪。鼓之〕畾（雷）旬（電），沠（潤）之風雨，〔日月運行，一寒一暑〕。鍵（乾）道成男，川（坤）道成女，鍵（乾）知大始，川（坤）作成物。

可見萬物的充實乃由剛柔相摩，八卦相盪，雷霆風雨鼓之、潤之的作用，產生不止息的變化，因而品物繁然，物物相生相繼。

總之，早期人們在其所關注的自然現象中，仰觀天象日月星辰的推移，風雨雷電的交作，俯察大地上草木鳥獸的生滅盛衰，以及山河大地的變化，透過層層反省和觸類旁通，經由空間、時間意識，從靜態的排列秩序中，抽繹出天、地、雷、風、水、火、山、澤等八大自然現象，然而世間萬物並非這八大現象可以盡稱，舉凡天文、地理、人文、科學、政治、社會等都是萬物之一部分，故又「引而伸之，觸類而長之」以設法涵蓋天下事。「引伸」，就是在八種物質的基礎上進行延伸；「觸長」就是以八種基本物質的形象和性情去觸及萬物，凡相類似者皆可歸併在一起而不斷增加。這樣，八個框架雖然有限，其分類存儲的容量卻是無窮。〈易之義〉曰：「其稱名也少，取類也多。」就是以八卦符號的八個框架作為分類模式，進而囊括了天地間的萬物萬象。如果說天、地、山、澤、火、水、雷、風等八物代表靜態的空間意識，「數往者順，知來者逆。」就象徵動態的時間觀念。有形的天地八物各有其所屬的位置，看似無形的時間則具有推知過去與預測未來的功能，萬事萬物的推移、交作、生滅、盛衰都是空間加上時間之組合，在交替的同時隱涵宇宙的脈動是生生不息的創化。〈易之義〉云：

> 是故天之義，剛建（健）𢠳（動）發而不息，亓吉保功也。無柔栽（救）之，不死必亡。

首先指明天之德性是陽剛、強健，故為萬物長動不息的根源，此一根源乃創造偉大功業之動力，然而亦需陰柔的輔佐以保其功業綿延不綴，雖然表面上只強調「天」的化育萬物永不止息，實際上若非「地」的輔助，「天」就難成其功，故在〈易之義〉認為天地同樣具有不朽的創化之功。〈易之義〉又云：「兼三財（才）兩之，六畫而成卦。」更暗示人似可與天地並立。人位於天地之間，擁有高於其他萬物的稟賦，所以，可以藉著努力與天地同樣不朽。故云：「君子齊明好道。」即是說明有修為的人，以天地生生不息之道作為學習榜樣。〈易之義〉以有窮的八卦去推究無限的時空，在永恒無際的宇宙中，

火水、雷風、山澤等萬物就像天和地一樣，既相乖背，又相隸及，從而在各種具體的陰陽變化中生生不已，也唯有如此，才成爲宇宙不斷運行的動力。

第三節　宇宙的對應與平衡

〈易之義〉基本上繼承了《易經》裡乾陽坤陰的思想，將「萬物資始」與「萬物資生」的乾坤二卦加以發揮，只是它的描述不著重在陰陽各別分立的特質上，而是更加著重在陰陽合而化生的作用。故對於整個宇宙的理解，便是一種既衝突又協調之相反相成的認定標準，也就是說，在它的標準下，純粹的衝突不是好的，純粹正面而毫無負面激刺的作用，也不是好的，這種陰陽既對應又協和的作用，爲〈易之義〉宇宙觀中相當重要的部分。黃師慶萱於《周易》位觀初探〉云：

> 八卦天地、山澤、雷風、水火相對，代表陰陽的相對稱。……楊政寧在〈對稱與二十世紀的物理〉一文中，從自然界雪花有種種非常漂亮的六角形結構，水中有些生物具有相當完整的正十二面體，說到閃族人在西元前二千五百年左右就已畫出一個主體對稱而不完全對稱的藝術品，中國商朝則有非常對稱非常美妙的「觥」。然後說明：晶體的對稱，「群」與對稱，守恆定律與對稱，奇偶性守恆與左右對稱，規範對稱。結論是：「對稱決定力量！」更使對稱性成爲一種有通向宇宙論的希望的論題〔註21〕。

此說甚諦。宇宙事物透過對稱、相應將客觀存在的複雜現象加以系統化、秩序化，從而導向整體平衡的終極目標。〈易之義〉開宗明義言：

> 易之義誰（唯）陰與陽，六畫而成章。

已很清楚的指明陰陽是《易》的大義、總綱，透過陰陽二爻的交替，構成初、二、三、四、五、上六爻畫，再經由六畫組成完整的六十四卦系統。接著又言：

> 曲句爲柔，正直爲剛，六剛无柔，是胃（謂）大陽，此天之義也。……六柔无剛，此地之義也。

明顯的，此乃將陽陰、剛柔納入同一個範疇進行討論，並分別給天以純

剛之義，給地以純柔之義。然後又言：

> 天地相衛（率），氣味相取，陰陽流荆（形），剛柔成□。萬物
> 莫不欲長生而亞（惡）死，會心者而台以作易，和之至也。是故鍵
> （乾）□□□□□□□□□□□□□□□□□□□□□義沾下就，地之
> 道也。

此處主要強調陰陽互補，陰陽平衡，剛柔相濟，天地相率以及氣化流行
的整體概念，陰代表柔，陽代表剛，六剛無柔是大陽，六柔無剛是大陰，大
陽象徵天，大陰象徵地，天地和合相率，氣味相聚，陰陽流行，剛柔相推，
聖人仿之而成六畫卦圖之象。世間萬事萬物，舉凡陽陰、剛柔、動靜、天地、
山澤、火水、雷風、數往、知來等，不論抽象或具象莫不是站在對稱面角度
加以分析，宇宙間凡具有某一方面特質之事物，在其相反的一方必有另一具
有相對特質的事物存在，因此，強調對稱的同時，二類相反事物間的平衡亦
是不可忽視的一環，換句話說，在陽陰、剛柔、天地等相反屬性的物質間尋
求一個和合境界，達到萬物長生不死與天地共存乃是生命普遍的願望。

〈易之義〉所謂的「天地定立（位），〔山澤通氣〕，火水相射，雷風相榑
（薄），八卦相厝（錯）。」依據帛書〈繫辭〉「陽卦多陰，陰卦多〔陽〕」以
及「〔陽〕卦奇，陰卦〔耦〕也」的說明，天、山、水、雷為陽卦，地、澤、
火、風為陰卦，然而，觀〈易之義〉一文：

> 天之義，剛建（健）燻（動）發而不息，亓吉保功也。无柔栽（救）
> 之，不死必亡。燻（動）陽者亡，故火不吉也。地之義，柔弱沈婧
> （靜）不燻（動），亓吉〔保安也。无〕剛文之，則窮（窮）賤遺亡。
> 重陰者沈，故水不吉也。

火具有剛健動發的屬性，故似陽卦；水具有柔弱沈靜的屬性，故似陰卦。
此說與〈繫辭〉所言「火」為陰卦，「水」為陽卦不同。這種差異說明人類從
不同觀點分類了客觀現象，顯示同一物質由於內涵的複雜性，仍有多元歸類
的可能。姑且不論水火究屬陽卦或陰卦〔註22〕，天地、山澤、火水、雷風皆
剛好呈現陰陽相對以成宇宙的格局，然而，於這些本具衝突屬性的事物間，
又可嗅出彼此共生共融的契機，故言「八卦相厝（錯）」。這些觀物取象的概
念，是對事物的變化和發展過程長期體驗的累積，抽象概括的結果，把千變

〔註22〕這段敘述與歷來對水火屬陽陰之觀念不甚相同，唯對此處之義理引申無顯注
　　　影響，故僅對差異略作說明，未作深入分析。

萬化、複雜紛紜的事物統攝在陰陽相對相生的基本範圍中，而任何事物都離不開此原則。在〈繫辭〉與〈易之義〉對火、水究爲陽卦或陰卦的不同敘述中，既顯示萬物屬性之歸類，又隱涵分類者的主觀意識，儘管分類方式有異，然而宇宙萬物於生生不息的變化中追求對稱與平衡的渴望極爲明顯。

總之，「和」與「中」是尋求事物平衡與對稱的要素與狀態。和的原義是指不同的，甚至是截然相反的事物結合在一起，以保持協調統一並產生積極的成果，也就是陰陽協同；中是恰如其分，無過與不及。陰陽乍看顯然以對立爲前提，但是這種對立不是無限制的。王夫之解釋萃卦時曾說：「陰陽之用以和，而相互爲功。」〔註23〕意思是自然界的陰陽矛盾，其一方如果出現太過或不及，另一方就會利用對立統一的相互制約關係，而讓對方加以調整，使之平復。因此，自然狀態下萬事萬物會主動的趨於平衡，換句話說，中與和皆是天地萬物的本性，中與和關係密切，中爲裡，和爲表，中爲因，和爲果，中爲質，和爲文。〈易之義〉所謂「和之至也」便是自然界的剛柔相成，而後推至人事，說明長生惡死是萬物本性，要使事物時時處於美好和諧，就要時時恪守中道，如果陰陽雙方可以保持中和，則事物即可長可久。

第四節　萬物的循環往復

古人觀察自然，發覺白天、黑夜的交替，一年四季的循環往復，也體察到地上草木按照季節變遷現出的不同色彩，如嫩芽的淺藍、茂葉的深綠，衰草的暗黃、枯木的黯黑。再觀察周遭的人、事、物，更發現人有生、老、病、死，月有陰、晴、圓、缺，人生中不免有悲、歡、離、合，顯現宇宙並非靜止不動，宇宙的生成，也並非由單一元素構成，而是透過各種物質，不斷分化、融合、矛盾、相交而至平衡。然而此種最佳狀態並非永恒，完美剎那的同時，也正意謂不完美的開端。所以，在古人的觀念中，宇宙具有變動循環的特質。

〈易之義〉（略同〈說卦傳〉第三章）言：「天地定位，〔山澤通氣〕，火水相射，雷風相摶（薄），八卦相厝（錯）。」這一段敘述可視爲宇宙的原初形態。一般而言，《易》以陽爻代表動的狀態，以陰爻代表靜的狀態。乾卦，☰，三爻全陽，表示全動，似天體之象；坤卦，☷，三爻全陰，表示全靜，似

〔註23〕《周易外傳》卷三。

大地之象，所謂「天動而地靜」，動靜各有其適當之屬性，天居上，地在下，上下各有適切的位置，便是「天地定位」。艮卦，☶，上面一陽爻代表小動，下面二陰爻表示大靜，爲目測的山之象；兌卦，☱，上面一陰爻，代表靜止，下面二陽爻，代表大動，以目視之，有如水面靜止、水下生動的差異，故上靜下動，爲澤之象，山氣上騰，雨水下降爲澤，便是「山澤通氣」。離卦，☲，上下二陽爻夾著中間一陰爻，邊動而中靜，像火之狀；坎卦，☵，上下二陰爻夾著中間一陽爻，邊靜而中動，像水之狀，火水二物本相剋，相濟則生氣，所謂「水火濟氣」，故云：「火水相射」。巽卦，☴，上二陽爻，爲動，下面一陰爻爲靜，成風之象；震卦，☳，下面一陽爻爲動，上面二陰爻爲靜，成雷之象，古人以爲雷自地中起，風從天上來，上下相交，這便是「雷風相薄」。先民們透過仰觀天文，俯察地理以及日用生活之需構建出既符合自然狀態又能切合基本需求的宇宙模式，此一宇宙並非靜止不動，而是透過八種基本現象之交錯變化，相生相濟，秩序井然地化生萬物，每一時刻都在化育創造，這是一種充滿生機的自然境界。

〈易之義〉言：

> 萬物之義，不剛則不能矓（動），不矓（動）則无功，恒矓（動）而弗中則□，〔此剛〕之失也。不柔則不靜（靜），不靜（靜）則不安，久靜（靜）不矓（動）則沈，此柔之失也。……故武之義保功而恒死，文之義保安而恒窮（窮）。是故柔而不玦，然後文而能朕（勝）也；剛而不折，然后武而能安也。

在這一則敘述中，作者首先肯定成就功業與長治久安是萬物普遍的渴望，再細述功業的促成需仰賴動而不捨的意志力；安定環境的養成則需藉助靜而不已的穩定性。其中，運動者具有剛健的本質，沈靜者擁有柔弱的特質，而動與靜則是直接關係到事功與安定的關鍵。〈易之義〉進一步指出恒動的最終結果是恒死，久靜的最終結果是恒窮，死亡與窮迫自古以來是萬物共同的惡夢，避免之法唯有動而能靜，靜而能動。換句話說，大動之後要能靜處，才能累積實力以爲下次再出發的動力；久靜之後要能思動，方能在安定的環境中不斷成長，而創造事功。因此，事物的發展絕非恒久不變，宇宙的生生不息，便是靠著人與人、物與物、人與物間周而復始的循環變化以成其廣大而歷久彌新。

又帛書〈繫辭〉（略同通行本〈繫辭傳下〉第五章）說：

> 日往則月來，月往則日來，日月相推而明生焉，寒往則暑來，
> 暑往則寒來，寒暑相〕誰（推）而歲〔成焉。往者屈也，來者信也，
> 屈信相感而利生焉。尺蠖之屈，以求信也，龍蛇之蟄，以存身也，
> 精義入〕神，以至用；利用安身，以崇（崇）〔德也。過此以往，未
> 之或知也，窮神知化，德之盛也。

此則由日月成明，寒暑成歲之自然變化，引申至尺蠖之屈伸、龍蛇之蟄伏以及人類之安身崇德，這是經過長期觀察天地事物，歸納出宇宙萬物的變化是周而復始，往來不已的結果，人居天地之最靈秀者，故亦當法此生生不息的精神，以達到完美品德的境界。

由上可知，變動循環至少必須具備兩元素才能完成，只有一種元素不能起變化，因為變動是由一點到另一點的過程，這兩點可以是空間，也可以是時間，可以是量，也可以是質。再者，變化要有兩元素互相結合或互相對抗才可以顯現出變動的狀態。〈易之義〉用各種不同的名詞稱呼這兩個元素，或為陽陰，或為剛柔，或為天地，或為動靜，或為乾坤，或為武文。中國古代哲人觀察宇宙萬物變化，發現生物乃至世間一切萬物皆由兩性的結合而來，帛書〈繫辭〉云：「天地絪（絪），萬物化潤，男女購（構）精，而萬物成。」（略同今本〈繫辭傳下〉第五章）便是以天地的生化類比於男女二性的結合而使新的生命得以永遠延續下去。因此，變動的本質在於元素與元素間的相互變化，循環則導源於元素間彼此勢力的均衡消長或往復迴旋。乾卦由初爻之隱匿至五爻的極乎天位乃至上爻的悔吝，所顯示的就是一套小型的宇宙模式，由隱而顯而衰，再隱再顯再衰，如此不斷循環變化，所謂「滄海桑田」、「南柯一夢」舉凡天地人生莫不遵守此一定則。昔日的滄海，今日的桑田，可能又是明日的滄海；過去的窮困，今日的繁華，可能又是明日的落寞。但就無窮無盡的宇宙而言，種種的循環變化也只不過是其律動中的一小部分，人們只是設法從自然界的某些運作中領悟生命活動的規律或是推測宇宙變動循環的軌跡而已。

小　結

〈易之義〉的宇宙論係作者彙集先民仰觀俯察天地的生化現象，再透過內在價值意識的反省而領悟的觀點，所顯現的是生命的平衡循環，充滿生機，每一刻都在化育創造。天為大生，萬物資始，地為廣生，萬物咸亨，合此天

地生生之大德遂成宇宙，而天地又是其中變動的總根源。可見空間是無盡的，時間是永恒的，「天地定立（位），〔山澤通氣〕，火水相射，雷風相榑（薄），八卦相厝（錯）。數往者順，知來者逆。」所顯示的，便是以無窮的宇宙為根源，而以有窮的八卦去推究無窮的時空。

　　陰陽是一物的兩面，彼此恒呈相對相待的關係，故相需相求而不可分。因此，就其發揮作用的性質言：「剛」者雖為陽之質，然剛中非無陰，同理，「柔」者雖為陰之質，事實上柔中並不欠缺陽。因此，就天而言，當陰陽合一時，是大恒（太極）渾圓的境界；陰陽分離時，便呈現日月盈昃、寒暑往來、雷風相薄的相對現象。就地道而言，當陰陽合一時，是柔剛相濟的狀態，柔剛相濟，便能鍾靈毓秀；陰陽分離時，就呈現卑高相傾、長短相形、大小相迫的相對現象。所以，唯有陰陽總體平衡，萬事萬物纔可以獲得和諧，並進一步相互吸引，彼此感應，而產生無窮無盡的化育。此即恒動不已的變易之理，為宇宙的生生之德，亦即天地終而復始的生物成物作用。

　　宇宙的生生不息源於生命構成的物質在代謝，事物在發展，現象在變化。因此，宇宙的本然秩序不只是一種靜態結構，還是一個動態過程。無論天地萬物還是人類社會，都是在看似不變的位置上進行生生不已，變化日新的創造。〈易之義〉對宇宙的體認以為：萬物雖有動靜、剛柔、文武之異，實為大恒（太極）化生的結果。天道與人道，自然與人為，本是相類相通，和諧一致的，故事物之間的聯繫，強調的是整體與部分，以及部分與部分間的協調合作，推至人生，則應仁民愛物，物我合一。通觀〈易之義〉宇宙論之歸向，在於引天道落入人道，使天人貫通成一體系，將宇宙萬有平衡循環的生生之法作最大發揮。

第八章 〈易之義〉的人生觀

第一節 天地人三者同流共化

古人以爲，天爲獨立於人之上，是擁有掌控萬物生存力量的主宰，人則藉由卜筮以求知其意旨。故先民眼中的天與卦爻合一，亦即天的意志表現在卦爻之中。天的神性意義收攝於卦爻顯現的符號內，卦爻成爲早期卜筮天道觀中人們與天溝通的語言。然而，隨著文明的進步，在先民的觀念中，神格化的天並非天的唯一形態。荀子就以自然主義的觀點說天，以天爲有常行的自然，而不是有意志性的主宰。他在去除了神性義的天命說之後，轉而由自然義的觀點，從天地上下的分別給人世間的階級社會以理論上的根據，《荀子・王制》說：「有天地而上下有差，明王始立而處國有別。夫兩貴之不相事，兩賤之不相使，是天數也。」此種見解與〈繫辭〉「天尊地卑」的說法相同。「天尊」、「地卑」是對自然的天地賦予一種倫理地位的說法。天尊地卑的位置既定，乾坤的意義亦定。故說「乾坤定矣」。由尊卑而說乾坤的意義既定，貴賤的意義亦定。此一見解對後代影響甚大，成爲日後中國思想常由天地自然的區別去爲現實的人生修養、倫理觀念或政治、社會體制找尋形而上的理論依據。

不論是神格天或自然天，「天」始終是人們仿效的對象，人類按照宇宙變化的原則設立生活的準則，於是產生倫理道德。《易經》認爲由宇宙變化之定則轉化而至人情社會之常規的過程中，聖人居於相當重要的地位。

帛本〈繫辭〉言：

> 備物至用，位成器以爲天下利，莫大乎耵（聖）人。深備錯根，構險至遠，定天下吉凶，定天下之勿勿者，莫善乎著龜。是故天生神物，耵（聖）人則之；天變化，耵（聖）人效之；天垂馬（象），見吉凶，而耵（聖）人馬（象）之；河出圖，雒出書，而聖人則之。……聖人之位（立）馬（象）以盡意，設卦以盡請（情）僞，系辭焉以盡亓變，而迵（通）之以盡利，鼓之舞之以〔盡〕神。……聖人具（有）以見天下之請（情），而不疑（擬）諸亓荊（形）容，以馬（象）亓物義，是故胃（謂）之馬（象）。耵（聖）人有以見天下之動，而觀亓會同，以行亓挨體（禮），系辭焉以斷亓吉凶，是故胃（謂）之教（爻）。極天下之請（情）存乎卦，鼓天下之動者存乎辭，化而制之存乎變，誰而行之存乎迵（通），神而化之存乎亓人。謀而成，不言而信，存乎德行。（略同今本〈繫辭傳上〉第十一、十二章）

在這一段敘述裡，〈繫辭〉作者將備物施用，立位成器之功歸於聖人，指出聖人仿效天地之徵兆、變化以盡意、表情、達變、通利以致於神妙莫測，其中的「意」、「情」、「變」、「利」、「神」不但涵蓋廣大的宇宙萬物，同時也統攝複雜多變的人情社會，可以說聖人居於自然與人世的關鍵地位，透過其中間溝通，將人們的生活與天地萬物的生息作了緊密的結合，盡而由象、爻、辭去明瞭物義、吉凶、變化，形成重視德行的人生觀，換句話說，《易經》的人生觀與宇宙觀有著密不可分的關係，強調天人合德，也就成爲中國人自我修養的指標之一。

人類由野蠻進入文明，由畏天、敬天、順天、應天乃至知天，需要長期知識與經驗的累積，這是一個從滿足物質充足到追求精神生活提昇的歷程，〈易之義〉（略同〈說卦傳〉第一章）云：

> 〔昔者聖人之作易也，幽〕贊於神明生占也，參天雨〔註1〕地而義數也，觀變於陰陽而立卦也，發揮於剛柔而〔生爻也，和順於道德〕而理義也，寵（窮）理盡生（性）而至於命〔也，將以順性命之〕理也。

此則指出早期人們只能藉由神明的協助，透過占筮、天地之數、陰陽之卦、剛柔之爻將天地萬物的道理、德性收納於卦爻的義理之中，後來才逐漸體悟並

〔註1〕詳見第二章第三節。

能夠順和著天命造化。這裡牽涉到先民們對宇宙自然的態度，也包含人與自然間衍生的微妙關係，祖先們靠著觀察、模仿、學習宇宙的過程，體認出人事體系的變化和權力的消長是與大自然的變化息息相關，都是應變定律的應用，進而更以陰陽消長和剛柔互濟等法則來替代應變定律。換句話說，宇宙間一切關係的建立、體系的變化莫不受到分合循環的支配。推而廣之，政治體系、人生態度、人倫關係以及各種形式的政治、社會體系都是經由人與人的絕對或相對關係而形成的。〈易之義〉的乾、坤、震、巽、坎、離、艮、兌八卦所代表的屬性也是兩兩相對，在兩兩對應的屬性中，象徵人事變化，有正有反，有虛有實，有逆有順，有憂有喜，即八卦的格局，深深影響到人世變化。

《易》肯定人的地位居於天地之間，〈易之義〉（略同〈說卦傳〉第二章）云：

> 是故位（立）天之道曰陰與陽，位（立）地之道曰柔與剛，位
> （立）人之道曰仁與義。兼三財（才）而兩之，六畫而成卦。

此則敘述便明顯地把天、地、人三者作為構成宇宙的基本成員，三者缺一不可，人的地位已提升到宇宙層面，與天地同流共化，不再是渺小的萬物之一。人居於天地之中，以卦畫而言，初爻、二爻代表地，三爻、四爻代表人，五爻及上爻代表天，所以人上頂蒼穹，下立厚土，介於天地之間，此一思想在馬王堆漢墓的"T"形絹畫上亦有明顯痕跡，此幅全長二百零五厘米，上部寬九十二厘米，下部寬四十七點七厘米，遺策上記載「非衣」的畫，內容分為三部分，上部為天上，中部為人間，下部為地下。畫裡中部的墓主可能〔註2〕正在「升天」途中，天上內容包括「后羿射日」、「嫦娥奔月」等傳說故事，地下內容則以一巨人奮力撐起大地的景象為主，可見在先民的心中，人具有上天下地的本事。許慎於《說文解字》中對人的界定為：「天地之性最貴者也。」〔註3〕《禮記·禮運》也說：「故人者，其天地之德，陰陽之交，鬼神之會，五行之秀氣也。」又說：「故人者，天地之心也。」〔註4〕人秉承天道，仿效上天好生之德的創造精神，參贊化育，並以臻於聖人為最高境界，因此，在中國哲人的心目中，人具有參天贊地的崇高地位。

〔註2〕依據出土木牘顯示，說明墓主正準備進入地下世界。侯良《馬王堆傳奇》（台北：東大圖書股份有限公司，西元 1994 年 11 月）頁 224～226。

〔註3〕《說文解字注》人部，頁 369。

〔註4〕《禮記》，頁 432。

　　既然宇宙是由天地人三位一體的結合所成的整體，要完成此一整體的存在，便在於彼此間的和諧一致，如果一方失衡，便會帶來不幸，例如：山崩地裂、火山爆發、海嘯地震、山洪暴發、河水泛濫等，都會造成萬物生活的災害，又如人的行事若與天地相背，如此天地人失去和諧，人類的生存便易產生問題，因此，大宇宙的諧和，必需藉由天地人三方面的協調才能顯現，其中最主要的關鍵還是落實在人身上。

第二節　民胞物與的人生目標

　　「民胞物與」的思想，也就是「仁道」的思想，「仁」是什麼？這在《論語》中有詳實的介紹。子貢問仁，子曰：「己欲立而立人，己欲達而達人。」（雍也篇）顏淵問仁，子曰：「克己復禮為仁。」（顏淵篇）仲弓問仁，子曰：「己所不欲，勿施於人。」（顏淵篇）司馬牛問仁，子曰：「仁者，其言也訒。」（顏淵篇）樊遲問仁，子曰：「仁者，先難而後獲可謂仁矣。」（雍也篇）又曰：「愛人。」（顏淵篇）可知仁是透過不斷自我修持，秉持立人、達人之精神而至的順善之心。此種懿德善行源於天命，亦即人領悟上天好生之德，並將仁誼、處善之心博施眾物，是以仁道的實現，就是人性的復歸，也就是「天命」的實現。「命」是天對於人之賦予，也就是說，人性具有天道的內涵與意義，因此，「人性」的實現，就是天命的實現，就某種意義來說，也就是天道的完成。

　　〈易之義〉說：

> 　　昔者聖人之作易也，……和順於道德而理於義也，窮（窮）理盡生（性）以至於命〔也，將以順性命之〕理也，是以位（立）天之道曰陰與陽，位（立）地之道曰柔與剛，位（立）人之道曰仁與義。

　　此則表示，人只有遵守並順從道德，才可窮盡萬事萬物之至理和本性，最終方能不違悖天命流行的自然法則。其中道德的遵從為因，為自我修養的課程，順和天命造化是果，是人生企求的目標，若要達到通曉天命的境界，唯有從道德培養著手。《孟子·盡心上》言：

> 　　盡其心者，知其性也。知其性，則知天矣。存其心，養其性，所以事天也。殀壽不貳，修身之俟之，所以立命也。

　　此段可為「和順於道德而理於義也」、「窮（窮）理盡性以至於命也」、「將

以順性命之理也」三句話的內涵提供寶貴的線索。孟子認爲始終不渝的修身是立命的不二法門，修身的階段性目標則是盡心、知性、知天，存心、養性、事天，因此，涵養人類本有之心性即可明瞭天命的道理。然而，所謂的「道德」爲何？人生又該朝著那種方向以修養己身？人類本有之心性又是什麼？〈易之義〉云：「位（立）人之道曰仁與義。」可知「仁、義」是自我期許的指標。〈繫辭傳上〉第五章言：

> 一陰一陰之謂道，繼之者善也，成之者性也。仁者見之謂之仁，知者見之謂之知，百姓日用而不知，故君子之道鮮矣。顯諸仁，藏諸用，鼓萬物而不與聖人同憂。

此乃揭示陰陽相濟創生萬化之道，充滿仁、智之善性，而周流於宇宙間，是以人所欲窮盡、依順之德，即爲天命本具仁智之自然法則，亦即人性復歸之仁道義涵。因此，〈易之義〉所謂的合德、窮理、順命指的也就是繼承、窮究、順隨天命潛藏於化生萬物的仁德，並以此作爲修身法則。帛書〈繫辭〉言：「聖者仁。」自古以來，成聖始終爲人生目標，而聖人的特質爲仁，是以具體的修爲方式即爲仁道涵養。因此，以仁作爲自我期許指標源於體悟陰陽化生萬物之仁德，而聖人則爲仁道實現的最佳代表。就性質言，仁是博愛，仁者愛人。就功能言，仁者無敵，仁能受民愛戴，得人協助，終必成功。〈繫辭傳下〉第一章曰：

> 天地之大德曰生，聖人之大寶曰位，何以守位？曰仁。

此處說明仁之效用在於守住其位，直接將仁之功效落實於日常生活中。仁是孔子學說的中心，仁者人也，仁即忠恕之道，忠是盡己，恕是推己及人。義是孟子在孔子「仁說」的基本上進一步發揮而成的思想，義者宜也，凡是合宜的事便努力去做，這便是有義氣的行爲，人能行義，便能適合正道，符合禮法，久而久之，必有成效，自然可頂天立地，而通天地文理之情。帛書〈繫辭〉曰：「安地厚乎仁。」又曰：「愛民安行曰義。」顯示仁與義關係密切，能安於所處環境，敦厚的行仁，即爲合宜之道，也就是合義的行爲。陳立夫於《四書道貫》[註5]對仁有這樣的敘述：

> 仁爲偉大之同情心，爲無窮盡之愛，始於親親，進而仁民，終於愛物。其始也發於惻隱之心，不忍人之心，進而達之於其所忍，視人如已，公而無私，愛人助人，崇理尚義，必要犧牲小我，以成

〔註5〕陳立夫《四書道貫》（台北：世界總經銷，西元1993年），頁148。

全大我，是之謂成仁，是之謂配天。

因此，仁義德性的具體提出，爲籠統的道德修養顯示了一個明確的方向。

帛書〈繫辭〉曰：

> 子曰：「小人〔不耻（恥）不仁，不畏不義，不見利不勸，不畏
> 不詠（懲），小詠（懲）而大戒，小人之福也。」

此是對噬嗑卦初九爻辭的解說，略同通行本〈繫辭傳下〉第五章，首先說明小人缺乏仁義，具有唯利是圖的特質，其次，說明及早懲戒可使小人日後行事趨於正道，故爲小人之福。此處未對「仁義」之義涵作類比或解說，只是表明小人缺乏仁義爲懷的胸襟。〈要〉曰：

> 我觀亓德義耳也。幽贊而達乎數，明數而達乎德，又仁〔守〕
> 者而義行之耳。……君子德性焉求福，故祭祀而寡也，仁義焉求吉，
> 故卜筮而希也。

此乃孔子解答子貢疑惑，區分自己對《易》的態度和史、巫的差別，並藉此教導學生要有仁義的涵養。此種由內而外的鍛鍊工夫，自可避禍迎福，遠凶趨吉，故祭祀與卜筮不是君子謀求幸福、吉祥的唯一管道，仁義等德性的養成方是根本解決人生問題的門徑。此將仁義等德性的地位抬高於祭祀、卜筮之上，代表人在天地之間，可以客觀地觀察萬事萬物所遵循的自然規律，然後藉由體悟天地好生之德而與宇宙交流。此時，祭祀求福、卜筮別吉凶的手段已不適用，仁義善德的復歸才是人生的目標。

綜上所論，可見仁代表孔子所說的一切善德，善德的根基在於人心，人心又代表生生之理的全部，然而生生之理不完全是人的生理和心理生命，而是人的倫理生命，也就是人的精神生命。儒家孔孟看重的生命，乃是具備仁義道德的生命，孟子以人生來就有仁義禮智四端爲前提，引申爲人生目標就在彰顯仁義禮智四端，使仁義禮智的全德能在人身上受到完善的發揮。孔、孟講學，不在於尋求普通的知識，而在於求知人生之道，在於上合天理。帛書《易傳》所顯露的民胞物與的思想正和孔孟的仁義胸懷有著一致的趨向。

第三節　以「仁義」作爲社會道德的規範

〈易之義〉曰：

> 本生（性）仁義，所以義剛柔之制也。

　　此認為人類本具仁義之性，故云「本生仁義」，此觀點與孟子學說〔註6〕相同。都是強調仁與義所形成的「人道」或道德規律不是外在的，而是人內心所體驗到的。〈易之義〉此則除了主張仁義本有外，於功用上則提出「義剛柔之制」，認為仁與義若能恰如其份的相輔為用，則是完善的治國之道。德治是屬於柔性的統治方法，刑殺則是屬於剛性的統治手段。此處「仁與義」兼用的思想，可視為仁德與法治的結合。「陰與陽」、「剛與柔」是矛盾、統一的概念，「仁與義」亦然。「守位曰仁」，故「仁」是屬於柔的性質；「禁民為非曰義」，「義」則屬於剛的性質。二種統治方式之本相雖異然而落實至人世卻是相涵，可見德治與法治並用才是具有剛柔兼用性質的治國之道。就順序言，「仁與義」，是「仁」為主，「義」為輔，「仁」先「義」後，也就是德治放在首要地位，法治居於輔弼位置。

　　〈易之義〉中談到「仁義」有二處，且為二字聯用。觀早期文獻，言仁最多、最有系統的是孔子，孔子以仁道教誨弟子，在《論語》中處處可見，茲列如下：

> 子曰：「人而不仁，如禮何？人而不仁，如樂何？」（八佾篇）
>
> 子曰：「巧言令色，鮮矣仁。」（學而篇）
>
> 子曰：「孝弟也者，其為仁之本與。」（學而篇）
>
> 子曰：「不仁者，不可以久處約，不可以長處樂，仁者安仁，知者利仁。」（里仁篇）
>
> 子曰：「惟仁者，能好人，能惡人。」（里仁篇）
>
> 子曰：「苟志於仁矣，無惡也。」（里仁篇）
>
> 子曰：「富與貴，是人之所欲也，不以其道得之，不處也。貧與賤，是人之所惡也。不以其道得之，不去也。君子去仁，惡乎成名？君子無終食之間違仁，造次必於是，顛沛必於是。」（里仁篇）
>
> 子曰：「我未見好仁者惡不仁者，好仁者，無以尚之，惡不仁者，其為仁矣，不使不仁者加乎其身，有能一日用其力於仁

〔註6〕《孟子‧告子章句上》曰：「惻隱之心，人皆有之；羞惡之心，人皆有之；恭敬之心，人皆有之；是非之心，人皆有之。惻隱之心，仁也；羞惡之心，義也；恭敬之心，禮也；是非之心，智也。仁、義、禮、智非由外鑠我也，我固有之也，弗思耳矣。故曰求則得之，舍則失之，或相倍蓰而無算者，不能盡其才者也」（台北：藝文印書館《十三經注疏》本，西元1976年5月）

矣乎，我未見力不足者，蓋有之矣，我未之見也。」（里
仁篇）

子曰：「人之過也，各於其黨。觀過，斯知仁矣。」（里仁篇）

子曰：「志士仁人，無求生以害仁，有殺身以成仁。」（衛靈公
篇）

就上所引，可見孔子言仁，並不同時論義，雖然《論語》中也談義，但大多數只強調義利之辨，若「不義而富且貴，於我如浮雲。」（述而篇）「君子喻於義，小人喻於利。」（里仁篇）「信近於義，言可復也。」（學而篇）「義然後取，人不厭其取。」（憲問篇）之類並未與仁並言。一直到孟子著書，便開始大談「仁義」之道。茲列如下：

王何必曰利？亦有仁義而已矣。……未有仁而遺其親者也；未有義而後其君者也。王亦曰仁義而已矣，何必曰利？（梁惠王篇）

子不通功易事，以羨補不足，則農有餘粟，女有餘布。子如通之，則梓匠輪輿，皆得食於子，於此有人焉，入則孝，出則悌，守先王之道，以待後之學者，而不得食於子，子何尊梓匠輪輿，而輕爲仁義者哉？（滕文公篇）

楊墨之道不息，孔子之道不著，是邪說誣民，充塞仁義也。仁義充塞，則率獸食人。人將相食，吾爲此懼。（滕文公篇）

人之所以異於禽獸者，幾希。庶民去之，君子存之，舜明於庶物，察於人倫，由仁義行，非行仁義也。（離婁篇）

子能順杞柳之性，而以爲桮棬乎？將戕賊杞柳，而後以爲桮棬也？如將戕賊杞柳而以爲桮棬，則亦將戕賊人以爲仁義與？率天下之人而禍仁義者，必子之言夫！（告子篇）

雖存乎人者，豈無仁義之心哉！其所以放其良心者，亦猶斧斤之於木也。旦旦而伐之，可以爲美乎？（告子篇）

有天爵者，有人爵者，仁義忠信，樂善不倦，此天爵也；公卿大夫，此人爵也。（告子篇）

先生以仁義說秦楚之王，秦楚之王悅於仁義，而罷三軍之師；是三軍之士樂罷而悅於仁義也，爲人臣者，懷仁義以事其君；爲人子者，懷仁義以事其父，爲人弟子者，懷仁義以事其兄。是君臣、

父子、兄弟，去利懷仁義以相接也。然而不王者，未之有也！何必曰利？（告子篇）

綜觀以上所引，即可得知，以「仁義」爲說，端於孟子，因此，梁任公謂：

孟子言仁義，從前並無人言仁義，繫辭、文言卻屢次言及，可見作者對於孟子的學說也有研究。這裡由是足以證明繫辭、文言出於道家陰陽家已盛之後，即孟子之後〔註7〕。

梁任公以〈繫辭傳〉、〈文言傳〉中屢次言及仁義，推測兩篇的成書年代在孟子之後，由此，可知〈易之義〉文中仁義二字的聯合使用，亦受孟子影響。以「仁義」作爲社會道德規範，揭示了人如何正確地處理己與人，人與群體乃至人與物之間應有的關係。

〈易之義〉所謂「和順於道德而理於義，窮理盡性以至於命，將以順性命之理。」又謂「本生仁義，所以義剛柔之制。」把人生一切活動，都構劃成仁義的道德世界。在這個「道德世界」裡，人生所有活動，都離不開所定的價值判斷，無論是個人的修習，天道的窺測，或政治的運用，都依傍著此一命題而展開。

第四節　順時得中的處事態度

所謂順時，就是事事不違反時令，例如從事農耕，便要春耕夏耘，秋收冬藏，不可逆時而行。所謂得中，就是必須行使中道，也就是凡事合乎中庸原則，無過與不及之偏。能夠居正位而行中道，謂之「得中得正」，在易卦裡往往多吉。過與不及都有偏差，唯有「中」纔是最得當的。然而從「日中則昃，月盈則虧」的自然現象，又可以瞭解到，「中」的時機是稍縱即逝的，所以，必須順應時機，好好掌握。

在中國人的觀念裡，龍象徵君子、國君等具有某種德性或某種地位之人，同時習慣將聖君賦予異於常人的本事，並肯定其有足夠的道德修養及魄力膽識以統御群臣百姓，〈二三子〉就以神聖之德、形遷、能上、能下、能陰、能陽形容龍是神祕莫測的帝王。因此，若就龍之高尚偉大、神能極致的特徵而言，龍的行事應是無往不利，無人能擋的，但是乾卦六爻卻以「潛」、「見」、

〔註7〕梁啓超《古書眞僞及其年代》，（台北：中華書局，西元1956年）。

「惕」、「躍」、「飛」、「亢」對龍的處事態度作了階段上的不同提示，隱涵即使是聖人君子，面對不同時機，也應考量主客觀因素，然後採取適當方法，以適得其所的意思。所以〈易之易〉說：

> 潛龍勿用者，匿也。見龍在田也者，德也。君子冬（終）日鍵（乾）鍵（乾），用也。夕沂（惕）若，屬無咎，息也。或鱷（躍）在淵，隱〔而〕能鞼（靜）也。罪（飛）龍〔在天〕，□而上也。炕（亢）龍有悉（悔）。高而爭也。群龍无首，文而聖也。

這是藉由乾卦六爻指示人生各階段應把握的原則：初爻，隱匿；二爻，君子高尚之德逐漸顯現；三爻，君子似有施用於世之機，然而在遁隱、出世之際仍應仔細衡量，故依然警惕不息；四爻，體會人生上下無常，身處顯隱之交，若時局不適，即使退居本位，亦能靜處不動；五爻，向上騰達；上爻，居高而爭；用九，終至聖人境界。換句話說，初爻當隱則隱，二、三、四爻待時而動，依時而靜，五爻當顯則顯，上爻處事失中，故悔吝生。呈現出一種具體時運，顯示此時之顯不同彼時之顯，此時之隱不同彼時之隱，此時之中也不同彼時之中，中必須與時結合，順時而動，動而得中，才能達到和順的圓滿境界。

「中」的概念在〈易之義〉裡佔有相當份量，通篇近二分之一的篇幅反覆述說陽陰、動靜、剛柔、武文的和諧統一，並強調唯有動靜得宜才能事事吉祥，萬事平安。如〈易之義〉言：

> 萬物之義，不剛則不能潼（動），不潼（動）則无功，恒潼（動）而弗中則□，〔此剛〕之失也。不柔則不鞼（靜），不鞼（靜）則不安，久鞼（靜）不潼（動）則沈，此柔之失也。……是故柔而不玖，而后文而能朕（勝）也；剛而不折，然后武而能安也。

揭示若不知持守中道，從時而變，則剛健造成的保功特質將行消失，沈靜形成的保安特質也將不見，取而代之的則是危險敗亡。故陽剛太過則應以陰柔輔之，陰柔太盛則需以陽剛佐之。自然界的寒暑變化，人類社會的盛衰治亂、吉凶消長，莫不是兩種力量的分合，都是依循物極必反的原則進行衍化，而產生吉凶禍福。在衍化過程中決定吉凶禍福的就是「時」、「中」，「時」、「中」與吉凶關係至為密切，適時得中則吉，逆時失中則凶。余敦康於〈易學與中華學術〉〔註8〕中說：

〔註8〕見朱伯崑主編之《周易知識通覽》。（山東：齊魯出版社），頁642。

「時」是指客觀環境，用是指主體行為。主體的行為是否正當，並不完全決定主體行為的本身是否符合倫理的規範，而主要決定於是否適應客觀環境的需要，採取適時之變的對策。因此，儘管客觀環境有利，處於吉時，如果行為主體僵化，拘泥不通，不知時務，不達權變，逆時而動，也會導致凶的後果。反之，環境不利而舉措得宜，能夠化凶為吉。

此指出人無法脫離客觀環境的變化，但能掌控主體行為是否表現得宜。雖然，「時」在歷史長流中往往具有決定性因素，可是人的行為能否恰如其份，而無過與不及，才是主導成敗的關鍵，所以「天時、地利、人和」三者缺一不可。

〈二三子〉於解釋乾卦九三爻辭時說：

卦曰：『君子終日鍵（乾）鍵（乾），〔夕沂（惕）若〕，屬无咎。』
孔子曰：『此言君子務時，時至而動□□□□□□，屈力以成功，亦日中而不止，時年至而不淹。君子之務時，猷馳驅也，故君子終日鍵（乾）鍵（乾），時盡而止之以置身，置身而靖（靜），故曰：夕沂（惕）若，屬無咎。』

此段便道出君子時至則應抓住機遇，竭力而出；時息則不盲目行動，置身靜處。前者強調時來則與時偕行，後者主張時盡則因時而惕，故能無咎。因此，「時」的涵義不僅是對「時」之可能性的掌握，可能性只代表潛在的機遇，並不等於現實，由可能到現實，還包括主體行為適切表達的歷程。總而言之，成功者能認清時機，運用時機，更擁有見機善斷的本事。其中，「認清時機」是就「時」的層面而言；「運用時機」與「見機善斷」則是就「中」的方面來說。認識時機而無法運用，或運用時機卻不能當機立斷，等同毫無機緣。此時，「時」也只是可能而非現實，唯有透過「中」這一觸媒的催化，才能將「時」由可能轉化為現實，才能發揮時效。

「時」的思想，著眼點在結合客觀環境和具體處境間的發展變化，全面性地評價人的道德行為是否正當，並追求一種相對的合理性，因此，就不存在一成不變的倫理規範，時行則行，時止則止，沒有固定的規律，只有活性的原則。變中自有不變，但是尊重靈活性的同時也應發揮定則的約束作用，如果完全取消倫理規範的價值取向，隨波逐流，以致同流合污，那就談不上道德行為了。因此〈易之義〉除了強調「時」以外，還強調一個「中」。「中」

是常的原則，常規，也就是原則性的原則。這種時中思想，把道德行爲看作是一種人與環境和諧共鳴的關係，一種以時間、地點、條件爲轉移的動態過程，因而對人的行爲評價既有常例，也有變例。和順是由陰陽之分與陰陽之合兩種不同層面的狀態所構成，是陰與陽的最佳配合，無過無不及而恰到好處，完全符合宇宙本然的秩序，這就是所謂「中」。

第五節　愼言爲本的修養主張

　　語言是人與人溝通的工具，也是表情達意的媒介，更是建立彼此關係的橋樑，優質言語能促進和諧，增進情感，劣質言語則易造成隔閡，形成敵對與冷漠。故自古以來，愼言始終是君子修養的基本工夫。子張曾經求教孔子干祿之法，孔子便回答：「多聞闕疑，愼言其餘，則寡尤；多見闕殆，愼行其餘，則寡悔。言寡尤，行寡悔，祿在其中矣。」（《論語・爲政》）可見人云亦云，道聽途說，不符合愼言尺度，疑處不言，言能謹愼，才能減少過失。然而何謂謹愼？孔子曰：「非禮勿言。」（《論語・顏淵》）又曰：「君子恥其言之過其行也。」（《論語・憲問》）孟子曰：「人之易其言也，無責耳矣。」（《孟子・離婁》）又曰：「言人之不善，當如後患何！」（《孟子・離婁》）墨子曰：「言不信者，行不果。」（《墨子・修身》）因此，合禮、守信，言而得當，不言過其實，不言人之惡，不恣意批評，是愼言的基本工夫，也是個人立身行事的態度。然而愼言並不等於寡言，而是因時制宜，居於不同場合，應有不同的應對方式，面對不同人物，亦應顯示不同的談吐禮儀，《論語・鄉黨》就記載孔子於鄉黨、宗廟、朝廷的各種說話技巧：

> 孔子於鄉黨，恂恂如也，似不能言者。其在宗廟朝廷，便便言，唯謹爾！朝，與下大夫言，侃侃如也；與上大夫言，誾誾如也。君在，踧踖如也，與與如也。

　　身分差別，時機迥異，便造成微妙的人際關係，面對複雜的社會結構，謹愼的言語配上合宜的舉止，才能適度的表達對事情的態度，甚至開口、閉口的拿捏，都是掌握「得人」或「失人」的關鍵。《論語・衛靈公》說：「子曰：『可與言而不與言，失人；不可與言而與之言，失言。知者，不失人，亦不失言。』」就是說明適度的言語能吸引才德之人，造成好的結果，時機不當的言語則只是白費力氣罷了。職是之故，愼言需掌握合禮適宜的原則，才能

將語言表情達意的功能作淋漓盡致的發揮。

因此，〈易之義〉說：

> 又口能斂之，无舌罪，言不當亓時則閉慎而觀。易曰：「聒囊，无咎。」子曰：「不言之胃（謂）也。□□□□〔何〕咎之又（有）？墨（默）亦毋譽，君子美亓慎而不自箸（著）也。淵深而內亓華。」

這一段對坤卦六四爻辭的解釋是站在君子自修己德的角度來分析的，強調君子以德性的修持臻於完善為人生目標，較不汲汲於求顯於世，換句話說，就是較重視內聖的工夫，強調能收斂口舌之快則能斷絕失言之過。可見君子所關注的乃在於內涵的提昇而非成名於世。這是一種初步的修己工夫，與外王有著程度上差異。

又帛書〈繫辭〉言：

> 「鳴鶴在陰，亓子和之，我有好爵，吾與璽（爾）贏之」。曰：「君子居亓室，言善，則千里之外應之，侃（況）乎亓近者乎？出言而不善，則十里之外回（違）之，侃（況）乎亓近者乎？言出乎身，加於民，行發乎近，見乎遠，言行，君子之區（樞）幾（機），區（樞）幾（機）之發，營辰之斗也，言行，君子之所以動天地也。」
>
> （略同今本〈繫辭傳上〉第八章）

這是對中孚卦九三爻辭的解說，與通行本〈繫辭傳上〉第八章相較，帛本〈繫辭〉最大的不同是「營辰之斗也」，通行本作「榮辱之主也」。營、榮，為耕部疊韻。營，本義為四圍壘土而居。引申為籌劃、謀求、建造之義。榮，本義為桐木，引申為草木植物所開的花以及光榮之義。辰為星辰。帛本此句意謂君子的言行就如蒼穹之北斗星般，對周遭的星辰運行具有一定的影響力；通行本則認為君子的言行是主宰光榮、屈辱的關鍵。雖然，兩個版本細部句義稍有不同，但大體而言都是強調言行具有自然感應之效，並隱涵如何善用言行相感相應原理，以達到使人趨善的外王境界。

中國人的人生修養重視以天為法，聖人透過對宇宙萬化的觀察為修持過程鋪路，希望上與天齊。然而宇宙發展與人生變化顯著不同，在這個發展中，宇宙的變化是自然而然的，如四時的交替，晝夜的代換。但人生的變化卻是複雜的，因為人可以藉由意志與性靈，決定感應的方向，也就是說種下好的「感」，便有好的「應」。這是一種將規律性的宇宙觀轉變成具有道德涵義的人生哲學過程，此一遞變，抬高了人的地位，彰顯了人的價值，人可藉由精神力量、意志

控制等各種管道與天相感，從而創造出符合人性的生命哲學。如果說〈易之義〉的斂口自修是初步的內聖工夫，〈繫辭〉這一段以善言感人、應人則是進階的外王氣度，不但己之言行修為已至一定水準，更進而能化民為善。

除了上文言及慎言之修養外，〈二三子〉對君子與小人的言語觀也作了如下比較：

〈二三子〉曰：

> 易曰：「括囊，無咎無譽。」孔子曰：「此言箴小人之口也。小人多言多過，多事多患，□□□以衍矣，而不可以言箴之。亓猷"括囊"也。莫出莫入，故曰"無咎無譽"。」二三子問曰：「獨無箴於聖〔人之口乎？〕孔子曰〕：「聖人之言也，德之首也。聖人之有口也，猷地之有川浴也，財用所繇出也；猷山林陵澤也，衣食家□〔所〕繇生也。聖人壹言，萬世用之。唯恐亓不言也，有何箴焉？」

又曰：

> 〔卦曰：「艮亓輔〕，言有序。」孔子曰：「□言也，吉凶之至也。必皆於言語，擇善〔而言惡〕，擇利而言害，塞人之美，陽人之亞（惡），可胃（謂）无德，亓凶亦宜矣。君子慮之內，發之□□□□□不言害，塞人之亞（惡），陽（揚）〔人之〕美，可胃（謂）"有序"矣。」

第一則通過對坤卦六四爻辭的闡釋，指出孔子對聖人與小人言語的價值判斷和道德要求。孔子認為小人多言多過，多事多患，因而應斂其口；聖人之言則如山川陵澤為萬世之用。第二則將艮卦六五爻辭解釋成相反的二種品德，君子言善而不言害，塞人之惡，揚人之善，小人擇利而言害，塞人之美，揚人之惡，故君子處事多吉，小人處事則往往見凶。第一則只是通說小人之口宜箴之，聖人之口反是。第二則乃具體指出何以要箴小人之口，卻恐聖人不言。藉由直接區別君子、小人迥異的說話方式，間接指引慎言應把握不亂言、不妄言的原則，方能避凶趨吉。

又帛書〈繫辭〉言：

> 「不出戶牖，无咎。」子曰：「乳（亂）之所生，言語以為階。君子不閉則失臣，臣不閉則失身，幾事不閉則害盈。是以君子慎閉而弗〔出也〕。」

這一則揭示不當的言語是禍亂的淵源，所謂「君君，臣臣，父父，子子」，處於何種地位就當採取怎樣的言行態度以適合自己的身分。身為國君當有國

君的氣度，若欠缺涵養，言語草率，則易失去臣子的信任；同樣的，身爲人臣亦應有人臣應守的法度，若行事隨便，言語失當，則易遭致殺身之禍。所以，適度合宜的說話態度是修己治人的基礎，想要得到別人的信任與尊重，想要維持生活康泰，人際和諧，便不得不從愼言下工夫。

人不能離群索居，故溝通成爲維繫群體和諧的手段。語言，便是最好的溝通工具。能適當合宜的運用語言，便能掌握人際關係的脈動，甚至發揮潛在的影響力感應他人。因此，愼言不僅成爲君子必具的修養，能否愼言更關係著君王的威信，百姓的身家安危，有時表達言語的方式還能成爲判斷人格特質的標干。帛書〈繫辭〉云：「吉人之虗（辭）寡，趮（躁）人之虗（辭）多，无善之人亓虗（辭）斿（游），失亓所守，亓虗（辭）屈。」（略同今本〈繫辭傳下〉第十二章）便是說明善德的人，總是寡言少語；性格浮躁的人，話特別多；誣毀善人的人，說話總是游移不定；失去操守而無主見的人，只能隨聲附和，屈服於人。可見人格特質不同，顯現於外的說話態度亦異。成爲吉善之人是大家企求的目標，愼言則是通向吉善的階梯，唯有掌握適當的說話時機，避免躁、隱、瞽〔註9〕的缺失，才能促進己與人、人與人之間的良性互動，從而創造優質和諧的社會。

第六節　尚賢謙讓的政治理念

近代的民主政治爲防止政府濫權，保障人民權益，制定了許多監督政府的相關配套措施，以防止人民權益受到政府不當的侵害，因此，現代民主政治強調依法行政，主事者必須依據人民制定的法令行事，具有濃厚的法治色彩。所以，法令的良窳攸關人民的權益，上位者的一切作爲必須有法源根據，領導者是否尚賢，能否謙讓便顯得不甚重要。然而，帝制時期，強調朕即國家，這種家天下，一人專政的體制，導致國家的興衰直接操控於帝王之手，法令是君王用以駕取人民的手段，一切制度以上位者之意爲依歸，具有濃厚的人治色彩，若主事者能納賢用才，謙虛待下，則國運興隆，反之，則易走向敗亡命運。因此，尚賢謙讓一直是古代聖君賢主的治國理念。

《尚書‧湯誓》曰：「聿求元聖，與之戮力同心，以治天下。」便是說明古

〔註9〕語出《論語‧季氏》：「孔子曰：『侍於君子有三愆：言未及之而言，謂之躁；言及之而不言，謂之隱；未見顏色而言，謂之瞽。』」

代聖君哲人莫不尋求良才以爲輔弼，以保政通人和。堯舉舜於服澤之陽，禹舉益於陰方之中，湯舉伊尹於庖廚之中，文王舉閎夭、泰顛於罝罔之中〔註10〕，都是明證。

　　春秋時期的墨子，面對晚周世卿制度的逐漸崩壞，權臣政治勢力的日盛，提出尚賢的主張，以匡矯時弊。《墨子·尚賢上》曰：「故古者聖王之爲政，列德而尚賢，雖在農與工肆之人，有能則舉之，高予之爵，重予之祿，任之以事，斷予之令。」《墨子·尚賢中》曰：「故古者聖王甚尊尚賢而任使能，不黨父兄，不偏貴富，不嬖顏色。賢者舉而上之。富而貴之，以爲官長；不肖者抑而廢之，貧而賤之，以爲徒役。是以民皆勸其黨，畏其罰。相率而爲賢者。以賢者眾，而不肖者寡，此謂進賢。」又曰：「古者聖王唯毋得賢人而使之，般爵以貴之，裂地以封之，終身不厭。賢人唯毋得明君而事之，竭四肢之力，以任君之事，終身不倦，若有美善，則歸之上，是以美善在上，而所怨謗在下，寧樂在君，而憂感在臣，故古者聖王之爲政若此。」前二則說明用賢的原則；最後一則肯定聖王與賢臣是一種良性互動的關係。墨子主張不論貴賤，不分親疏，唯賢是用，而用賢的具體方式就是封其爵、高其俸並絕對授權，透過君王對賢臣的完全信任，賢臣則竭身盡力以報之，當然，此種良性循環發端於君王，賢臣只是君王選作用以輔弼政績的幫手，而非主導，上位者本身的態度才是關鍵。墨子學說於春秋時期盛極一時，與儒學並稱顯學，然至戰國時代已漸式微，至漢武帝已完全喪失其顯學地位〔註11〕。儘管如此，墨子尚賢主張仍對中國日後幾千年的政治變動有著一定影響，能否尚賢也成爲判斷國君是否清明的指標。

　　尚賢謙讓是中國人的傳統美德，亙古以來，「謙」始終是評判道德標準的尺規之一。《易經》六十四卦只有謙卦六爻皆吉、皆利，可見一謙，天下無事不成。就個人言，謙無疑是高尚的品德修養，謙退而不自滿可以防止事情向對立面轉化，從而得其利益；就臣子言，能功成不居，將榮耀歸之於君王，不僅是認清臣爲輔助角色，不與王爭，更能因此受到帝王信任；就帝王言，能禮賢下士，不位高自滿，定可聲名遠播，受人愛戴。《書經·大禹謨》曰：

〔註10〕援引《墨子·尚賢上》。參考李漁叔《墨子今註今譯》（台北：台灣商務印書館，西元 1992 年 5 月）

〔註11〕孫詒讓謂「墨氏之學亡於秦季。故墨子遺事在西漢已莫得其詳。」（《墨學傳授考》）

「滿招損，謙受益。」就是警誡世人勿因盈滿而自得，唯有謙虛方能獲益。

因此，〈易之義〉曾對坤卦卦辭作了如下的解釋：

> 「東北喪崩（朋），西南得崩（朋）」時謂：
>
> 「求賢也」

又於坤卦詳說時云：

> 「子曰：『非吉石也。亓□□□□與賢之胃（謂）也。〔武夫〕
> 又（有）拂，文人有輔。拂不橈，輔不絕，何不吉之又（有）？』」

〈二三子〉於解釋鼎卦上九爻辭時亦言：

> 鼎玉鉉，〔大〕吉，無不利。孔子曰：「鼎大矣！鼎之遷也，不
> 自往，必人舉之，大人之貞也。鼎之舉也，不以亓止，以□□□□
> □□□□□□□賢以舉忌也。明君立正，賢輔強之，將何為而不
> 利？故曰大吉。」

於詮釋解卦上六爻辭時又曰：

> 卦曰：「公用射隼于〔高墉之上〕，无不利。」孔子曰：「此言人
> 君高志求賢，賢者在上，則因□用之，故曰〔无不利。〕」

〈二三子〉此則解釋與傳世的註解不同。〈繫辭傳〉曰：「《易》曰：『公
用射隼于高墉之上，獲之无不利。』子曰：『隼者，禽也。弓矢者，器也。射
之者，人也。君子藏器于身，待時而動，何不利之有？動而不括，是以出而
有獲。語成器而動者也。』」〈象傳〉：「以解悖。」前者強調備物待時而用。
後者依《九家易》之解釋則為：「隼，鷙鳥也。今捕食雀者，其性疾害，喻暴
君也。陰盜陽位，萬事悖亂，今射去之，故曰以解悖也。」〔註12〕

又於闡釋豐卦卦辭時說：

> 卦曰：「豐，亨，王段（假）〔之〕；勿自憂，宜日中。」孔子曰：
> 「〔此言〕□也。勿憂，用賢弗害也。日中而盛，用賢弗害，元亨亦
> 宜矣。黃四輔，堯立三卿，帝□□□□□□□□□曰：魚其肝大□
> □□魚，大羹也，肝言亓內。亓內大美，其外必有大聲問。」

這一則以黃帝授權於風后、力牧、常先、大鴻四位輔佐大臣，堯授權於
三位輔弼大臣來說明用賢便是充份授權。與歷來注家解說亦異。干寶曰：
「豐，坎宮陰，世在五。以其宜中，而憂其側也。坎為夜，離為晝，以離變

〔註12〕李鼎祚《周易集解》。（台北：台灣商務印書館，西元 1996 年 12 月，頁 199）

坎，至于天位，日中之象也。殷水德，坎象晝敗，而離居之。周伐殷，居王位之象也。聖人德大而心小，既居天位，而戒懼不怠。勿憂者，勸勉之言也。」〔註13〕干寶此說則從象數著手，言及聖人之戒懼不怠。

　　上引四則，皆強調國家有賢人的輔佐，便不致於淪爲斷絕的命運。最後一則更舉歷史事實以證明。〈易之義〉通篇幾乎圍繞著二種物質相輔爲用而言說，舉凡陰陽、動靜、剛柔、文武等，無一處不是緊扣平衡來發揮，故其論及賢人對國家的重要時，亦由文人、武人二方面來敘述，說明國家要長保亨泰、文治武功不可偏廢，故文有文才，武有武將，雖未明言君王，但君王實是融合文武良才，讓其能盡心爲國效力的凝結劑。再觀〈二三子〉，全篇都以「孔子曰」作爲解釋各卦、爻辭意旨的開端，文中充滿敬天保民，舉賢任能，進德修身的思想，對各卦爻辭的解釋亦直探個人修身原則或帝王治國方略，而罕言象數，如鼎卦上九爻辭直言「明君立正，賢輔強之」，解卦上六爻辭直說「人君高志求賢」，豐卦卦辭直指「用賢弗害」，乾卦九五爻辭直道：「賢者不蔽」，可見在〈二三子〉作者心目中，君王能否得賢、用賢對國家的興衰有相當重要的影響。也唯有仁者在位，能者在職，纔能「應合人心」。這是一種「用賢德治」的政治理念。反過來說，若是不賢者在位，必將成事不足而敗事有餘，如此必爲天下百姓帶來很大的災害。

　　又〈二三子〉解釋鼎卦九四爻辭時言：

　　　　易曰：「鼎折足，复（覆）公䢌（餗），亓荆（形）屋（渥），凶。」孔子曰：「此言不勝任也。非亓任也而任之，能毋折虖（乎）？下不用則城不守，師不戰，內亂（亂）□上，胃（謂）『折足』；路亓國，〔蕪亓〕地，五種不收，胃（謂）『复（覆）公䢌（餗）』；口養不至，飢餓不得食，胃（謂）『荆（形）屋（渥）』。」二三子問曰：「人君至於飢乎？」孔子曰：「昔者晉厲公路亓國，蕪亓地，出田七月不歸，民反諸雲夢，无車而獨行。□□□□□□公□□□□□□□□□□飢不得食亓月，此『亓荆（形）屋（渥）』也。故曰：『德義无小，失宗无大。』此之胃（謂）也。」

〈要〉解釋鼎卦九四爻辭時亦曰：

　　　　夫子曰：「德溥（薄）而立（位）奠（尊），〔知小而謀大，力小而任重〕，鮮不及。易曰：『鼎折足，复（覆）公䢌（餗），亓荆（形）

屋（渥），凶。』言不朕（勝）任也。」

此二則皆是闡述為政之道在於選拔人才。但人才難覓，庸才誤國。不能勝任，卻委以重任，必定遭到如同「鼎折足」之類的凶災。因此，當在位的政治領袖闇黯不明，不能唯賢是用，而使仁人君子懷才不遇，便會有「遺珠」之恨。

〈易之義〉言乾卦用九爻辭說：

　　易曰：「見群戁（龍）无首。」子曰：「讓善之胃（謂）也。君

　子群居莫敢首，善而治，何諓（疾）其和也？」

此則告誡人們群居眾處之際，要懂得謙讓之德，尤其乾卦六爻皆陽，若一味以剛健之姿態強居人首，則將導致悔咎。〈易之義〉云：「炕（亢）龍有愁（悔），高而爭也。」即是此理。

再觀〈二三子〉對乾卦上九爻辭之解釋為：

　　易曰：「抗（亢）龍有愁（悔）。」孔子曰：「此言為上而驕下，

　驕下而不佁（殆）者，未之有也。聖人之立正也，若遁（循）木，

　俞（愈）高俞（愈）畏下。故曰抗（亢）龍有愁（悔）。」

此則警誡居上位者不可因為地位崇高，而瞧不起下位的人，需知爬得越高，跌得越重。提醒聖人君子，當知「樹大招風」、「水能載舟，亦能覆舟」之理應常保虛懷若谷的心態，以謙讓之心涵養品德，治理國家。

〈繆和〉篇中，莊但曾以時人莫不汲汲營營於尊貴、顯達、富厚、安樂，何以謙卦初六爻辭卻言：「嗛（謙）嗛（謙）君子，用涉大川，吉。」就教於先生，請示兩者之關係。先生則作了以下的答覆：

　　耴（聖）人不敢又（有）立也，以又（有）知為无知也，以又

　（有）能為無能也，以又（有）見為无見也。動焉无取諡（盈）也，

　以使亓下，所以治人請（情），枝群臣之偽也。□君子者，天□□□

　然以不□□於天下，故奢多廣大，斿（遊）樂之鄉不敢渝亓身焉，

　是以而下驩（歡）然歸之而弗猒也。……子曰：「悤（聰）明叡（睿）

　知（智）守以愚，〔博〕聞強識守〔以淺，尊祿〕貴官守以卑。」若

　此，故能君人。非舜，亓孰能當之？

此以舜為例，強調越是聰慧出眾之人越能表現大智若愚的風範，越是知識淵博之人越能恪守謙虛的原則，越是尊貴顯達之人越能展現卑以自牧的涵養。所以，聖人以有知為無知，以有能無無能，以有見為無見。這與《論語·

泰伯》所引曾子曰：「以能問於不能，以多問於寡；有若無，實若虛；犯而不校，昔者吾友嘗從事於斯矣！」相近。這一段話說明有修爲的君子應有不恥下問、謙虛受教以及寬容不爭的謙德。由於聖人能謙能讓之氣度，故能延攬天下人才，使群臣百姓歡然歸順。此一思想亦與老子思想相似，《老子》四十五章云：「大成若缺，其用不弊。大盈若沖，其用不窮。大直若屈，大巧若拙，大辯若訥。」〔註14〕這是透過「大成」、「大盈」、「大直」來描述一個完美的人格，其中「若缺」、「若屈」、「若拙」、「若訥」主要是突顯君子不處處展露完美，而以謙虛自修爲目標，以達「不弊」、「不窮」。

除了上則就君王以說謙德之重要外，張射亦求教先生顯赫盈滿乃天下人之所慾，何以謙卦卦辭卻說：「嗛（謙），亨，君子又（有）冬（終）。」兩者是否矛盾，老先生亦作了如下答覆：

> 列尉（爵）立（位）之尊，明厚賞愛之名，此先君之所以勸亓力也。豐（豐）盈，彼亓貴之也，此非耵（聖）君之所貴也。夫耵（聖）君卑臘（禮）屈貌以郤孫（遜），以下亓人，能至天下之人而又（有）之。〔非耵（聖）君，亓〕孰能以此冬（終）？子曰：「天之道稟（崇）高神明而好下，故萬物歸命焉；地道精傳（博）以尚而安卑，故萬物得生焉。耵（聖）君之道尊嚴叡知（智）而弗以驕人。」……子曰：「天道毀盈而益嗛（謙），地道銷〔盈而〕流嗛（謙），〔鬼神害盈而福嗛（謙），人道〕亞（惡）〔盈〕而好溓（謙）。溓（謙）者，一物而四益者也，盈者，一物而四損者也。……溓（謙）之爲道也，君子貴之。」

先生認爲人們所重視的爵位、封賜是君主用以犒賞屬下，使其戮力爲國的手段，賢明君主真正在乎的爲是否能以謙卑遜讓的態度面對群臣百姓以招攬天下人才爲己之用，並進一步以天道、地道、鬼神爲喻，闡明自然之道如此，人亦當法之以好謙惡盈，最後更言謙者四益，盈者四損，重申謙讓之德是君子所看重的人格修養。這一思想也與老子「居下」、「不爭」的想法相仿，《老子》六十六章云：「江海之所以能爲百谷王者，以其善下之，故能爲百谷王。是以『聖人』欲上民，必以言下之，欲先民，必以身後之。是以『聖人』處上而民不重，處前而民不害，是以天下樂推而不厭。以其不爭，故天下莫能與之爭。」便是指明統治者應處下退讓，擁有謙虛容物的氣度。

〔註14〕參考陳鼓應《老子今註今譯》。（台北：台灣商務印書館，西元 1991 年 5 月）

綜上所述，唯有謙虛處事，讓賢者在位，以德治人，纔能近悅遠來，而成就平治天下的大業。所以，〈繫辭傳上〉說：「易知則有親，易從則有功，有親則可久，有功則可大，可久則賢人之德，可大則賢人之業。」

小　結

〈易之義〉民胞物與之襟懷在於上合天理，人類藉由體悟天地好生之德而與宇宙交流。此時，祭祀求福，卜筮別吉凶的手段已不適用，仁義善德的復歸才是人生的目標。「時」的思想，在結合客觀環境和具體虛境間的發展變化，全面性的評價人的道德行為是否正當，並追求相對的合理性。因此，沒有固定的規律，只有活性的原則。「中」是常的原則，無過無不及而恰到好處，完全符合宇宙本然的秩序。溝通為維繫群體和諧的手段，語言，便是最好的溝通工具。能適當合宜的運用語言，便能掌握人際關係的脈動，甚至發揮潛在的影響力感應他人。尚賢謙讓是中國人的傳統美德，亙古以來，「謙」始終是評判道德標準的尺規之一。《易經》六十四卦只有謙卦六爻皆吉、皆利，可見一謙，天下無事不成。就個人言，謙無疑是高尚的品德修養，謙退而不自滿可以防止事情向對立面轉化，從而得其利益；就臣子言，能功成不居，將榮耀歸之於君王，不僅是認清臣為輔助角色，不與王爭，更能因此受到帝王信任；就帝王言，能禮賢下士，不位高自滿，定可聲名遠播，受人愛戴。《書經·大禹謨》曰：「滿招損，謙受益。」就是警誡世人勿因盈滿而自得，唯有謙虛方能獲益。

是以〈易之義〉的人生論，是以生生之德的生命循環為基礎，發展而為民胞物與、奮發創造的人生觀，以中和之道為依據，發展而成順時得中的人生哲學，並於個人修為上恪守慎言的原則，於政治遞變的氛圍中擁有尚賢謙讓的氣度。

結　論

第一節　〈易之義〉內容總論

　　〈易之義〉是一篇完整的「有機體」。首論易之大義，接著分述陰陽、柔剛、地天、靜動、文武；以卜筮為始，再轉向萬物之性、萬事之理，並以乾、坤等卦爻為例，同時及於憂患九卦及易爻通則，逐步強化重德輕占之思想取向。是以〈易之義〉通篇以陰陽為內涵，以和合為目標，論及《易》之興起，則歸之於憂患意識，故極重視「德」之闡發。然此處陰陽並非如陰陽家所謂之陰陽五行，而是萬事萬物間，看似相反，實具相融特性之物質總稱。〈易之義〉由重占至重德之轉化，可視為人文精神之啓蒙。道德行為的強調，則顯示《易經》已由早期卜筮之書，逐步過渡成為具有教化功能的哲理之書。

　　在事物的變化中，乾代表萬物創生的動力；在人事中，代表君主、領袖、男子、父等。他們具有陽剛的特質，強健的體魄，創造的本領，能通達無阻，並符合造物作事的程序，彰顯自強不息的精神，完成利國利民的事業。黃師慶萱於〈乾道變化與理一分殊〉中曾就〈十翼〉對乾道的敘述，彙整其特質如下：

> 綜觀〈十翼〉對乾道的敘述形容，使我們對乾道剛健、中正、純粹、平易、恆常、開放的創始性、發展性、福利性與正當性，以及其落於形體上為天、為君、為父、為首、為玉、為金等等尊貴的特質，有了更鮮明具體的認識〔註1〕。

　　吾師所論不僅述及乾道之原始義，還探討乾道之勢能、德性、發展層次。

〔註 1〕　《周易縱橫談》，頁 167。

甚為精闢。坤代表萬物安靜固守的質性，在人事中，代表臣子、女子、母等。他們具有陰柔的特質，能本著順承精神，協助行動主體發揮才能，展現無邊無際的力量。通觀〈易之義〉對乾、坤兩卦之敘述，除了著眼於各別屬性之探討，更從乾、坤兩卦相對的性質，闡發陰陽彼此感應、交替、配合以具現天地生化萬物的功能。黃師慶萱於〈周易數象與義理〉中云：

> 就個人方面，意志為陽，軀體為陰；理智為陽，欲望為陰。就社會方面，大眾為陽，小我為陰；公益為陽，私利為陰。但是，無軀體，意志無法實現；無小我，大眾無法形成。理智與欲望，公益與私利，雖有主從之別，仍以平衡為則，這樣才能達到高度和諧的境界〔註2〕。

吾師提出陽陰雖有主從之別，然透過相交、融合的過程，顯現的和諧境界才是人類企求目標，此說正是〈易之義〉陰陽相濟觀點之彰顯。總之，〈易之義〉乾、坤合併詳釋的作法，說明中國傳統思為方式並非只以剛健不息為美德，亦強調柔靜順從的輔成作用。

〈易之義〉特別重視中庸之道，認為凡事不宜太過，亦應避免不及，面對不同時機，應有不同的權衡措施。因此，列舉乾卦上九爻辭、大壯卦上六爻辭、姤卦上九爻辭、鼎卦九四爻辭、豐卦卦辭以及噬嗑卦上九爻辭以說明過剛缺失；又舉坤卦卦辭、小畜卦卦辭、姤卦初六爻辭、漸卦九三爻辭及屯卦上六爻辭以說明過柔不當。因此，主張行事應「柔而不狂」、「剛而不折」，如此才能「文而能朕（勝）」、「武而能安」。同時並舉謙卦六二爻辭、遯卦六二爻辭及渙卦卦辭，以進一步闡述剛柔互濟，則能達到文武兼備，能勝能安道理。

〈易之義〉從第三十七行至該篇最後之內容，與通行本〈繫辭傳下〉第六、七、八、九章略同。其間包括憂患九卦的陳述，爻位特點的說明等。然而，在這些內容中，〈易之義〉出現了三處不見於通行本的敘述，分別為：敘述憂患九卦前之「上卦九者，贊以德而占以義者也。」陳述《易經》卦、爻同時兼具變與常特質後之「□□无德而占，則易亦不當。」以及總述初、上、中爻特性之「□□□□□□□占，危哉！□□不當，疑德占之，則易可用矣。」這三句話皆隱含該篇重德之取向，將之與〈要〉內容參互比較、補充，即可歸納出帛書易傳所處時代，適逢卜筮之心理需求日漸勢微，而道德之社會教化逐漸抬頭，顯示吉凶禍福已非命運所能全然決定，人具有積極掌握未來的能力。

〔註2〕《周易縱橫談》，頁45～46。

　　〈易之義〉的宇宙，是一種透過陰陽往復、動靜循環交相作用而成的中和系統。它在物質上的形式可能有限，但在運用上卻是無窮。也就是說，在有限的宇宙形體中，可以表現無窮的空靈妙用。中國人之所以能於有限，表現無窮，在於能夠放曠慧眼，玄覽宇宙，以應無窮。也就是對宇宙能和悅相應，忠恕體悟，中正不偏，使萬物皆能情感交融。並本著萬有品類本是同源異派的精神，基於「民吾同胞，物吾與也」的關係，把愛心推廣到他人身上，並澤及草木鳥獸，使萬物共生共榮，和諧的存在於世。將此觀點用於個人修為，則強調仁民愛物，慎言為上；用之於政治，則主張尚賢謙讓。人能慎言，君能尚賢、謙讓，則能事事和諧。

　　由此可知，宇宙的變化生生不已，流衍無窮，人類的靈明心性感應天地萬物變化的格局，使宇宙的價值恢宏擴大，更加完美。人與天和諧，人與人感應，人與物均調，皆能透過不斷相交、調合的歷程，提高宇宙與人生的價值。

第二節　〈易之義〉之文獻價值

　　文明的進步，思想的成型都是經過長時期積累而成，它既保留了前代思潮的精華，也記錄了當代之風尚，更對日後思想之演變有著啟迪和影響。〈易之義〉是已佚的漢初解《易》文字，與通行本〈繫辭傳〉及〈說卦傳〉相較，異文甚多，其中不少是字形、字音方面的訛字，如「配」誤為「肥」等；亦有明顯優於通行本者，如九卦末卦為渙卦等；也有兩者皆通者，如通行本為「作《易》者，其有憂患乎？」〈易之義〉為「作《易》者，亓又（有）患憂與？」等。凡此，皆有助於帛書《易傳》與通行本《易傳》之進一步研究，故其學術價值不容忽視，下文將就其價值作一陳述：

　　一、〈易之義〉重視中和，提倡人與自然，人與社會，人與人以及人與自
　　　　身的和諧，故云：

　　　　易之義誰（唯）陰與陽，六畫而成章，曲句焉柔，正直焉剛。
　　六剛无柔，是胃（謂）大陽，此天〔之義也。〕……六柔无剛，此
　　地之義也。天地相衛（率），氣味相取，陰陽流荆（形），剛柔成□。
　　萬物莫不欲長生而亞死，會□者而台（以）作易，和之至也。

　　此種將對立的極端巧妙結合起來，並將各種矛盾關係處理得恰到好處，面對現代社會衝突之層出不窮，不僅具有無限魅力，而且又是解決爭端的最

佳方式。

二、〈易之義〉通過對乾坤兩卦的解釋，提出剛柔互補的原則，認爲剛中有柔，柔中有剛，動靜相成，文武相濟，方能立於不敗之地。此種重視矛盾、衝突相融相涵的思辨過程，強化通行本《易傳》的陰陽和合說，在易學史上亦有重要意義。

三、〈易之義〉一文，以陰陽、柔剛、仁義爲天道、地道、人道的本質；〈要〉以陰陽、柔剛、上下爲天道、地道、人道的本質。其中，以仁義作爲人道原則，實蘊涵內在的人文價值；以上下爲人道本質，實顯示外在的禮制教化；將天、地、人並稱，更透顯出人之主體性已然確立。換句話說，主體透過自觀天地之變，而具有參天贊地的功能：當人賦予天地自然以價值和意義的同時，也肯定了人身的價值和意義；在定位天地的過程中，人的地位也得到確立。這便是天、地、人圓融之道。此種將人超脫於萬物之上，進而與天地同流共化的歷程，是對自然狀態的超越，更是人文精神的濫觴。

四、〈易之義〉提出占筮離不開德性，〈要〉則區別學易和占易的不同，甚至於主張以道德修養代替卜筮。此不以《易》爲占卜吉凶禍福之書，而在於提高人生智慧以及思想境界。這種以道德、理性爲基礎的人文關懷，提出占筮者應具備道德修養，更進一步由求問過程中的卦、爻辭意義引申出修身與行事的教訓，除了透露當時人們的生活態度外，又可了解人之禍福已逐漸由不可知的神祇掌控過渡至自己的主動修爲中，人的價值已受到重視。〈易之義〉保留這個特色，所作貢獻是不容忽視的，且此一思想對日後人的思爲方式更有著不可磨滅的影響。

五、〈易之義〉通篇對卦、爻辭的闡釋，皆直言義理，而罕言象數。即重視研究《易經》的原理及人道教訓，並將《易經》思想納入人生、社會哲理而予以引申推闡，以關懷人情社會之律動爲依歸，可作爲平民百姓及國君眾臣的人生指南。

六、帛書《易傳》所提供的許多寶貴資料，可作爲研究古代學術動態之之參考。李學勤在〈新出簡帛與學術史〉中說：

新出土簡帛書籍與學術史研究的關係尤爲密切。……從各地發現的簡帛書籍實物，首先可以認識到秦始皇的焚書坑儒是實在

的，……根據李斯所議制定的挾書律，直到漢惠帝四年才得廢
除，……因此漢初的竹簡帛書種種佚籍，大多是自先秦倖存下來的
書籍抄本，所以它們不僅反映當時學術的面貌，而且可以由之上溯
先秦學術，關係到學術史上的好多重大問題〔註3〕。

此語甚中肯綮。帛書《易傳》以漢隸書寫而成，當屬今文學派，然其解
經方式則不同於京房一派象數之學，反與古文學派費直解易相通。《漢書·儒
林傳》論費直易說謂：

亡章句，徒以彖、象、繫辭十篇，文言解說上下經〔註4〕。

足見其解《易》風格著重在義理之闡發。朱伯崑〈帛書易傳研究中的幾
個問題〉指出：

近人研究漢代經學史，有一種流行的說法，即今文學家，其解
經的學風大都講陰陽災異如董仲舒。而古文經學家，其解經不神化
史實，如劉歆。……然而帛書本《周易》經傳和易學的出現，說明
漢初的今文經學亦有不談陰陽災異的，從而影響後來的古文經學派
的易學，如費直易學。據此，可以說，漢代的今文經學有兩種傾向：
一派是受荀學影響，不講神祕主義。一派是受董仲舒影響，大講神
祕主義〔註5〕。

朱氏推斷帛書《易經》、《易傳》屬於今文經系統，再由其論述方式，推
測漢初所謂今文經，並非全然講述陰陽災異，進而認為帛書經、傳文，可作
為研究漢代經學形成與分化的參考憑據，甚有見地。漢初之今文經，多是當
時學者以口授方式將古文轉寫為今文，如伏生所傳之今文《書》。因此，帛書
經、傳之來源，極可能是當時學者憑其記憶，以口授的方式將先秦典冊傳下
來的作品，其所依據之藍本當為篆文竹簡本，是以帛書經、傳中的假借、衍
文、漏字、錯置、錯字的情形，除了可歸咎於抄寫者的誤失外，口傳以及傳
抄篆文藍本時之失察都是造成帛書經、傳文字不一之因。

綜上所述，帛書《易傳》除了能由其解經特色窺知漢初的學術風貌外，
還能推測先秦時代的思想動態，更能填補漢初易學的空白，並對漢朝今、古
文經學的研究提供可靠資料。

〔註3〕李學勤《簡帛佚籍與學術史》，台北：時報文化出版公司，1994年12月。
〔註4〕《漢書補注》前漢八十八卷，頁1521。
〔註5〕《國際易學研究》第一輯，（北京：華夏出版社，西元1995年1月），頁61。

小　結

　　總之，〈易之義〉前述陰陽，並及於乾、坤等卦爻義理之疏通，以佐證剛柔和合之要；後談德義，亦及於九卦、易爻通則之論述，認爲九卦雖有其本具之道德屬性，初、上、中爻也有所謂難曉、易知、多譽、多凶、多懼、多功等之既定特質，然吉凶、成敗並非「本具屬性」、「既定特質」所能涵蓋，卦爻顯示之象數仍需配合德義才能適切解答占筮者之疑惑。是以通篇有其述說主體，爲結構完整之易說，由內容、形式以及文獻資料觀之，其於學術史上的價值不容忽視。

附圖一：通行本《易經》六十四卦次序圖

（摘自黃師慶萱《周易縱橫談》）

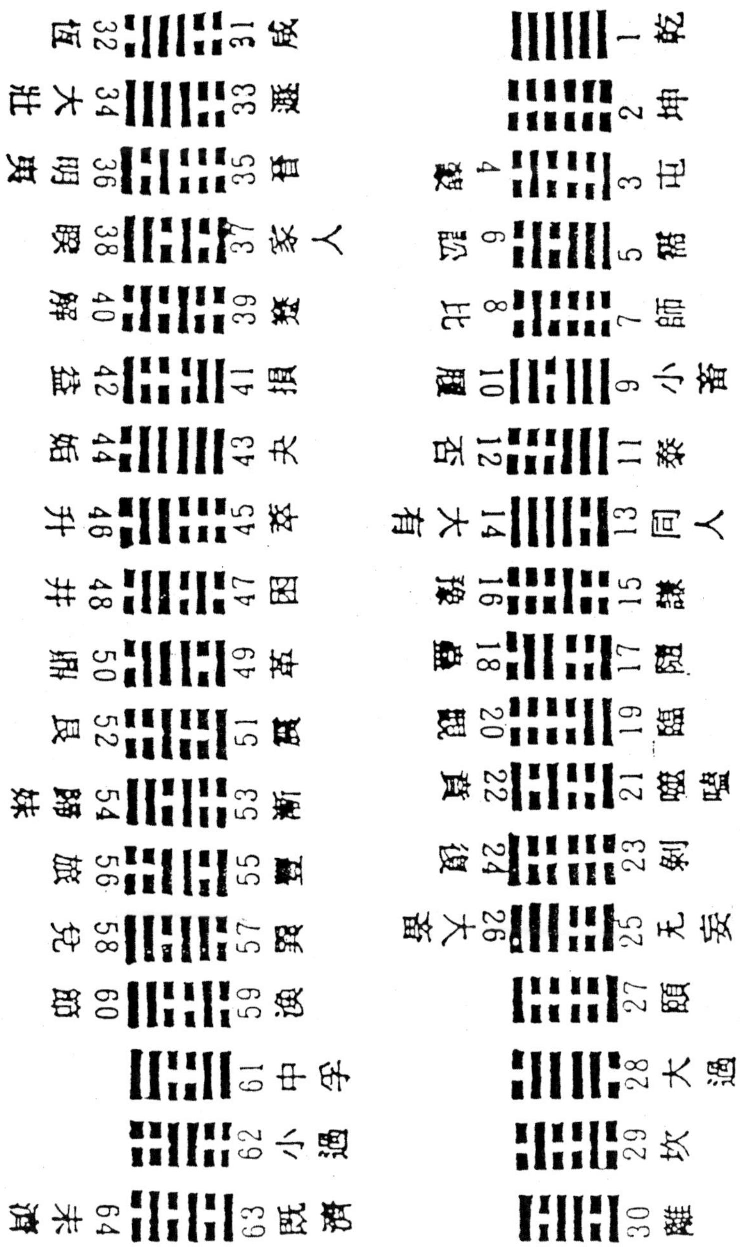

1 乾　2 坤　3 屯　4 蒙　5 需　6 訟　7 師　8 比　9 小畜　10 履　11 泰　12 否　13 同人　14 大有　15 謙　16 豫　17 隨　18 蠱　19 臨　20 觀　21 噬嗑　22 賁　23 剝　24 復　25 無妄　26 大畜　27 頤　28 大過　29 坎　30 離　31 咸　32 恆　33 遯　34 大壯　35 晉　36 明夷　37 家人　38 睽　39 蹇　40 解　41 損　42 益　43 夬　44 姤　45 萃　46 升　47 困　48 井　49 革　50 鼎　51 震　52 艮　53 漸　54 歸妹　55 豐　56 旅　57 巽　58 兌　59 渙　60 節　61 中孚　62 小過　63 既濟　64 未濟

附圖二：帛書《易經》六十四卦次序圖

（摘自黃師慶萱《周易縱橫談》）

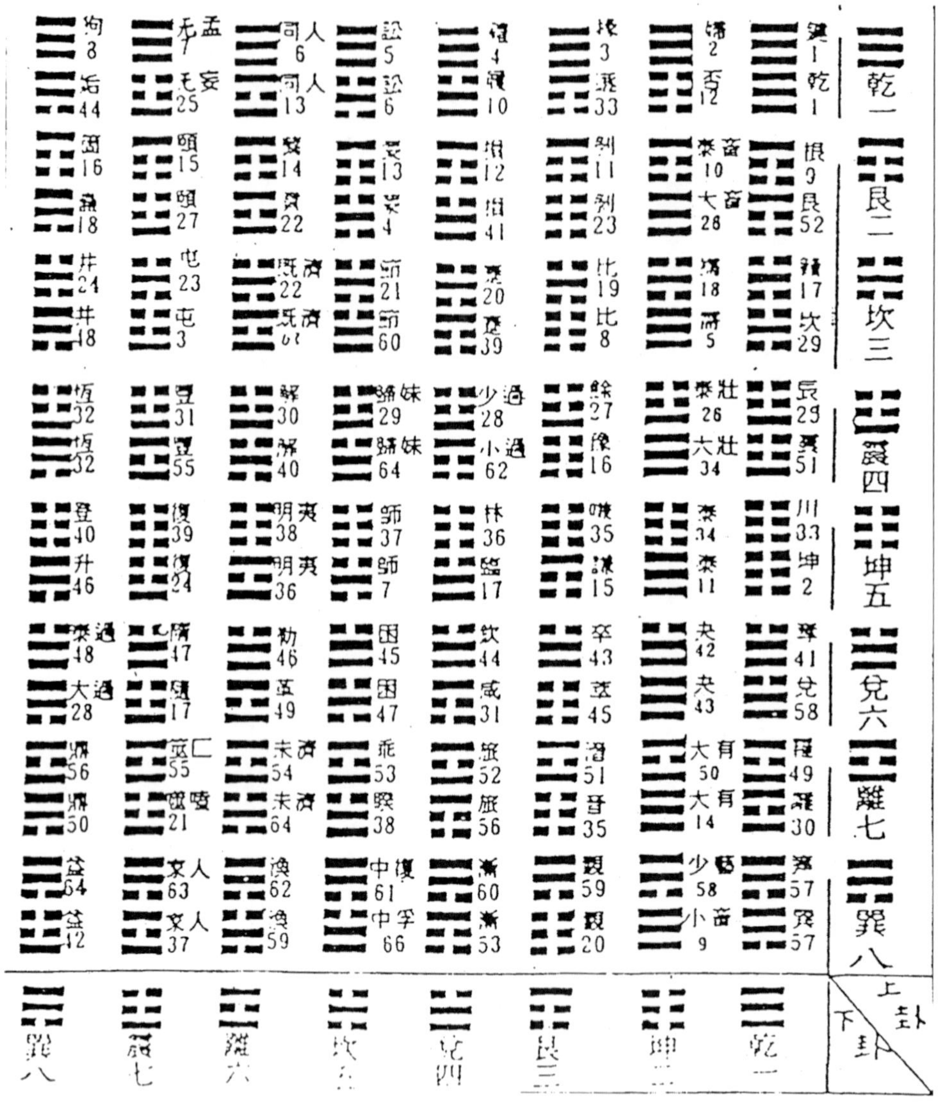

附圖三：八卦次序圖

（摘自黃師慶萱《周易縱橫談》）

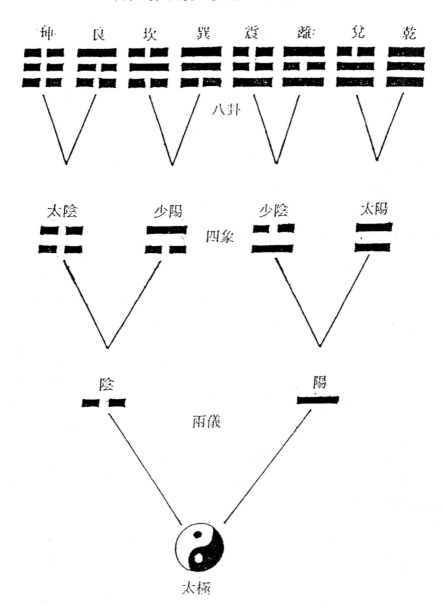

參考書目

一、釋文部分

(一)〈易之義〉

1. 〈帛書《二三子問》、《易之義》、《要》釋文〉,陳松長、廖名春合釋,《道家文化研究》第 3 輯,上海:上海古籍出版社,1993 年。

2. 〈帛書《易之義》釋文〉,廖名春釋,《國際易學研究》第 1 輯,北京:華夏出版社,1995 年。

3. 《白話帛書周易》,鄧球柏釋,湖南:岳麓書社。1996 年第 1 版。

4. 《帛書周易校釋(增訂本)》,鄧球柏釋,湖南:湖南出版社。1996 年第 2 版。

5. 〈帛書《衷》釋文〉,廖名春釋,《帛書《易傳》初探》,台北:文史哲,1998 初版。

6. 《出土簡帛《周易》疏證》,趙建偉著,台北:萬卷樓,2000 初版。

(二)帛書《易經》

1. 〈馬王堆帛書《六十四》卦釋文〉,馬王堆漢墓帛書整理小組釋,《文物》,1984 年第 3 期。

2. 《周易帛書今注今譯》,張立文釋,台北:學生書局,1991 年。

(三)〈二三子〉

1. 〈帛書《二三子問》釋文〉,廖名春釋,《國際易學研究》第 1 輯,1995 年。

2. 〈帛書《二厽子》釋文〉,廖名春釋,《帛書《易傳》初探》,台北:文史哲,1998 初版。

（四）帛書〈繫辭〉

1. 〈帛易繫辭校注〉，韓仲民釋，《帛易說略》，北京：北京師範大學出版社，1992 年。

2. 〈帛書《繫辭》釋文〉，陳松長釋，《道家文化研究》第 3 輯，1993 年。

3. 〈馬王堆帛書周易繫辭校讀〉，張政烺校，《道家文化研究》第 3 輯，1993 年。

4. 〈帛書《繫辭傳》校證〉，黃沛榮校，《道家文化研究》第 3 輯，1993 年。

5. 〈帛書繫辭釋文補正〉，廖名春釋，《中國文化研究所學報》新第 2 期，1993 年。

6. 〈帛書《繫辭》釋文再補〉，廖名春釋，《周易研究》，1993 年第 4 期。

7. 〈帛書繫辭釋文〉，廖名春釋，《國際易學研究》第 1 輯，1995 年。

8. 〈帛書《繫辭》釋文〉，廖名春釋，《帛書《易傳》初探》，台北：文史哲，1998 初版。

（五）〈要〉

1. 〈帛書《要》釋文〉，廖名春釋，《國際易學研究》第 1 輯，1995。

2. 〈帛書《要》釋文〉，池田知久釋，《國際易學研究》第 1 輯，1995。

3. 〈帛書《要》釋文〉，廖名春釋，《帛書《易傳》初探》，台北：文史哲，1998 初版。

（六）〈繆和〉、〈昭力〉

1. 〈帛書《繆和》釋文〉，廖名春釋，《國際易學研究》第 1 輯，1995。

2. 〈帛書《昭力》釋文〉，廖名春釋，《國際易學研究》第 1 輯，1995。

3. 〈馬王堆帛書《繆和》、《昭力》釋文〉，陳松長釋，《道家文化研究》第 6 輯，1995。

4. 〈帛書《繆和》釋文〉、〈帛書《昭力》釋文〉，廖名春釋，《帛書《易傳》初探》，台北：文史哲，1998 初版。

二、古籍部分

（一）易學類

1. 《京氏易傳》，《中國子學名著集成》，漢・京，房撰，第 98 冊，1978 版。

2. 《周易集解》，唐・李鼎祚集解，台北：臺灣商務，1968 年 1 版。

3. 《周易集解纂疏》，唐・李鼎祚集解、清・李道平疏，台北：廣文書局，1989 再版。

4. 《易數鉤隱圖》，宋・劉牧撰，漢京文化事業公司《通志堂經解》本第 1

冊，1985 版。

5. 《易童子問》，《無求備齋易經集成》，宋·歐陽修撰，第 141 冊，1976 版。

6. 《易程傳》，宋·程頤撰，台北：文津出版社，1987 年初版。

7. 《橫渠易說》，宋·張載撰，漢京文化事業，《通志堂經解》本第 1 冊，1951 版。

8. 《易本義》，宋·朱熹撰，台北：世界書局，1988 年 10 版。

9. 《朱子語類》，宋·黎靖德編，第五冊，台北：文津出版社，1986 初版。

10. 《周易義海撮要》，宋·李衡撰，上海：上海古籍，《文淵閣四庫全書本》。

11. 《周易玩辭》，宋·項安世撰，台北：廣文書局，1974 版。

12. 《易纂言》，元·吳澄撰，漢京文化事業公司，《通志堂經解》本第 8 冊，1985 版。

13. 《周易來注》，明·來知德撰，台北：成文《無求備齋易經集成》，1976 版。

14. 《船山易學》，清·王夫之撰，台北：廣文書局，1981 年 3 版。

15. 《周易折中》，清·李光地纂，台北：真善美出版社（同治六年馬新貽摹刊本）1971 初版。

16. 《六十四卦經解》，清·朱駿聲撰，北京：中華書局，1958 初版。

17. 《周易述》，《四庫全書》，清·惠棟撰，第 52 冊。

18. 《易漢學》，清·惠棟撰，台北：廣文書局，1981 再版。

19. 《周易虞氏略例》，清·李銳，台北：廣文書局，1974 版。

20. 《易經異文》，清·李富孫，台北：廣文書局，1974 版。

21. 《周易考異》，清·宋翔鳳，台北：廣文書局，1974 版。

（二）經史類

1. 《周易》，魏·王弼、梁·韓康伯注、唐孔穎達正義，藝文印書館《十三經注疏》本，1960 版。

2. 《尚書》，漢·孔安國傳、唐·孔穎達正義，台北：藝文印書館《十三經注疏》阮刻本，1969 年再版。

3. 《毛詩》，漢·毛公傳、漢·鄭玄箋、唐·孔穎正義，台北：藝文印書館《十三經注疏》本。

4. 《周禮注疏》，漢·鄭玄注、唐·賈公彥疏，台北：藝文印書館《十三經注疏》本。

5. 《禮記》，漢·鄭玄注、唐·孔穎達正義，台北：藝文印書館《十三經注疏》本。

6. 《春秋左傳》，晉・杜預注、唐・孔穎達正義，台北：藝文印書館《十三經注疏》本。

7. 《論語注疏》，魏・何晏注、宋・邢昺疏，台北：藝文印書館《十三經注疏》本。

8. 《孟子注疏》，漢・趙岐注、宋・孫奭疏，台北：藝文印書館《十三經注疏》本。

9. 《史記會注考證》，漢・司馬遷撰、瀧川龜太郎考證，台北：藝文印書館，1972 年 1 版。

10. 《漢書補注》，漢・班固撰、唐・顏師古注、清・王先謙補注、清・錢大昕考異，台北：新文豐出版《二十五史》斷句本，1975 年初版。

11. 《後漢書集解》，南宋・范曄撰、唐・李賢注、清・王先謙集解、清・錢大昭補表、清・錢大昕考異，台北：新文豐出版《二十五史》斷句本。

12. 《晉書斠注》，錢塘・吳士鑑、烏程・劉承幹同注、清・錢大昕考異、民國・丁國鈞撰（補藝文）、丁辰注，台北：新文豐出版《二十五史》斷句本。

13. 《黃帝內經素問、靈樞經、難經集註、金櫃要略方論、註解傷寒論，脈經》台北：商務印書館。

14. 《國語》，題左丘明撰，台北：里仁書局翻印上海師範大學古籍整理組校點，1981 版。

15. 《說文解字注》，漢・許慎撰、清・段玉裁注，台北：黎明文化，1993 版。

16. 《經籍纂詁》，清・阮元等輯，台北：明倫出版社，1979 年。

17. 《經學通論》，清・皮錫瑞撰，北京：中華書局，1954 年 1 版。

18. 《說文通訓定聲》，清・朱駿聲撰、清・朱鏡蓉參訂、楊家駱主編，台北：世界書局，1962 初版。

（三）子集類

1. 《呂氏春秋》，《新編諸子集成》，秦・呂不韋撰、漢高誘注，第 7 冊，台北：世界書局，1972 年。

2. 《說苑疏證》，漢・劉向撰、趙善詒疏證，台北：文史哲，1986 年 1 版。

3. 《淮南子》，《新編諸子集成》，漢・劉安撰、漢・高誘注，第 7 冊。

4. 《荀子集解》，《新編諸子集成》，唐・楊倞注、清・王先謙集解，第 2 冊。

5. 《莊子集釋》，《新編諸子集成》，晉・郭象注、唐・成玄英疏，第 3 冊。

6. 《墨子哲學》，清・孫詒讓撰，台北：大東，1969 年。

三、現代專著

1. 《周易研究》，山東大學周易研究編委會，濟南：山東大學周易研究編委會，1992 初版。

2. 《易經說卦傳暨卦變研究》，孔繁詩撰，台北：晴園，1997 版。

3. 《易經繫辭傳研究》，孔繁詩撰，台北：晴園，1996 版。

4. 《周易的美學智慧》，王振復撰，湖南：湖南出版社，1991 版。

5. 《周易繫辭傳研究》，王新華撰，台北：文津，1998 初版。

6. 《帛書周易研究》，刑文著，北京：人民出版社，1997 版。

7. 《周易知識通覽》，朱伯崑主編，山東：齊魯出版社。

8. 《國際易學研究》，朱伯崑主編，第 1 輯，北京：華夏出版社，1995。

9. 《國際易學研究》，朱伯崑主編，第 2 輯，北京：華夏出版社，1996。

10. 《易學哲學史》，朱伯崑撰，第 1 卷，台北：藍燈文化，1991 初版。

11. 《周易經傳象義闡釋》，朱維煥撰，台北：學生書局，1980 版。

12. 《中國哲學十九講》，牟宗三撰，台北：學生書局，1983 年初版。

13. 《周易的自然哲學與道德函義》，牟宗三撰，台北：文津，1988 初版。

14. 《易經繫辭傳解義》，吳怡撰，台北：三民，1991 初版。

15. 《周易闡微》，呂紹綱撰，長春：吉林大學出版社，1990 版。

16. 《馬王堆漢墓帛書竹簡》，李正光編，湖南：湖南美術出版社，1988 初版。

17. 《甲骨文字集釋》，李孝定撰，台北：中央研究歷史語言研究所，1974。

18. 《易學窺餘》，李周龍撰，台北：文津，1991 版。

19. 《先秦兩漢之陰陽五行學說》，李漢三撰，台北：鐘鼎出版社，1967 初版。

20. 《墨子今註今譯》，李漁叔主編，台北：商務印書館，1992。

21. 《周易經傳溯源》，李學勤撰，高雄：麗文文化，1995 初版。

22. 《簡帛佚籍與學術史》，李學勤撰，台北：時報文化，1994 初版。

23. 《周易尚氏學》，尚秉和撰，北京：中華書局，1980 初版。

24. 《漢石經周易殘字集證》，屈萬里撰，台北：聯經，1984 初版。

25. 《易經研究論集》，林尹編，台北：黎明，1984 初版。

26. 《乾坤傳釋》，林漢仕撰，台北：文史哲，1988 初版。

27. 《經學研究論著目錄》，林慶彰主編，中央圖書館漢學研究中心編印，1989 版。

28. 《馬王堆傳奇》，侯良撰，台北：東大圖書公司，1994 年。

29. 《先秦諸子易說通考》，胡自逢撰，台北：文史哲，1974 初版。

30. 《周易原義新證釋》，孫再生撰，台北：正中書局，1981 版。

31. 《周易大傳新注》，徐志銳撰，台北：里仁書，1995 初版。

32. 《周易陰陽八卦說解》，.徐志銳撰，吉林：文史出版社出版，1991 初版。

33. 《周易異文考》，徐芹庭撰，台北：五洲，1975 版。

34. 《中國人性論史》，徐復觀撰，先秦篇，台北：商務印書館，1977 版。

35. 《兩漢思想史》，徐復觀撰，台北：學生書局，1989 年 1 版。

36. 《馬王堆漢墓帛書》，馬王堆帛書整理小組，北京：文物出版社，1983 初版。

37. 《中原楚文化研究》，馬世之撰，武漢：湖北教育出版社，1995 初版。

38. 《周易古經今注》，高亨撰，台北：樂天，1974 版。

39. 《馬王堆漢墓研究文集》1992 年馬王堆漢墓國際學術討論會論文選，高至喜等編，湖南：湖南出版社，1994 年 1 版。

40. 《楚文化的南漸》，高至喜撰，武漢：湖北教育出版社，1995 初版。

41. 《周易與儒道墨》，張立文撰，台北：東大出版社，1991 初版。

42. 《周易漫談》，張善文撰，台北：頂淵，1998 初版。

43. 《古書真偽及其年代》，梁啓超撰，台北：中華書局，1956 版。

44. 《陰陽五行思想之述評》，郭爲撰，台北：復文書局，1979 初版。

45. 《四書道貫》，陳立夫撰，台北：世界總經銷，1993 版。

46. 《馬王堆帛書藝術》，陳松長編，上海：上海書店出版社，1996 初版。

47. 《周易注譯與研究》，陳鼓應、趙建偉撰，台北：商務，1999 初版。

48. 《道家文化研究》第 12 輯，陳鼓應主編，上海：上海古籍出版社，1998 初版。

49. 《道家文化研究》第 3 輯，陳鼓應主編，上海：上海古籍出版社，1993 初版。

50. 《道家文化研究》第 5 輯，陳鼓應主編，上海：上海古籍出版社，1994 初版。

51. 《道家文化研究》第 6 輯，陳鼓應主編，上海：上海古籍出版社，1995 年 6 月初版。

52. 《道家文化研究》第 8 輯，陳鼓應主編，上海：上海古籍出版社，1995 年 11 月初版。

53. 《老子今註今譯》，陳鼓應註譯，台北：商務印書館，1991。

54. 《周易理解》，傅隸樸撰，台北：中華書局，1981 版。

55. 《中國哲學史》，勞思光撰，台北：三民書局，1981 初版。

56. 《易經哲學的宇宙與人生》，曾春海撰，台北：文津，1997 版。

57. 《長沙楚帛書文字編》，曾憲通撰，台北：中華書局，1993 初版。

58. 《易經生命哲學》，馮滬祥撰，台北：天下，1975 初版。

59. 《易學乾坤》，黃沛榮撰，台北：大安出版社，1998 初版。

60. 《易學論著選集》，黃沛榮撰，台北：長安，1985 初版。

61. 《周易研究論文集》，黃壽祺、張善文編，北京：北京師範大學出版社，1987 初版。

62. 《周易縱橫談》，黃慶萱撰，台北：東大圖書，1995 初版。

63. 《周易讀本》，黃慶萱撰，台北：三民書局，1992 增訂初版。

64. 《莊子讀本》，黃錦鋐註譯，台北：三民書局，1974 年初版。

65. 《荀子詁釋》，楊柳橋著，山東：齊魯書社，1985 版。

66. 《周易古義》，楊樹達，台北：河洛出版社，1974 版。

67. 《乾坤衍》，熊十力撰，台北：學生書局，1983 年 4 版。

68. 《象數易學研究》第 1 輯，劉大鈞主編，山東：齊魯書社，1996 初版。

69. 《易學精華》，鄭萬耕撰，北京：北京出版社，1996 初版。

70. 《易傳之形成及其思想》，戴璉璋撰，台北：文津，1989 初版。

71. 《馬王堆帛書易經初步研究》，嚴靈峰撰，台北：成文，1980 版。

72. 《馬王堆帛書易經斠理》，嚴靈峰撰，台北：文史哲出版社，1994 初版。

73. 《新書讀本》，饒東原注譯、黃沛榮校閱，台北：三民書局，1998 版。

74. 《易道新論》，顧文炳撰，上海：社會科學院出版社，1996 初版。

四、期刊部分

1. 〈帛書《周易》別字諧聲臆測〉，丁南撰，《中華易學》，3 卷 2 期，1982年。

2. 〈周易與儒家思想〉，于維杰撰，《孔孟月刊》，35 卷 3 期。

3. 〈帛書周易〉，于豪亮撰，《文物》，1984 年第 3 期，1984 年。

4. 〈馬王堆二、三號漢墓發掘的主要收穫〉，中科院考古所、湖南省博物館，《考古》，1975 年 1 期。

5. 〈支配宇宙間萬物變化的兩個自然法則去了解易經〉，王一三撰，《孔孟月刊》，19 卷 5 期。

6. 〈周易乾坤探微〉，王仁祿撰，《孔孟月刊》，17 卷 4 期。

7. 〈馬王堆帛書周易異文考〉，王建慧撰，香港中文大學中國文化研究所學報，第 19 卷。

8. 〈易經的坤卦〉，王述先撰，《孔孟月刊》，12 卷 11 期。

9. 〈易學史上的幾種重要「周易」卦序初探〉（下），王新春撰，《中華易學》，17 卷 12 期。

10. 〈從馬王堆帛書本看繫辭與老子學派的關係〉，王葆玹撰，《道家文化研究》第 1 輯，1992 年。

11. 〈春秋時期「周易」向哲理化的轉變及其意義〉（上）（下），王寶光撰，《中

華易學》，18 卷 1、2 期。

12. 〈八卦論〉，朱柏熹撰，《中華易學》，8 卷 6 期。

13. 〈易爲君子謀分類舉例（上）（下）〉，朱學瓊撰，《孔孟月刊》，第 12 卷 5、6 期。

14. 〈孔子與易相關問題覆議〉，何澤恆撰，中國經學研究會第一屆學術研討會，1999 年。

15. 〈論易乾元〉，吳康撰，《孔孟月刊》，3 卷 2 期。

16 〈八卦試論〉，.吳力行撰，《中華文化復興月刊》，7 卷 5 期。

17. 〈爻在易卦中扮演的角色〉，吳力行撰，《孔孟月刊》，14 卷 5 期。

18. 〈論帛書「易傳」的政治辯證法思想〉，吳顯慶撰，《孔孟月刊》，38 卷 1 期。

19. 〈論周易中的三極之道及現代省思〉，呂宗麟撰，《宗教哲學》，2 卷 4 期。

20. 〈「周易」的哲學精神〉，呂紹綱撰，《哲學雜誌》，16 卷。

21. 〈河圖考〉，李申撰，中國經學研究會第一屆學術研討會，1999 年。

22. 〈周易中的天、道與天道〉，李杜撰，新亞學術集刊，第 3 期。

23. 〈也談「帛書卦位」與「先天卦位」〉，李仕徵撰，《中華易學》，第 18 卷第 3 期。

24. 〈從「要」這個概念看儒道分野及儒道互滲〉，李伯聰撰，中國經學研究會第一屆學術研討會，1999 年。

25. 〈周易繫辭傳的三陳九卦釋義〉，李周龍，《孔孟學報》，49 期。

26. 〈帛書「要」篇及其學術史意義〉，李學勤撰，《中國史學》，1994 年第 10 期。

27. 〈帛《易》六十四卦芻議〉，周立昇撰，《文史哲》，1986 年第 4 期。

28. 〈古文字中的易卦材料〉，季旭昇撰，中國經學研究會第一屆學術研討會，1999。

29. 〈談帛書《周易》的別字諧聲〉，季旭昇撰，《中華易學》，3 卷 2 期，1982 年。

30. 〈易經源於龜卜考〉，屈萬里，中國圖書館學會會報，1966 年。

31. 〈周易卦爻辭成於周武王時代考〉，屈萬里撰，《文史哲學報》第 1 期。

32. 〈「周易」「時」的涵義研究〉，林文欽撰，《高雄師大學報》，9 卷，1998 年。

33. 〈帛書繫辭反映的時代與文化〉，金春峰撰，中國經學研究會第一屆學術研討會，1995。

34. 〈馬王堆漢墓帛書《易經》與邵雍先天《易》學〉，冒懷辛撰，《哲學研究》，

1982 年第 10 期。

35. 〈在甲骨金文中所見的一種已經遺失的中國古代文字〉，唐蘭撰，《考古學報》，1957 年第 2 期。

36. 〈易經中的體用哲學〉，孫劍秋撰，《中華易學》，7 卷 4 期。

37. 〈論「周易」形象思維〉，徐志銳撰，《中華易學》，17 卷 3 期。

38. 〈西周卦畫試說〉，徐錫台、樓宇烈撰，《中國哲學》第 3 輯，1980 年。

39. 〈易經哲學的時空觀〉，高懷民撰，台北國際孔學會議論文，1987 年。

40. 〈乾坤二卦「用九」「用六」義討論〉，高懷民撰，《中華國學》，5 期。

41. 〈數往知來談《易經》哲學〉，高懷民撰，《哲學雜誌》，16 期，1996 年。

42. 〈周易與內經的關係〉，張其根撰，中國經學研究會第一屆學術研討會，1999 年。

43. 〈評〈簡帛佚籍與學術史〉〔李學勤著〕〉，張忠宏撰，《哲學雜誌》，16 卷。

44. 〈帛書六十四卦跋〉，張政烺撰，《文物》，1984 年第 3 期。

45. 〈殷墟甲骨文所見的一種筮卦〉，張政烺撰，《文史》，24 輯。

46. 〈試譯周初青銅器銘文中的易卦〉，張政烺撰，《考古學報》，1980 年第 4 期。

47. 〈論「帛書周易」的文獻價值〉，張善文撰，《中華易學》，16 卷 10 期。

48. 〈論易經的宇宙觀〉，曹敏撰，《現代學苑》，第 11 卷 3 期。

49. 〈殷墟四盤磨易卦卜骨研究〉，曹定雲撰，《考古》，1989 年 7 月。

50. 〈戰國楚墓「卜筮」類竹簡所見「數字卦」〉，許學仁撰，《中國文字》，1993 年。

51. 〈帛書《周易》卦名考釋〉，連劭名撰，《文史》，第 36 輯。

52. 〈論周易陰陽符號的象徵意蘊〉，連晨草撰，《中華易學》，17 卷 12 期。

53. 〈周易中人的品位〉，郭千華撰，《輔大中研所學刊》，6 卷。

54. 〈馬王堆帛書易傳與孔門易學〉，陳來撰，《國學研究》2 卷，1994 年。

55. 〈再論帛書「易傳」整理過程之問題〉，陳松長撰，《鵝湖》，22 卷 1 期。

56. 〈帛書「周易」研究綜述〉，陳松長撰，《中國文化月刊》，193 卷。

57. 〈易經的宇宙規律與人生智慧〉，陳榮波撰，《中國文化月刊》，97 期，1987 年。

58. 〈帛書「周易」中的通假字〉，陳徽治撰，《中華易學》，第 13 卷第 1 期。

59. 〈帛書易說有無儒法合流的意向〉，曾春海撰，《哲學與文化》，26 卷 5 期。

60. 〈易經八卦的創作原理〉，曾滄江撰，《哲學與文化》，4 卷 5 期。

61. 〈座談長沙馬王堆漢墓帛書〉，曾憲通撰，《文物》，1974 年第 9 期。

62. 〈周易的人生哲學〉，程石泉撰，《孔孟月刊》第 25 卷 12 期。

63. 〈易經與中國人生哲學〉，程石泉撰，《孔孟月刊》，第 23 卷 12 期。

64. 〈古籍異文析論〉，黃沛榮，《漢學研究》，9 卷 2 期。

65. 〈近十餘年來海峽兩岸易學研究的比較〉，黃沛榮，《漢學研究》，7 卷 2 期。

66. 〈馬王堆帛書易經之卦序〉，黃沛榮撰，《書目季刊》，18 卷 4 期。

67. 〈周易卦序探微〉，黃沛榮撰，《台大中文學報》創刊號。

68. 〈坤卦六二爻辭「直方大」解〉，黃沛榮撰，《孔孟月刊》，11 卷 3 期。

69. 〈馬王堆帛書《周易》經傳異文初探〉，黃沛榮撰，《訓詁論叢》（第一屆中國訓詁學學術研討會），1994 年。

70. 〈「周易」位觀初探〉，黃慶萱撰，《中華易學》，16 卷 12 期。

71. 〈易經人生哲學〉，黃慶萱撰，《孔孟月刊》23 卷 12 期。

72. 〈經典中的經典根源的根源－周易〉，黃慶萱撰，《國文天地》，14 卷 8 期。

73. 〈帛書周易研究現況概述〉，黃琪莉撰，《中國文哲研究通訊》，5 卷 4 期。

74. 〈周易乾坤繫辭與宇宙論比較之研究〉，黃漢宗撰，《哲學與文化》，5 卷 11 期。

75. 〈表示先民生活進步的周易繫辭下傳〉，楊遠岷撰，《國文天地》，14 卷 2 期。

76. 〈說卦證〉，廖名春撰，中央研究院文哲研究所《中國文哲研究通訊》，第 6 卷第 3 期。

77. 〈論帛書《易傳》與帛書《易經》的關係〉，廖名春撰，《孔子研究》，1994 年第 4 期。

78. 〈關於帛書「易傳」整理過程中的一些問題〉，廖名春撰，《鵝湖》，21 卷 9 期。

79. 〈帛易初探〉，劉大鈞撰，《文史哲》，1985 年 3 月。

80. 〈帛書《周易》異文校釋〉，劉大鈞撰，《周易研究》，1994 年第 2 期。

81. 〈帛書《易經》異文校釋──鍵至禮〉，劉大鈞撰，《易學研究論文集》，1993 年。

82. 〈論「周易」思想體系〉，劉坤生撰，《哲學與文化》，18 卷 6 期。

83. 〈從商周八卦數字符號談筮法的幾個問題〉，劉雨、張亞初撰，《考古》，1981 年 2 月。

84. 〈易卦爻象原始〉，樓宇烈撰，《北京大學學報》，1986 年 1 期。

85. 〈「周易」對中華文化的貢獻〉，鄭萬耕撰，《中華易學》，16 卷 12 期。

86. 〈八卦的本源和流變〉，黎凱旋撰，《中華易學》，2 卷 5～7 期。

87. 〈易經的宇宙最高原理〉，黎凱旋撰，《中華易學》，7 卷 9 期。

88. 〈帛書《周易》"火水相射"釋疑〉，霍斐然撰，《文史》，第 29 輯。

89. 〈漫談宇宙和周易〉，謝鴻撰，5 卷 10 期。

90. 〈帛書《周易》六十四卦淺說〉，韓仲民撰，《江漢論壇》，1984 年第 8 期。

91. 〈帛書周易釋疑一例－天行健究應如何解釋〉，韓仲民撰，《文物天地》，1984 年第 5 期。

92. 〈帛書繫辭淺說〉，韓仲民撰，《孔子研究》，1988 年 4 期。

93. 〈長沙馬王堆三號漢墓出土帛書簡介〉，韓仲民撰，《文物》，1974 年第 9 期。

94. 〈中國哲學的基本觀念一二講－易經的生生〉，羅光撰，《哲學與文化月刊》，第 5 卷 8 期。

95. 〈易經的人生哲學思想〉，羅光撰，《哲學與文化》5 卷 1 期，1978 年。

96. 〈馬王堆帛書《易經》六十四卦的重卦和卦序問題〉（上）（下），嚴靈峰撰，《東方雜誌》（台北）復刊，18 卷 8 期。

97. 〈馬王堆帛書易經中孔子贊易和「說卦」〉，嚴靈峰撰，《大陸雜誌》，89 卷 1 期。

98. 〈再談馬王堆帛書周易〉，饒宗頤撰，《日報月刊》，第 19 卷 7 期。

99. 〈略論馬王堆《易經》寫本〉，饒宗頤撰，《古文字研究》第 7 輯。

五、學位論文

1. 《易學天人之學》，呂碧霞撰，香港能仁中研所 1982 年碩士論文。

2. 《馬王堆帛書〈易之義〉「數往／知來」段及其相關問題研究》，貝克定撰，台大中研所 1999 年碩士論文。

3. 《周秦陰陽五行家思想研究》，林金泉撰，師大國研所 1982 年碩士論文。

4. 《易經憂患意識研究》，楊陽光撰，師大國研所 1986 年碩士論文。

5. 《論易經乾坤之作用》，楊遠謀撰，文化哲研所 1986 年碩士論文。

6. 《馬王堆帛書文字研究》，蕭世瓊撰，師大國研所 1997 年碩士論文。

7. 《項安世《周易玩辭》研究》，賴貴三撰，師大國研所 1990 年碩士論文。